**Push your Career** **Publish your Thesis**

Science should be accessible to everybody. Share the knowledge, the ideas, and the passion about your research. Give your part of the infinite amount of scientific research possibilities a finite frame.

Publish your examination paper, diploma thesis, bachelor thesis, master thesis, dissertation, or habilitation treatises in form of a book.

**A finite frame by infinite science.**

University Press Imprint of
Infinite Science GmbH
MFC 1 | Technikzentrum Lübeck
Maria-Goeppert-Straße 1
23562 Lübeck, Germany
book@infinite-science.de
**www.infinite-science.de/bookstore**

Ksenija Gräfe

# Bildgebungskonzepte für Magnetic Particle Imaging

## Magnetic Particle Imaging mit einer asymmetrischen Spulentopologie

Imprint of Infinite Science GmbH,
Technikzentrum | MFC 1
Maria-Goeppert-Straße 1
23562 Lübeck, Germany

Cover Design and Illustration: Uli Schmidts, metonym
Editorial and Copy Editing: Universität zu Lübeck, Institut für Medizintechnik

Publisher: Infinite Science GmbH, Lübeck, www.infinite-science.de
Printed in Germany, BoD, Norderstedt

ISBN Paperback: 978-3-945954-32-4



Bibliografische Information der Deutschen Nationalbibliothek:
Die Deutsche Nationalbibliothek verzeichnet diese Publikation in der Deutschen Nationalbibliografie; detaillierte bibliografische Daten sind im Internet über http://dnb.d-nb.de abrufbar.

Author

**Dr.-Ing. Ksenija Gräfe**
Institute of Medical Engineering
University of Lübeck
Ratzeburger Allee 160
23562 Lübeck, Germany
E-mail: graefe@imt.uni-luebeck.de

Series Editor

**Thorsten M. Buzug**
Institute of Medical Engineering
University of Lübeck

**Research Series of the Institute of Medical Engineering University of Lübeck**

The book series includes reserach foci of the Institute of Medical Engineering of the University of Lübeck, which is working on physical sensing and imaging instrumentation as well as image computing and system modeling in medical and technical applications. In particular, the series covers the areas of medical and technical imaging using tomographic techniques. This includes the development of reconstruction algorithms, signal-processing methods, front-end electronics, and contrast agents.

Ksenija Gräfe

# Bildgebungskonzepte für Magnetic Particle Imaging

## Magnetic Particle Imaging mit einer asymmetrischen Spulentopologie

Research Series of the
Institute of Medical Engineering
University of Lübeck – Volume 3

# Kurzfassung

Magnetic Particle Imaging (MPI) ist ein bildgebendes Verfahren, das sich zur medizinischen Bildgebung eignet und zum ersten Mal im Jahre 2005 von B. Gleich und J. Weizenecker veröffentlicht wurde. Es nutzt die nichtlineare Magnetisierungskurve von superparamagnetischen Eisenoxidnanopartikeln, welche als Tracermaterial eingesetzt werden. Durch die Überlagerung von Magnetfeldern, die von Permanent- oder Elektromagneten generiert werden, wird ein feldfreier Punkt erzeugt. Das Tracermaterial, das sich im feldfreien Punkt befindet, reagiert auf ein sinusförmiges Anregungssignal. Dieses Anregungssignal wird generiert, indem Wechselströme verwendet werden. Dazu werden entweder zusätzliche Spulen benötigt oder der Wechselstrom wird zusätzlich auf die zur Erzeugung des feldfreien Punktes verwendete Spulen angelegt. Diese Wechselströme ermöglichen zusätzlich den feldfreien Punkt auf einer bestimmten Laufbahn, die durch die verwendeten Frequenzen vorgegeben wird, im Betrachtungsfeld zu bewegen. Auf diese Weise können mehrdimensionale Betrachtungsfelder vermessen werden.

Im Vergleich zu anderen medizinischen Bildgebungsverfahren ist es mit MPI nicht möglich, körpereigene Strukturen abzubilden, sondern ausschließlich die Position des Tracermaterials zu bestimmen. Dieses ist allerdings mit einer sehr guten Auflösung, einer hohen Sensitivität und in Echtzeit möglich, ohne dass dabei für den Patienten schädliche Strahlung oder schädliches Tracermaterial verwendet werden muss. Das fehlende Hintergrundbild, das in einigen Fällen zur Orientierung hilfreich sein kann, kann durch Registrierung von Daten, die mit Hilfe eines Magnetresonanztomographen(MRT) oder eines Computertomographen (CT) aufgenommen wurden, mit MPI-Daten oder direkt über ein hybrides MRT-MPI-System, ausgeglichen werden.

In der Medizin ist MPI in unterschiedlichen Bereichen als ergänzende Methode denkbar. Unter anderem können Katheter mit den Partikeln beschichtet und mit Hilfe von MPI-Geräten abgebildet werden, so dass keine Röntgenstrahlung mehr zum Einsatz kommt. Die Echtzeitfähigkeit dieses Verfahrens, welche für die Katheteranwendung eine wichtige Voraussetzung ist, wurde bereits durch die Bildgebung eines schlagenden Mäuseherzens bewiesen. Ein weiteres Anwendungsverfahren besteht in der Lokalisation des Wächterlymphknotens beim Mammakarzinom. Durch den Einsatz von MPI könnte in diesem Fall in Zukunft auf die Verwendung von

radioaktivem Tracermaterial verzichtet werden.
Speziell für das Anwendungsgebiet der Wächterlymphknotenlokalisation wurde der in dieser Arbeit vorgestellte MPI-Scanner, der eine asymmetrische Spulentopologie aufweist, entwickelt. Im Vergleich zu den bisher existierenden Scanneraufbauten hat dieses asymmetrische Design den Vorteil eines uneingeschränkten Patientenzugangs. Bisher muss das zu untersuchende Objekt immer innerhalb des symmetrischen Spulenaufbaus positioniert werden. Dieses führt zu einer enormen Limitierung der Objektgröße und auch das Hantieren mit den Messobjekten - zum Beispiel einer Maus - wird erheblich erschwert. Durch den einseitigen Spulenaufbau ist die Objektgröße nicht limitiert, lediglich die Eindringtiefe ist durch die stark inhomogenen Magnetfelder begrenzt.
In dieser Arbeit werden die ersten mehrdimensionalen Bilder verschiedener Phantome präsentiert, die mit Hilfe der im Rahmen dieser Arbeit aufgebauten asymmetrischen Spulengeometrie vermessen wurden. Zusätzlich wurden erste Messungen mit totem biologischen Material durchgeführt und die Möglichkeiten geschaffen, in Zukunft Tiermodelle mit dem Gerät zu untersuchen. Des Weiteren wurde ein Konzept entwickelt, um die Scannergeometrie zu verkleinern, wodurch ein Einsatz in der minimal-invasiven Chirurgie denkbar wird.

# Inhaltsverzeichnis

# 1 Einleitung

## Inhaltsverzeichnis



Magnetic Particle Imaging (MPI) ist ein neues bildgebendes Verfahren, das 2005 von B. Gleich und J. Weizenecker in der Fachzeitschrift *Nature* zum ersten Mal veröffentlicht wurde [1]. Bei diesem Verfahren werden superparamagnetische Eisenoxidnanopartikel (engl. superparamagnetic iron oxide nanoparticles, SPIONs)abgebildet, die beispielsweise in den Körper injiziert werden können [2, 3, 4]. MPI ist ein Zugewinn zu den bereits etablierten medizinischen Bildgebungsverfahren. In Tabelle 1.1 wurden verschiedene bildgebende Methoden einander gegenüber gestellt, und in den aufgeführten Eigenschaften schneidet MPI als bildgebendes Verfahren hervorragend ab. Insbesondere die Möglichkeit einer Echtzeit-Bildgebung ohne radioaktive Strahlung macht MPI für medizinische Anwendungen besonders interessant.

Der Nachteil von MPI besteht drin, dass für jede Bildgebung die SPIONs entweder in den Körper injiziert werden müssen oder die abzubildenden Gegenstände mit diesen Partikeln beschichtet sein müssen. MPI bildet also nicht, wie zum Beispiel bei der

Computertomographie (CT) oder der Magnetresonanztomographie (MRT) üblich, körpereigene Strukturen ab, sondern die Konzentrationsverteilung der SPIONs.

Tabelle 1.1: MPI im Vergleich zu anderen bildgebenden Verfahren der Medizintechnik (nach [5].

| | CT | MRT | PET | **MPI** |
|---|---|---|---|---|
| Auflösung | 0,5 mm | 1 mm | 4 mm | **$<$ 1mm** |
| Sensitivität | niedrig | niedrig | hoch | **hoch** |
| Messzeit | 1 s | 10 s - 1 h | 1 min | **$<$ 0,1 s** |
| Strahlung | ja | nein | ja | **nein** |

Dieses macht MPI zum Beispiel zur Abbildung von Stoffwechselprozessen [6] und des Blutflusses besonders interessant. Es wurden bereits ein schlagendes Mäuseherz und auch ein schlagendes Rattenherz abgebildet [2, 4]. Weitere medizinische Anwendungsszenarien werden in Kapitel 1.1.3 vorgestellt. Insbesondere wird hierbei auf die Lokalisation des Wächterlymphknotens eingegangen, da sich für diese Anwendung der asymmetrische MPI-Scanner besonders gut eignet.
Das in dieser Arbeit aufgebaute Scannerdesign zur dreidiemnsionalen Bildgebung beruht auf einer asymmetrischen Spulenanordnung (Abb. 1.1). Ein asymmetrischer Scanner zur eindimensionalen Bildgebung wurde erstmals 2009 von Sattel et al. [7] vorgestellt.

Abb. 1.1: Schematischer Aufbau des asymmetrischen MPI-Scanners für die dreidimensionale Bildgebung, die Pfeile geben die Stromrichtung an

Die meisten zur Zeit existierenden Scanner, auf die zum Teil in den Kapiteln 1.1.1 und 3.3 weiter eingegangen wird, sind geschlossene Systeme, so dass das zu scannende Objekt in die Mitte des Scanners eingebracht werden muss; dies bedeutet eine starke Limitierung der Objektgröße. Der asymmetrische MPI-Scanner (Kapitel 3.4) hat zwar eine Begrenzung in der Größe des Betrachtungsfeldes (engl. field of view, FOV), aber die Größe des Objekts ist durch den Scanneraufbau nicht limitiert. Bei dem Aufbau des asymmetrischen Scanners stellt die einseitige Geometrie besonders bei der Rekonstruktion des Bildes eine Herausforderung dar, da mit Abstand zum Scanner das Magnetfeld und somit der Gradient des Magnetfeldes immer schwächer wird und deshalb sowohl das FOV in seiner Größe als auch das Signal-Rausch-Verhältnis (engl. signal-to-noise ratio, SNR) stark eingeschränkt werden.

## 1.1 Stand der Technik

In diesem Kapitel wird ein Überblick über verschiedene Hardwareaufbauten im MPI-Bereich gegeben, und es wird kurz auf die Unterschiede der kalibrationsbasierten und der modellbasierten Rekonstruktionen eingegangen. Anschließend wird ein medizinisches Anwendungsszenario für den asymmetrischen MPI-Scanner anhand der Lokalisation des Wächterlymphknotens beim Mammakarzinom vorgestellt.

### 1.1.1 Verschiedene Hardwareaufbauten

Bei dem weltweit ersten aufgebauten und 2005 veröffentlichten MPI-Scanner [1] handelt es sich um einen Gantryaufbau. Das bedeutet, dass sich das zu scannende Objekt in der Mitte von zwei sich jeweils gegenüberliegenden Spulenpaaren befindet. Zusätzlich befinden sich noch die Empfangsspulen innerhalb der zwei-paarigen Spulenanordnung. Der Bereich, in dem sich das zu scannende Objekt befinden muss, hat einen Durchmesser von 32 mm. Dieser Scanner generiert einen feldfreien Bereich, der als feldfreier Punkt bezeichnet und somit durch FFP abgekürzt wird. Der FFP wird auf einer Lissajous-Trajektorie (Kap. 3.5) durch das zweidimensionale FOV gefahren, wobei der maximale Gradient 5,5 $T\mu_0^{-1}m^{-1}$ beträgt [1].
Ein anderer Scanner, der zur Bildgebung einen FFP benutzt, ist der in 2010 von B. Gleich et al. vorgestellte Scanner zur dreidimensionalen Bildgebung, der einen Bohrungsdurchmesser von 120 mm besitzt und bei dem sich durch die Nutzung einer weiteren Empfangsspule, die in den Scanner eingebracht wird, der Bohrungsdurchmesser auf 65 mm reduziert [8]. Mit diesem Scanner, der einen maximalen Gradienten von 2,5 $T\mu_0^{-1}m^{-1}$ aufweist, wurden die ersten in vivo Bilder eines schlagenden Mäuseherzens aufgenommen [2].
Ein weiterer FFP-Scanner zur dreidimensionalen Bildgebung wurde 2011 von der Technischen Universität Braunschweig vorgestellt. Dieser erreicht bei einem Bohrungsdurchmesser von 30 mm einen maximalen Gradienten von 6,5 $T\mu_0^{-1}m^{-1}$ [9].
Literatur zu einem FFP-Scanner, der den Traveling-Wave-Ansatz verfolgt, wurde 2011 veröffentlicht [10]. Er erreicht bei einem Bohrungsduchmesser von 29 mm einen maximalen Gradienten von 3,5 $T\mu_0^{-1}m^{-1}$. Bei der Traveling-Wave-Methode

werden zwei FFPs erzeugt, wobei sich immer nur einer im FOV befindet. Dieser Ansatz verwendet ein lineares Gradientenfeld, mit dem bei einem starken Gradienten ein großes FOV abgedeckt werden kann. Somit ist dieser Ansatz sowohl für den zweidimensionalen Bildgebungsprozess [11] als auch für den dreidimensionalen Bildgebungsprozess [12, 13] anwendbar.
Verschiedene FFP-Scanner zur dreidimensionalen Bildgebung wurden auch an der Universität in Berkeley aufgebaut. Der in [14] vorgestellte Scanner weist einen maximalen Gradienten von 6,5 $T\mu_0^{-1}m^{-1}$ bei einem Bohrungsdurchmesser von 40 mm auf. Mit diesem Scanner wurden sowohl Phantommessungen [15] als auch in vitro Messungen an einer Maus [14] durchgeführt. Zusätzlich wurde in Berkeley ein FFP-Scanner mit einem maximalen Gradienten von 7 $T\mu_0^{-1}m^{-1}$ und einem Bohrungsdurchmesser zwischen 57 mm und 70 mm, der vom applikationsspezifischen Insert abhängig ist, aufgebaut [16]. Die Rekonstruktion der mit Hilfe dieses Scanners gemessenen Bilder geschieht nicht mit Hilfe einer gemessenen Systemmatrix im Frequenzbereich, sondern im Zeitbereich und wird, aufgrund der anschließenden Abbildung der Partikelkonzentration auf eine Position im FOV, x-Space genannt (Kap. 1.1.2) [17].
Der erste kommerzielle MPI-FFP-Scanner [18] wird derzeit von Bruker vertrieben. Hierbei handelt es sich um einen Scanner zur dreidimensionalen Bildgebung, der einen Gradienten von 2,5 $T\mu_0^{-1}m^{-1}$, einen maximalen Bohrungsdurchmesser von 120 mm und ein 36 x 38 x 18 $mm^3$ großes FOV aufweist [19].
Neben verschiedenen Scanneraufbauten, die mit Hilfe von stromdurchflossenen Spulen oder mit Permanentmagneten einen FFP erzeugen, existieren Scanner, die eine feldfreie Linie (FFL) erzeugen und damit das FOV abtasten. Der Vorteil der Bildgebung mit Hilfe einer FFL ist eine höhere Sensitivität, da beim Rotieren und Translatieren der FFL immer mehrere Orte im Raum gleichzeitig angeregt werden und zum Signal beitragen [20]. Bei den bis jetzt aufgebauten FFL-Scannern handelt es sich wie bei den meisten FFP-Scannern um eine Art Gantry, in die das zu untersuchende Objekt hineingebracht wird.
Ein zwei- und dreidimensionaler statischer FFL-Scanner mit einem maximalen Gradienten von 2,4 $T\mu_0^{-1}m^{-1}$ und einem Bohrungsdurchmesser von 40 mm wurde in Berkeley entwickelt [21]. Ein weiterer FFL-Scanner zur zweidimensionalen dynamischen Bildgebung eines etwa 30 mm großen Phantoms mit einem maximalen Gradienten von 1,5 $T\mu_0^{-1}m^{-1}$ wurde in Lübeck aufgebaut [22]. Der Vorteil dieses Scanners besteht im Vergleich zu dem in Berkeley aufgebauten System in der dynamischen Rotation der FFL, wodurch eine Echtzeitbildgebung ermöglicht wird [23].

### 1.1.2 Verschiedene Bildrekonstruktionsstrategien

Um aus den gemessenen Daten Bilder rekonstruieren zu können, stehen verschiedenen Rekonstruktionsstrategien zur Verfügung. Grob kann man sie in drei Grup-

pen unterteilen: zum einen in die kalibrationsbasierte Rekonstruktionsmethode im Frequenzbereich, zum anderen in eine modellbasierte Rekonstruktionsmethode im Frequenzbereich und die Rekonstruktion im Zeitbereich.
Zur kalibrationsbasierten Rekonstruktion im Frequenzbereich muss zunächst eine Systemmatrix aufgenommen werden [24]. Hierfür wird ein fest definiertes Volumen der SPION-Lösung in einen definierten Probenhalter gebracht. Mit Hilfe eines Roboters wird dieser Probehalter durch das FOV des jeweiligen Scanners gefahren, und zwar so, dass der Probenhalter an eine zuvor definierte Anzahl an gleichmäßig im FOV verteilten Positionen gebracht und anschließend an diesen Positionen eine Messung durchgeführt wird. Dieses Szenario wird solange wiederholt, bis von jeder Postion im FOV die Antwort auf die definierte Menge der SPION-Lösung bekannt ist. Anschließend wird das in die Empfangsspule induzierte Spannungssignal mit Hilfe der schnellen Fourier-Transformation (engl. Fast Fourier Transform, FFT) vom Zeitbereich in den Frequenzbereich transformiert. Auf diese Weise erhält man für jede Position im FOV für eine bekannte SPION-Konzentration ein spezifisches Frequenzspektrum [1, 24]. Vermisst man im Anschluss ein unbekanntes Phantom, kann man mit Hilfe der Systemmatrix die Konzentrationsverteilung der SPIONs im Phantom berechnen. Diese Rekonstruktionsmethode wurde in dieser Arbeit verwendet, um die ersten zwei- und dreidimensionalen Messungen mit dem asymmetrischen Scanner zu rekonstruieren (Kap. 5.1.2).
Neben dem Ansatz der gemessenen Systemmatrix gibt es auch Ansätze einer modellbasierten Systemmatrix, so dass auf die langwierige Systemmatrixmessung verzichtet werden kann [25]. Ein weiterer Ansatz zur Verkürzung der Aufnahmezeit der Systemmatrix ist die hybride Systemmatrix [26, 27]. In diesem Fall wird das Partikelmodell mit Hilfe einer Magnet-Partikel-Spektrometer (MPS) Messung [28] bestimmt und anschließend mit den gewonnenen Partikelparametern die Systemmatrix des Scanners modelliert. Dieser Ansatz hat im Vergleich zur rein modellbasierten Systemmatrix den Vorteil einer verbesserten Modellgenauigkeit, da das Partikelmodell nicht nur auf kalkulierten Parametern beruht. Auch die sogenannte Systemkalibrationseinheit beruht auf dem Ansatz einer hybriden Systemmatrix [29, 30]. In diesem Fall wird die mechanische Bewegung der Kalibrationsprobe durch den Einsatz von homogenen Fokusfeldern überflüssig, und die Kalibrationszeit kann um das 2- bis 3-Fache verkürzt werden [30].
Bei der Rekonstruktion im Zeitbereich, auch x-Space-Rekonstruktion [31] genannt, wird auf die FFT und das Vermessen einer Systemmatrix verzichtet. Die Daten werden im Zeitbereich verarbeitet. Der Vorteil bei der Rekonstruktion direkt im Zeitbereich besteht darin, dass keine langwierige Systemmatrix aufgenommen werden muss und die Rekonstruktion beschleunigt werden kann, da keine großen Matrizen verarbeitet werden müssen. Der Nachteil besteht darin, dass viele theoretische Annahmen gemacht werden. Diese beziehen sich auf die Partikeldynamik, die Ma-

gnetfelder und auf die Geschwindigkeit des feldfreien Punktes. Außerdem können Ungenauigkeiten im Aufbau des Systems nicht durch eine Kalibrierung eliminiert werden. Es werden die Annahmen gemacht, dass die Position des FFPs zu jedem Zeitpunkt bekannt ist, dass auf Grundlage der Langevin-Theorie des Paramagnetismus (Kap. 3.2.2) eine Korrelation zwischen der FFP-Position und dem induzierten Spannungssignal getroffen werden kann und dass durch einen Versatz des Gleichspannungsanteils der Verlust der ersten Harmonischen kompensiert werden kann. Zusätzlich kann durch eine Entfaltung des Signals die Bildqualität weiter verbessert werden [14, 16, 17, 22].

### 1.1.3 Medizinische Anwendungen

Eine mögliche medizinische Anwendung für MPI, insbesondere für das asymmetrische MPI-Konzept, ist die Lokalisierung des Wächterlymphknotens beim Mammakarzinom. Brustkrebs ist die häufigste Krebserkrankung bei Frauen in den westlichen Industriestaaten [32]. Dem Auffinden des Wächterlymphknotens kommt eine besondere Bedeutung zu, da dieser Lymphknoten nach der operativen Entfernung untersucht wird und aus den Ergebnissen der Untersuchung Rückschlüsse darauf gezogen werden können, ob durch den Tumor bereits Krebszellen in den restlichen Körper gelangt sind [33]. Die Ergebnisse der Untersuchung des Wächterlymphknotens sind insbesondere bei der weiteren Therapieplanung von unschätzbarer Bedeutung. Bei dem Wächterlymphknoten handelt es sich um den Lymphknoten, der über die Lymphbahnen in direkter Verbindung mit dem Tumor steht (Abb. 1.2). Da sich in der Axilla eine Vielzahl von Lymphknoten befinden, ist es notwendig den Wächterlymphknoten zur Lokalisation zu markieren.

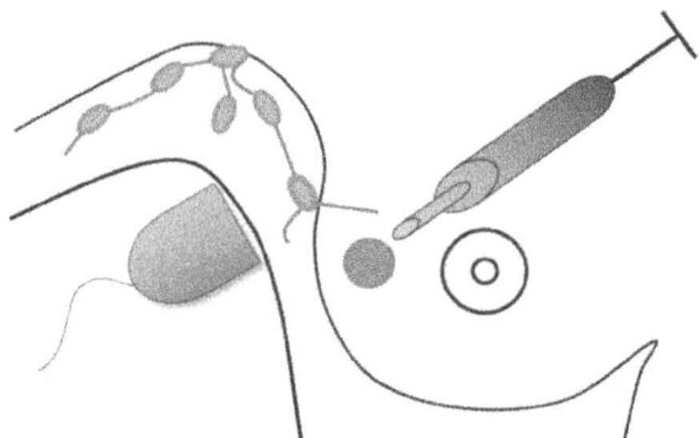

Abb. 1.2: Das Konzept der Wächterlymphknotendetektion

Heute werden häufig radioaktive Marker verwendet, um den Wächterlymphknoten zu lokalisieren. Die radioaktiven Marker werden in die Umgebung des Tumorgewebes injiziert und gelangen über die Lymphbahnen zu den Wächterlymphknoten,

welche die jeweils ersten Lymphknoten hinter dem Tumorgewebe sind. Dort sammeln sich die radioaktiven Marker an und können mit Hilfe eines Geiger-Müller-Zählers lokalisiert werden. Der Nachteil dieser Methode besteht in der Verwendung eines radioaktiven Markers, der besonders für das klinische Personal, das ständig mit diesem in Berührung kommt, schädlich ist. Auch hat nicht jede Klinik oder jeder niedergelassene Facharzt die Möglichkeit, den radioaktiven Marker zu lagern und alle Sicherheitsvorkehrungen zu treffen, da dieses mit immensen Kosten verbunden ist.
Zur Zeit gibt es noch eine weitere gängige Methode, um den Wächterlymphknoten zu identifizieren. Hierzu injiziert man einen Farbstoff in die Nähe des Tumorgewebes. Über die Lymphbahnen gelangt der Farbstoff zu den Lymphknoten in der Axilla und färbt einige ein. Der Nachteil dieser Methode besteht in ihrer Ungenauigkeit. Es werden eine Reihe von Lymphknoten entfernt, wodurch eine große Operationswunde entsteht. Des Weiteren ist es möglich, dass durch den Farbstoff eine Art Tätowierung der Achselhöhle zurückbleibt.
In Zukunft könnte mit Hilfe des asymmetrischen MPI-Konzepts der Wächterlymphknoten bis auf 1 mm präzise lokalisiert werden. Es kann auf den Einsatz von radioaktiven Markern verzichtet werden, da zur Markierung des Wächterlymphknotens die SPIONs in die Nähe des Tumors injiziert werden und sich im Wächterlymphknoten ansammeln. Anschließend kann der Wächterlymphknoten mit Hilfe des asymmetrischen Scanners lokalisiert werden [34]. In Abbildung 1.2 ist ein mögliches Anwendungsszenario dargestellt. Nach der Lokalisierung des Wächterlymphknotens wird dieser - wie auch bei den anderen Methoden zur Lokalisierung - durch eine Operation entfernt und auf Tumorzellen hin untersucht [35]. Ein weiterer Vorteil, MPI zu verwenden ist, dass der Lymphknoten wesentlich genauer lokalisiert werden kann und somit die Operationswunde und das dadurch entstehende Trauma des umliegenden Gewebes auf ein Minimum reduziert werden kann. Außerdem bleiben gesunde Lymphknoten erhalten, die eine wichtige Aufgabe in der Immunabwehr des Körpers übernehmen.
Ein anderes Konzept zur Detektion des Wächterlymphknotens wurde an der Universität Twente entwickelt [36]. Hierbei wird kein besonderer Wert auf die Bildgebung gelegt, sondern das entwickelte Konzept dient hauptsächlich der Lokalisierung. Somit gleicht dieses Verfahren eher der Anwendung des Geiger-Müller-Zählers, nur dass kein radioaktiver Marker verwendet und detektiert wird, sondern SPIONs zum Einsatz kommen. Die SPIONs sammeln sich im Wächterlymphknoten an und können mit Hilfe eines Vibrationsmagnetometers lokalisiert werden. Diese Methode hat eine Detektionsgenauigkeit der SPIONs von 0,5 µg Eisengehalt [36]. Der Nachteil im Vergleich zu dem in dieser Arbeit präsentierten Konzept besteht in der örtlichen Auflösung [36].
Weitere medizinische Anwendungen für MPI werden in der Darstellung von Blut-

fluss oder der Lokalisierung von Kathetern gesehen. Hier ist besonders die Möglichkeit der Echtzeitbildgebung interessant, da hierdurch der Blutfluss des Herzens oder die Katheterbewegung genau beobachtet werden kann. Ein denkbares Anwendungsgebiet wäre auch die Untersuchung der Herzklappentätigkeit. 2009 gelang es einer Forschergruppe, ein schlagendes Mäuseherz in Echtzeit darzustellen. Hierfür wurden die SPIONs mit einem 20 µl Bolus über die Schwanzvene in die Blutbahn der Maus injiziert [2]. Um Katheter visualisieren zu können, müssen diese mit den SPIONs beschichtet werden. Hierzu wurden bereits einige Vorversuche durchgeführt [37, 38, 39]. Auch bei dieser medizinischen Anwendung ist sowohl die Echtzeitfähigkeit als auch die Auflösung von besonderer Bedeutung.
Noch nicht ausreichend experimentell validierte, aber denkbare medizinische Anwendungen hängen eng mit der Möglichkeit zusammen, die SPIONs zu modifizieren und sie mit speziellen Antikörpern zu verknüpfen. Von Lindemann et al. [40] wurden erste Versuche hierzu durchgeführt. Somit könnten zum Beispiel Tumore lokalisiert werden oder Medikamente an bestimmte Stellen im Körper gebracht werden, um lokal ihre gewünschte Wirkung ohne Nebenwirkungen zu entfalten. Zur Steuerung der SPIONs um diese mit Hilfe von Magnetfeldern an einen gewünschte Position zu bringen wurden bereits Experimente durchgeführt [41].
Sobald die Möglichkeit besteht, körpereigenes Eisen mit Hilfe von MPI abzubilden, könnte MPI eine wichtige Rolle in der Diagnostik zum Beispiel der Hämochromatose oder für die Parkinson-Früherkennung spielen. Dieses ist zur Zeit noch nicht möglich, da zum einen die chemische Struktur des Eisens im Körper von der der SPIONs abweicht und zum anderen die Sensitivität noch nicht ausreichend ist.
Ein weiterer Schritt, den sich das Institut für Medizintechnik der Universität zu Lübeck, das Institut für Medizintechnik der Ruhr-Universität Bochum und Philips Medical Systems DMC GmbH zur Aufgabe gemacht haben, besteht darin, die Diagnostik und Therapie mit Hilfe von magnetischen Nanopartikeln zu verknüpfen. Hierfür ist es denkbar, ein Ultraschallsystem mit einem MPI-System zu verknüpfen und somit die Bildgebung mit der Thermotherapie, die bereits zur Zerstörung von Tumoren eingesetzt wird [42], zu verknüpfen und die Thermotherapie gleichzeitig durch MPI zu verbessern. Dieser Ansatz wird auch von einer japanischen Gruppe in Osaka verfolgt, die bereits erste, vielversprechende Ergebnisse veröffentlicht hat [43].

## 1.2 Motivation

Diese Arbeit wird nicht nur durch ein neues Bildgebungsverfahren motiviert, sondern insbesondere durch den Aufbau eines neuen Scannersytems (Kap. 3.4 und 4), welches im Vergleich zu den vorhandenen Scannersystemen den Vorteil eines offenen Systems mit sich bringt. Das asymmetrische MPI-Konzept verknüpft die generellen

Vorteile von MPI mit dem Vorteil eines offenen Patientenzugangs, so dass das zu scannende Objekt nicht innerhalb eines, das Objekt umschließenden, gantryartigen Systems platziert werden muss, sondern auf dem Scanner liegen kann. Das verhindert Probleme bei der Platzierung des zu messenden Objektes sowohl für präklinische Anwendungen als auch für die Einführung in die klinische Routine. Der im Rahmen dieser Dissertation aufgebauten MPI-Scanners zur dreidimensionale MPI-Bildgebung ermöglicht eine Minimierung des Platzbedarfs. Dadurch entsteht das Szenario, dass diese Form des MPI-Gerätes nicht nur in der Klinik sondern auch bei niedergelassenen Spezialisten zum Einsatz kommen kann. Die Form des Gerätes und die für die Bildgebung notwendigen Tracer, die unkompliziert und ohne besondere Sicherheitsauflagen, wie sie zum Beispiel bei radioaktiven Materialien notwendig sind, gelagert werden können, ergeben für die Zukunft ein neues kostensparendes medizinisches Bildgebungssystem.
Technisch gesehen wirft der einseitige Aufbau, der inhomogene Magnetfelder hervorruft, viele Fragestellungen auf, von denen einige in dieser Arbeit behandelt werden. Die allgemein bekannten Zusammenhänge der MPI-Bildgebung müssen sowohl im Bereich der Hardware als auch im Bereich der Rekonstruktion an diesen besonderen Aufbau angepasst werden und stellen neue Herausforderungen.
Das Zusammenspiel von physikalischen, elektrotechnischen, mathematischen und zum Teil auch medizinischen Fragestellungen macht dieses Thema sehr komplex. Insbesondere die Kooperation mit medizinischen Partnern garantiert, dass der Bezug der Wissenschaft zur Praxis nicht aus den Augen verloren geht und somit sehr gezielte, präklinisch und klinisch relevante Forschung möglich wird.

## 1.3 Gliederung der Arbeit und Originalbeiträge

Die Arbeit ist in acht Hauptkapitel unterteilt. Bislang (Kap. 1) wurde ein Überblick zum aktuellen Stand der Technik, eine kurze Einführung in zwei unterschiedliche Rekonstruktionsmethoden und mögliche medizinische Anwendungen gegeben. Im Anschluss wurde dargestellt, worin die Motivation und der Nutzen der Arbeit liegt.
Im zweiten Kapitel werden zunächst kurz die unerlässlichen theoretischen Grundlagen von elektromagnetischen Feldern behandelt.
Im Anschluss wird im dritten Kapitel das Spezialgebiet MPI thematisiert, wobei hier sowohl die physikalischen Grundlagen von MPI als auch das magnetische Tracermaterial vorgestellt werden. Danach werden insbesondere die Grundlagen des asymmetrischen MPI-Konzepts präsentiert und diese dem konventionellen Scannerkonzept gegenüber gestellt.
Das vierte Kapitel beschäftigt sich mit dem Aufbau eines prototypischen asymmetrischen MPI-Scanners zur mehrdimensionalen Bildgebung. Dieses umfasst sowohl die Signalgenerierung als auch die Signalfilterung auf der Sende- und auf der Emp-

fangsseite. Anschließend wird über den Aufbau des Scanners und die zur Kontrolle des aufgebauten Scanners durchgeführten Messungen berichtet. Die resultierenden Ergebnisse werden präsentiert und diskutiert.
Das fünfte Kapitel beschäftigt sich mit der Verarbeitung der aufgenommen Signale und der Rekonstruktion der gemessenen Objekte. Hier finden sowohl die verwendeten Methoden als auch die Ergebnisse und die anschließende Diskussion Berücksichtigung. Hier werden die ersten zwei- und dreidimensionalen Bilder präsentiert, die mit einem asymmetrischen MPI-Scanner aufgenommen wurden. Zusätzlich wird die Verwendung der modellbasierten Rekonstruktionsmethode im Zeitbereich für mit dem asymmetrischen Scanner vermessene Proben diskutiert.
Die ersten Schritte und Ergebnisse zur Messung von biologischen Materialien werden in Kapitel sechs aufgezeigt.
Kapitel sieben präsentiert die gewonnenen Erkenntnisse der Simulation eines verkleinerten asymmetrischen MPI-Konzeptes, welches aus Permanentmagneten aufgebaut ist. Durch die Verkleinerung, soll eine vereinfachte Anwendung ermöglicht werden. Dieses Kapitel unterteilt sich wiederum in Methoden, Ergebnisse und Diskussion. Hier wird ein grober Scannerentwurf und die erste Simulationsstudie als Ausblick vorgestellt.
Das letzte Kapitel fasst die Arbeit zusammen, enthält ein Fazit über die vorliegende Arbeit und einen Ausblick für die weitere Entwicklung im Bereich der Bildgebung mit einer asymmetrischen Spulentopologie.
Die gesamte Arbeit stützt sich auf die von der Autorin eingereichten, veröffentlichten und begutachteten Zeitschriftenartikel [44, 45] zum asymmetrischer MPI-Scanner und auf verschiedene Konferenzbeiträge [46, 47, 48, 49, 50, 51, 52, 53, 54] der Autorin. Zusätzlich wurden unter Mitwirkung der Autorin begutachtete Zeitschriftenartikel [5, 34, 40, 55, 56, 57, 58] und zahlreiche Konferenzbeiträge [59, 60, 61, 62, 63, 64, 65, 66, 67, 68, 69, 70, 71, 72, 73, 74, 75, 76] publiziert.

# 2

# Grundlagen elektromagnetischer Wechselwirkungen

**Inhaltsverzeichnis**



In diesem Kapitel werden alle wichtigen physikalischen Grundlagen erklärt, die für das Verständnis dieser Arbeit notwendig sind. Zunächst handelt es sich um elektromagnetische Felder und die Möglichkeit, diese mathematisch zu beschreiben und zu berechnen. Anschließend werden verschiedene analoge Filter vorgestellt.

## 2.1 Magnetische Felder

Magnetische Felder können nicht nur durch Permanentmagnete erzeugt werden, sondern auch durch elektrischen Strom. In MPI werden abhängig von der Scannergeometrie sowohl Permanentmagnete als auch Elektromagnete eingesetzt, um die für die Bildgebung erforderlichen Magnetfelder zu erzeugen.

Permanentmagnete bestehen aus einem hartmagnetischen Material und besitzen einen Nord- und einen Südpol.
Bei einem Elektromagneten handelt es sich um einen elektrisch geladenen Körper. Sobald eine elektrische Spannung an einen elektrisch geladenen, leitfähigen Körper angelegt wird, baut sich ein elektrisches Feld auf. Dieses überlagert die von zu Beginn an bestehende Temepraturbewegung der Ladungen im Körper und führt zu einer Driftbewegung der Ladungen und somit zur elektrischen Stromstärke. Dieser Stromfluss übt einen Einfluss auf den Raum aus, in dem sich der elektrisch geladenen Körper befindet. Durch diesen Einfluss entsteht ein Magnetfeld, welches wiederum Einfluss auf die sich bewegenden, elektrischen Ladungen hat [77]. Ein Elektromagnet in Form einer Spule erzeugt ein magnetisches Feld sobald er von Strom durchflossen wird. Auf diesen Zusammenhang, der eine entscheidende Rolle im MPI-Prozess spielt, wird in Kapitel 2.1.1 eingegangen.
Zur Darstellung magnetischer Felder nutzt man häufig Pfeile, die durch ihre Größe und Richtung die Stärke und den Verlauf des Magnetfeldes angeben.

### 2.1.1 Maxwell-Gleichungen

Mit den vier Maxwell-Gleichungen (Gl. 2.1 - Gl. 2.4) besteht die Möglichkeit, die klassische Elektrodynamik, die sich mit bewegten elektrischen Ladungen und somit mit elektrischen und magnetischen Feldern beschäftigt, in ihrem Ganzen zu beschreiben. In den Maxwell-Gleichungen werden die einzelnen Feldgrößen in einen Zusammenhang gebracht. Die Maxwell-Gleichungen in Integralform lauten [78]:

$$\oint_{\partial A} \vec{E} \cdot \vec{dl} = -\frac{d}{dt} \iint_{A} \vec{B} \cdot \vec{dA} \tag{2.1}$$

$$\oint_{\partial A} \vec{H} \cdot \vec{dl} = \iint_{A} \vec{J} \cdot \vec{dA} + \frac{d}{dt} \iint_{A} \vec{D} \cdot \vec{dA} \tag{2.2}$$

$$\oiint_{\partial V} \vec{D} \cdot \vec{dA} = \iiint_{V} \varrho \, dV \tag{2.3}$$

$$\oiint_{\partial V} \vec{B} \cdot \vec{dA} = 0 \tag{2.4}$$

Die in den Maxwell-Gleichungen vorkommenden Parameter stehen für beliebige Längen $\vec{l}$, Flächen $\vec{A}$ und Volumen $V$, wobei $\partial A$ den Rand der Integrationsfläche $A$ beschreibt. Gleichung 2.1 stellte den Zusammenhang zwischen der elektrischen Feldstärke $\vec{E}$ in $Vm^{-1}$ und der magnetischen Flussdichte $\vec{B}$ in Tesla her. Diese Gleichung wird auch als faradaysches Induktionsgesetz bezeichnet und beschreibt die Entstehung eines elektrischen Feldes durch die zeitliche Änderung der magnetischen

Flussdichte.
Die zweite Maxwell-Gleichung (Gl. 2.2) verknüpft die elektrische Stromdichte $\vec{J}$ in Am$^{-2}$ mit der dielektrischen Verschiebungsdichte $\vec{D}$ in Asm$^{-2}$, wodurch sich die magnetische Feldstärke $\vec{H}$ in Am$^{-1}$ bestimmen lässt. In dieser Gleichung, die auch unter dem Namen Amperesches-Gesetz bekannt ist, wird beschrieben, wie ein magnetisches Feld durch einen elektrischen Strom erzeugt wird.
Das Gaußsche-Gesetz, die dritte Maxwell-Gleichung (Gl. 2.3), verdeutlicht den Zusammenhang der elektrischen Ladungsdichte $\varrho$ in Asm$^{-3}$ und der dielektrischen Verschiebungsdichte $\vec{D}$. Hierbei wird $\varrho$ in einem geschlossenen Volumen $V$ mit $\vec{D}$ in Beziehung gesetzt.
Das Gaußsche-Gesetz des Magnetismus beschreibt, dass die magnetische Flussdichte $\vec{B}$ durch jede geschlossene Fläche gleich Null ist und spiegelt sich in der vierten Maxwell-Gleichung (Gl. 2.4) wieder.
Das Verständnis dieser vier Gleichungen wird benötigt, um den MPI-Prozess und die dabei auftretenden physikalischen Phänomene verstehen zu können.

### 2.1.2 Biot-Savart-Gesetz

Das Biot-Savart-Gesetz verknüpft die magnetische Induktion mit den Strömen [79]. Die magnetische Induktion kann mit dem Induktionsgesetz aus Gleichung 2.1 beschrieben werden. Das Biot-Savart-Gesetz gibt die Kraft zwischen zwei stromdurchflossenen Leitern an und lautet

$$B(r) = \frac{\mu_0}{4\pi} \int\limits_V \frac{J(r') \times (r - r')}{\mid r - r' \mid^3} dV' \tag{2.5}$$

in der Integralform [80]. Hierbei gibt $J$ die elektrische Stromdichte in Am$^{-2}$ an und $r$ den Ort, an dem man das Magnetfeld, das von dem Leiter erzeugt wird, betrachtet. Zudem gibt $r'$ den Ort an, an dem der stromdurchflossene Leiter liegt.
Daraus ergibt sich vereinfacht für einen unendlich kurzen Stromleiter $dl$, der mit dem Strom $I$ durchflossen wird:

$$dB(r) = \frac{\mu_0}{4\pi} \frac{I d\vec{s} \times \vec{r}}{r^3}. \tag{2.6}$$

Im Rahmen dieser Arbeit wird von kreisförmigen oder D-förmigen Spulen ausgegangen. Für die Simulationen der kreisförmigen Spulen kann man also von kreisförmigen Leiterschleifen ausgehen. Für die Simulation der D-förmigen Spulen geht man davon aus, dass sich die Spule aus einem Halbkreis und einem geraden Leiter zusammen setzt. Somit kann man zur Berechnung der magnetischen Flussdichte vereinfacht einen Teil der kreisförmigen Leiterschleife annehmen und diesen mit einem geraden Leiter vervollständigen.
In Abbildung 2.1 ist auf der rechten Seite das innerhalb der betrachteten Leiterschleife (Abb. 2.1, links) liegende Längenelement $d\vec{s}$ eingezeichnet, durch welches

der Strom $I$ fließt und das Magentfeld $d\vec{B}$ erzeugt. Der Radius der Leiterschleife wird durch $R$ angegeben und es wird ein beliebiger Punkt $P$ definiert, der oberhalb des Mittelpunktes $MP$ der Leiterschleife liegt. Die Strecke zwischen $MP$ und $P$ wird mit $a$ bezeichnet.

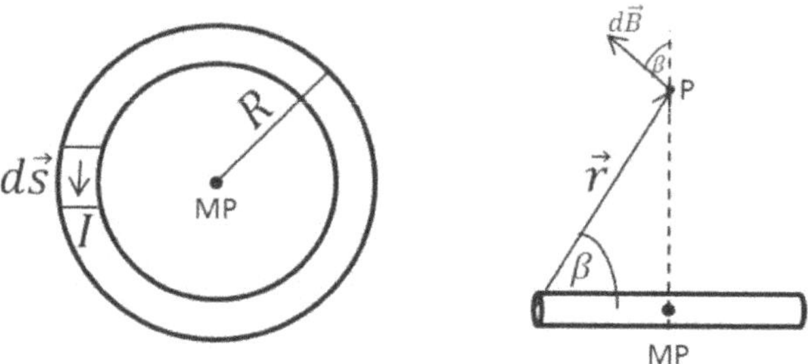


Abb. 2.1: Eine Leiterschleife als einfache Anwendung des Biot-Savart-Gesetzes

Somit ergibt sich nach Pythagoras

$$\vec{r} = \sqrt{R^2 + a^2}. \tag{2.7}$$

Durch Einsetzen von Gleichung 2.7 in Gleichung 2.6 und unter der Voraussetzung, dass $d\vec{s}$ und $\vec{r}$ senkrecht aufeinander stehen, erhält man

$$dB = \frac{\mu_0}{4\pi} \frac{IRds}{(R^2 + a^2)^{\frac{3}{2}}}. \tag{2.8}$$

Um die magnetische Flussdichte im Punkt $P$ berechnen zu können, wird über die gesamte Leiterschleife integriert $\int ds = 2\pi R$ und man erhält

$$B = \frac{\mu_0 I R^2}{2(R^2 + a^2)^{\frac{3}{2}}}. \tag{2.9}$$

Mit Hilfe von Gleichung 2.9 kann das Magnetfeld einer Spule relativ einfach berechnet werden. Zusätzliche Parameter, die dafür eingeführt werden müssen, sind die Anzahl der Wicklungen $W$ und die Gesamtlänge der Spule $L$. Auf $dL'$, der Mantelfläche der Spule, befinden sich $\frac{W}{L} \cdot dL'$ einzelne Leiterschleifen. Um das Magnetfeld einer Spule im Abstand $b$ zur Spule berechnen zu können, muss über die einzelnen Leiterschleifen integriert werden:

$$B = \int_0^L \frac{\mu_o I R^2 N}{2(R^2 + (L' - a)^2)^{\frac{3}{2}} L} dL' = \frac{\mu_0 I N}{2L} \left( \frac{L - a}{\sqrt{R^2 + (L-a)^2}} + \frac{a}{\sqrt{R^2 + a^2}} \right). \tag{2.10}$$

### 2.1.3 Maxwell- und Helmholzspulen

Um die notwendigen unterschiedlichen Magnetfeldgeometrien erzeugen zu können, wird für MPI-Aufbauten häufig auf zwei bekannte Spulenanordnungen zurückgegriffen. Hierbei handelt es sich um die Maxwellspulenanordung und die Helmholzspulenanordnung [81].
In Abbildung 2.2 sind das Magnetfeld und die Vektorpfeile des Magnetfeldes einer Maxwell-Ähnlichen-Spulenanordnung zu sehen. Bei dieser Spulenanordnung liegen sich zwei identische Spulen gegenüber und werden in unterschiedliche Richtungen von einem Strom mit gleicher Amplitude durchflossen. Es ist auffällig, dass die Pfeile, welche das magnetische Feld abbilden, aufeinander zulaufen. Da sich magnetische Felder nicht kreuzen, laufen diese, bevor sie sich treffen, zum äußeren Rand weg und in der Mitte der Spulenanordnung entsteht ein Punkt, in dem das Magnetfeld gegen null geht, der FFP.

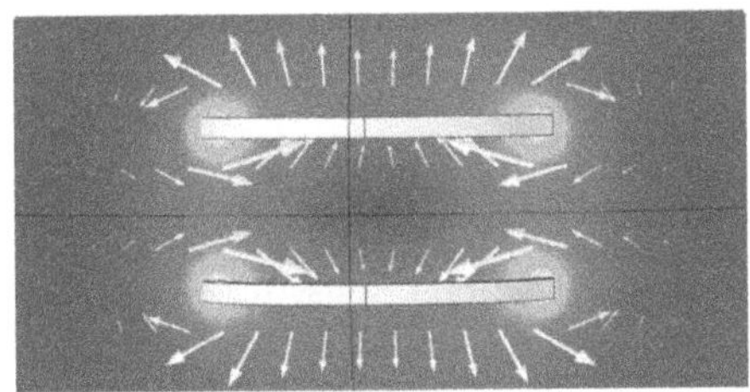

Abb. 2.2: Spulenanordnung, die einer Maxwellanordnung ähnelt

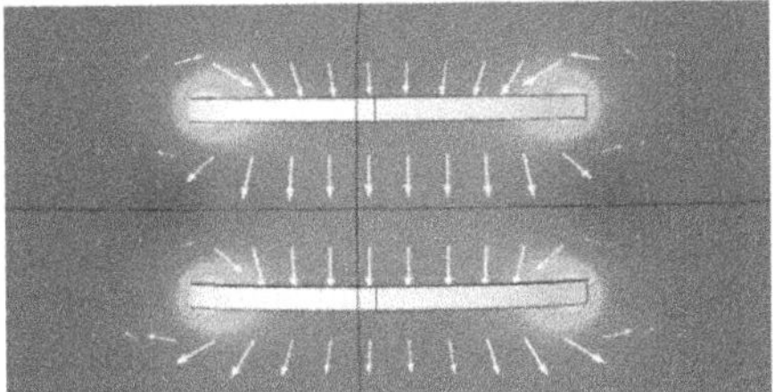

Abb. 2.3: Spulenanordnung, die einer Helmholtzanordnung ähnelt

Bei der in Abbildung 2.3 dargestellten Spulenanordnung handelt es sich um eine Helmholtz-Ähnliche-Anordnung. Diese Anordnung ist genau wie die Maxwell-Ähnliche-Anordnung aus zwei identischen Spulen aufgebaut, die einander gegenüber liegen. Beide Spulen werden gleichsinnig von einem Strom mit identischer Amplitude durchflossen. Auch hier zeigen die Pfeile die Orientierung des magnetischen Feldes an. Die Felder, die durch die Spulen erzeugt werden, haben die gleiche Orientierung.
Eine Maxwell-Ähnliche Spulenanordnung wird zur Erzeugung des Selektionsfeldes für MPI verwendet, diese erzeugt den FFP. In der typischen Maxwellanordnung beträgt der Abstand zwischen den beiden Spulen $\sqrt{3}R$. In den Abbildungen beträgt der Außenradius der Spulen 0,225 m und der Abstand der Spulen zueinander 0,35 m. Auf die Helmholtz-Ähnliche-Spulenanordnung wird zurückgegriffen, um das Anregungsfeldes zu erzeugen.

### 2.1.4 Hall-Effekt

Der Hall-Effekt wird genutzt, um Magnetfelder zu vermessen [82]. Die Ursache des Hall-Effektes liegt in der Lorentz-Kraft $F_L = Q\nu \times B$, die sich aus einem Zusammenhang der elektrischen Ladung $Q$ in Verbindung mit der Geschwindigkeit der Ladung $\nu$ und der magnetischen Flussdichte $B$, die auf die bewegten Elektronen im Leiter wirkt [83], ergibt.
Dazu wird ein elektrisch leitender Körper, der von Strom durchflossen ist, in ein stationäres Magnetfeld gebracht und die so auftretende elektrische Spannung vermessen. Die auftretende Spannung steht sowohl senkrecht zum Stromfluss als auch zum magnetischen Feld und wird als Hall-Spannung $U_H$ bezeichnet. Die Hall-Spannung setzt sich, wie in Gleichung 2.11 beschrieben, aus der Stromstärke $I$, der magnetischen Flussdichte $B$, der Dicke der Hallsonde $d$ und der Materialkonstanten $A_H$ zusammen

$$U_H = \frac{IB}{d} A_H. \tag{2.11}$$

$A_H$ für Metalle berechnet sich aus dem Kehrwert des Produktes der Ladungsträgerdichte $n$ mal der Ladung eines Ladungsträgers $q$: $A_H = \frac{1}{nq}$.

### 2.1.5 Wirbelströme und Skineffekt

Um den Skineffekt und seine Bedeutung verstehen zu können, muss man zunächst wissen, was Wirbelströme sind und wie diese entstehen. Die weiteren Ausführungen in diesem Unterkapitel beziehen sich auf [84].
Wirbelströme entstehen in elektrisch leitenden Stoffen, die sich in einem magnetischen Wechselfeld befinden. Durch Betrachtung des Induktionsgesetzes beziehungsweise der 1. Maxwell-Gleichung (Gl. 2.1) weiß man, dass eine Spannung in dem elektrisch leitenden Stoff, der sich in einem Magnetfeld befindet, induziert wird und somit ein Strom entsteht. Handelt es sich um ein magnetisches Wechselfeld, welches den elektrisch leitenden Stoff umgibt oder wird dieser dauerhaft mit Hilfe von Wechselstrom ummagnetisiert, entstehen Wechselströme innerhalb des Stoffes. Diese Wechselströme erzeugen wiederum elektromagnetische Kräfte, die in dem elektrisch leitenden Stoff Ströme hervorrufen, die sogenannten Wirbelströme.
Wenn in dem elektrisch leitenden Stoff ein elektrischer Strom fließt, gibt es eine Wechselwirkung zwischen den Wirbelströmen und den Leiterströmen. Denn auch das magnetische Feld, welches durch den Leiterstrom hervorgerufen wird, bildet Wirbelströme aus. Die Wirbelströme erzeugen wiederum ein Magnetfeld, welches auf das ursprüngliche Feld einwirkt. Durch diese gegenseitigen Wechselwirkungen kommt es dazu, dass aus Teilen des Leiters, insbesondere der Mitte des Leiters, der Strom verdrängt wird. Dieses Phänomen ist unter dem Begriff Stromverdrängung oder Skineffekt bekannt.

Die Eindringtiefe, also der Bereich, in dem sich die Felder und Ströme befinden, kann mit folgender Formel berechnet werden:

$$\delta = \sqrt{\frac{2}{\omega\sigma\mu}}. \tag{2.12}$$

Somit ist nach Gleichung 2.12 die Eindringtiefe $\delta$ umgekehrt proportional zu $\sqrt{\omega\sigma\mu}$, wobei $\omega = 2\pi f$ die Kreisfrequenz ist, $\sigma$ die elektrische Leitfähigkeit und $\mu = \mu_0\mu_r$ die Permeabilität des Stoffes angibt.
Zusätzlich kommt es zu Leistungsverlusten der Wirbelströme, wodurch der Leiter erwärmt wird. Dieses Phänomen ist unter dem Begriff Wirbelstromverlust bekannt. Um den Skineffekt so gut wir möglich zu vermeiden und ein möglichst homogenes Feld innerhalb des Leiters zu erreichen, kann Litze verwendet werden. Je nach Qualität der Litze besteht sie aus einer hohen Anzahl an einzelnen, miteinander verdrillten Kupferdrähten, die einen Durchmesser im µm-Bereich haben. Diese Leiter sind mit Hilfe einer Lackschicht gegeneinander isoliert, obwohl sie das gleiche Potential tragen. Somit wird ein einzelner Leiter in viele Leiter aufgeteilt. Litze hat eine hohe Flexibilität und Verformbarkeit und das Risiko von Brüchen einzelner Adern ist gering. Die Flexibilität der Litze wird durch den Durchmesser der einzelnen Leiter und die Verdrillungsmethode bestimmt. Die Verdrillungen unterscheiden sich Hauptsächlich in der Anzahl der Kreuzungspunkte der einzelnen Leiter auf einem Meter Litze.

## 2.2 Analoge Filter

In Abbildung 2.4 sind die idealen Frequenzverläufe der vier Haupttypen der analogen Filter dargestellt.
Ein Hochpassfilter (Abb. 2.4, oben links) dämpft alle Signale mit Frequenzen unterhalb der Grenzfrequenz $f_G$ und alle Signale mit Frequenzen oberhalb von $f_G$ werden ungedämpft weitergeleitet. Im Gegensatz dazu dämpft ein Tiefpassfilter (Abb. 2.4, oben rechts) alle Frequenzen, die oberhalb von $f_G$ liegen. Ein Bandstoppfilter (Abb. 2.4, unten links) setzt sich aus einem Tiefpassfilter in Verbindung mit einem Hochpassfilter zusammen und dämpft alle Frequenzen zwischen der unteren Grenzfrequenz $f_L$ und der oberen Grenzfrequenz $f_H$. Ein Bandpassfilter (Abb. 2.4, unten rechts) ist eine Verknüpfung zwischen einem Hochpass- und einem Tiefpassfilter. Alle Frequenzen, die zwischen $f_L$ und $f_H$ liegen, werden ungedämpft übertragen und alle anderen gedämpft. Ein Bandpass- und ein Bandstoppfilter lassen sich auch mit Hilfe der Bandbreite $B = f_H - f_L$ und der Resonanzfrequenz $f_0 = \sqrt{f_H \cdot f_L}$ beschreiben. Die Resonanzfrequenz ist das geometrischen Mittel der Grenzfrequenzen und dient zur Charakterisierung einer Übertragungsfunktion.

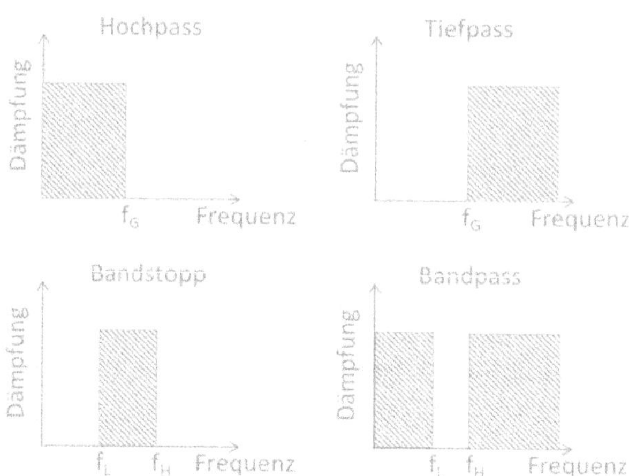


Abb. 2.4: Filterkennlinien für die vier häufigsten Filterarten

Bei realen Bedingungen ist es nicht möglich, dass es bei den jeweiligen Grenzfrequenzen zu solchen starken Abfällen kommt, wie sie in Abbildung 2.4 zu sehen sind. Es gibt unterschiedliche Ausführungen der einzelnen Filter, unter anderem den Besselfilter, den Butterworthfilter und den Tschebyschefffilter. Diese Frequenzfilter unterscheiden sich insbesondere in der Form des Frequenzganges an den Grenzfrequenzen. Die unterschiedlich steil abfallenden Frequenzverläufe werden durch den Begriff der Flankensteilheit beschrieben. In Abbildung 2.5 sind exemplarisch drei Frequenzverläufe unterschiedlicher realer Tiefpassfilter zu sehen. Die Grenzfrequenz liegt hier bei 1 kHz, und es ist deutlich zu sehen, dass die drei Filtertypen unterschiedliche Flankensteilheiten aufweisen. Beim Besselfilter (Abb. 2.5, rote Kurve) wird bereits vor Erreichen der Grenzfrequenz das Signal leicht gedämpft und die komplette Kurve verläuft sehr flach. Der Dämpfungsverlauf eines Butterworthfilters (Abb. 2.5, grüne Kurve) ähnelt vom Verlauf dem eines Bessselfilters, allerdings beginnt die Dämpfung hier erst bei der Grenzfrequenz und verläuft etwas steiler. Beim Tschebyschefffilter (Abb. 2.5, blaue Kurve) unterscheidet sich der Frequenzgang deutlich von den beiden anderen, da die Dämpfung nach der Grenzfrequenz wesentlich steiler verläuft und es kurz vor der Grenzfrequenz zu Überschwingern kommt. Die Überschwinger führen dazu, dass die Signale, die in diesem Frequenzbereich liegen, verstärkt werden.

Aufgrund der unterschiedlichsten Frequenzverläufe muss für die jeweilige Anwendung ein passender Filter herausgesucht werden. Zusätzlich muss auch der Zusammenhang zwischen der Flankensteilheit und der Filterordnung berücksichtigt werden.

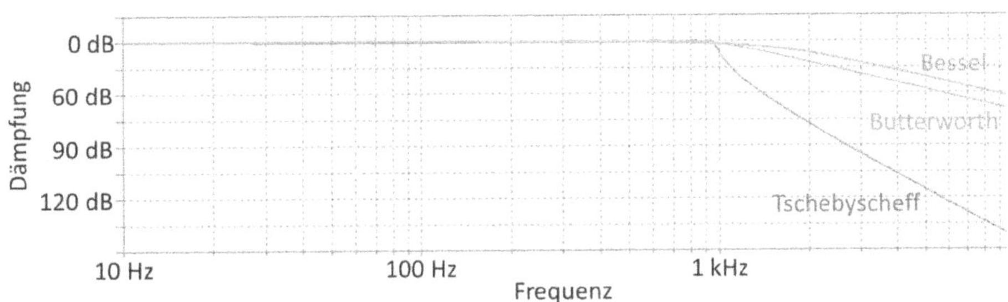


Abb. 2.5: Filterkennlinien eines Tschebyscheff- (blau) eines Butterworth- (grün) und eines Bessel-Tiefpassfilters (rot)

Ein weiterer Unterschied beim Aufbau der Filter und somit bei deren Frequenzverhalten wird durch die jeweilige Ordnung des Filters bestimmt. Im Allgemeinen kann man sagen, dass ein Filter höherer Ordnung eine stärkere Flankensteilheit hat. Die Ordnung wird jedoch dadurch beschränkt, dass mit höherer Ordnung auch die Welligkeit des Frequenzverlaufes im Durchlassbereich zunimmt. Unter Welligkeit versteht man die Amplitude der Überschwinger, die zum Teil vor dem Erreichen der Grenzfrequenz auftreten. Erlaubt man eine hohe Welligkeit, ist der Abfall des Frequenzverlaufs nach der Grenzfrequenz steiler, jedoch besteht die Gefahr, dass dadurch hohe Signalspitzen auftreten können, die das System schädigen könnten.

# 3
# Magnetic Particle Imaging

## Inhaltsverzeichnis



Dieses Kapitel beschäftigt sich insbesondere mit den physikalischen Grundlagen des MPI-Prinzips und erklärt, wie die Bildgebung ermöglicht wird. Ein wichtiger Punkt hierbei ist das erforderliche Tracermaterial, ohne das keine MPI-Bildgebung möglich ist. Zusätzlich wird das asymmetrische MPI-Konzept vorgestellt und dem konventionellen, geschlossenen Scannersystem gegenüber gestellt.

## 3.1 Physikalische Grundlagen

MPI beruht auf der Anregung von SPIONs. Für die Bildgebung wird der nichtlineare Magnetisierungsverlauf der SPIONs ausgenutzt. Das bedeutet, dass sobald die SPIONs einem externen magnetischen Feld ausgesetzt werden, ihre Magnetisierung mit steigender Feldstärke ansteigt, bis sie ab einer bestimmten Feldstärke in

Sättigung gelangen. Diese Eigenschaft wird sowohl für die Signalkodierung als auch für die Ortskodierung ausgenutzt.

### 3.1.1 Signalkodierung

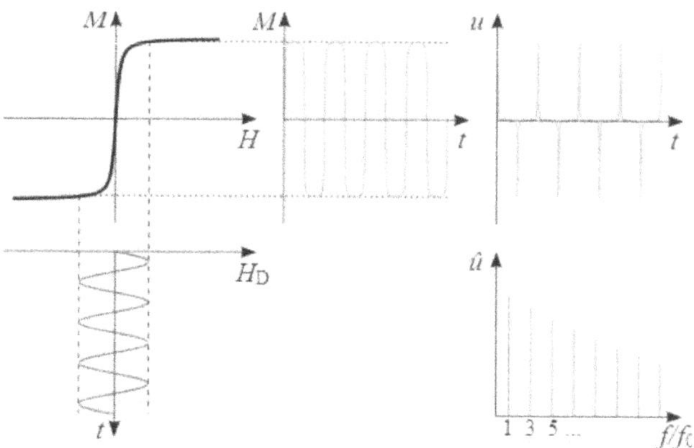


Abb. 3.1: Signalgenerierung für den MPI-Prozess (nach [1])

Für die Signalkodierung (Abb. 3.1) ist es notwendig, dass sich die SPIONs in einem feldfreien Bereich befinden. Sobald sich die SPIONs dort befinden, sind sie nicht in Sättigung und reagieren auf das sinusförmige Anregungssignal mit einer Magentisierungsänderung über die Zeit $M(t)$. Durch diese Magentisierungsänderung wird eine Spannung $u(t)$ in die Empfangsspule induziert und nach einer Filterung und Verstärkung (Kap. 4.1.4.3) erhält man mit Hilfe der FFT das Signalspektrum der Spannung $\hat{u}$.

Im idealen Fall handelt es sich bei dem feldfreien Bereich um einen FFP oder eine FFL. Dann würden nur die SPIONS, die sich in diesem FFP oder auf der FFL befinden, reagieren und im Spektrum würden ausschließlich die ungeraden Harmonischen der Grundfrequenz erscheinen. In der Realität werden auch Partikel angeregt, die sich in der Umgebung des FFPs und der FFL befinden. Somit setzt sich das Spektrum aus geraden und ungeraden Harmonischen zusammen (Abb. 3.3).

### 3.1.2 Ortskodierung

Für die Ortskodierung (Abb. 3.2) spielt der FFP eine besondere Rolle. Sobald sich die SPIONs nicht im FFP oder in seiner Nähe befinden, befindet sich die Partikelmagnetisierung, aufgrund des statischen Offsetfeldes, durch welches der FFP erzeugt wird, in Sättigung. Somit ist bei diesen Partikeln die Magnetisierung annähernd konstant. Dies bedeutet, dass es nur zu einer schwachen Magnetisierungsänderung über die Zeit kommt und deshalb nur ein sehr kleines Spannungssignal, von den Partikeln in die Empfangsspule induziert wird. Im Signalspektrum tauchen deshalb nur sehr kleine Frequenzkomponenten auf. Somit wird über die Lage des FFPs und die damit zusammenhängende Orientierung der Partikel eine Ortskodierung möglich.

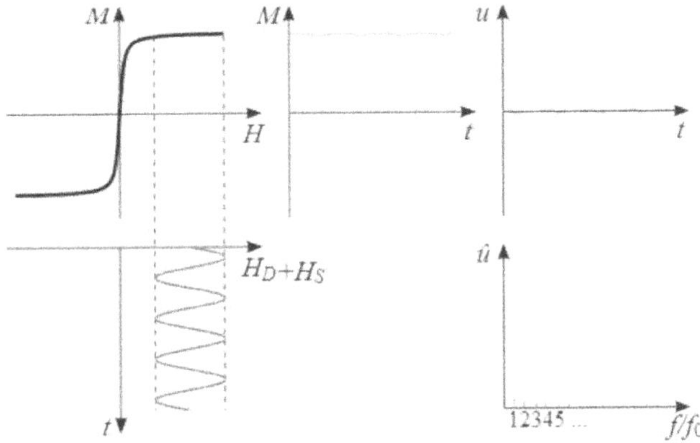


Abb. 3.2: Ortskodierung für den MPI-Prozess (nach [1])

Über die Breite der Langevin-Funktion und die Gradientenstärke wird ein Bereich definiert, in dem die Partikel auf das Anregungssignal reagieren. Somit erzeugen alle Partikel die in diesem Bereich liegen ein Signal. Es ist ausreichend, wenn sie in dem definierten Bereich liegen. Deswegen enthält das Signalspektrum neben der Grundfrequenz $f_0$ ihre geraden und ungeraden Harmonischen.

Abbildung 3.3 zeigt die Abhängigkeit der SPION-Antwort von der Entfernung zwischen der SPIONs und dem FFP. Die erste Spalte zeigt drei verschiedene Positionen, an denen sich die SPIONs befinden, und die Position des FFPs. In der zweiten Spalte ist neben der nicht-linearen Magnetisierungskurve der SPIONs auch das periodisch wechselnde Signal zu erkennen, durch das die Nanopartikel angeregt werden. Die Magnetiesierungsänderung über die Zeit ist in der nächsten Spalte dargestellt und anschließend folgt die Darstellung der in die Empfangsspule induzierten Spannung. In der letzten Spalte der Abbildung 3.3 ist das Signalspektrum der einzelnen Partikelpositionen zu sehen. Deutlich zu erkennen ist, dass das Spektrum an der Position, bei der sich die Nanopartikel nicht direkt im FFP befinden, nicht nur aus den ungeraden Harmonischen der Sendefrequenz besteht, sondern auch gerade Harmonische enthält, weil die Partikel nicht direkt im FFP liegen und somit einer anderen Gradientenfeldstärke ausgesetzt sind. Zusätzlich zeigt sich, dass die Signalstärke auch von der Entfernung der Partikelposition zum FFP abhängt. Auf diese Weise entsteht für jede Position im FOV ein einzigartiger Fingerabdruck.

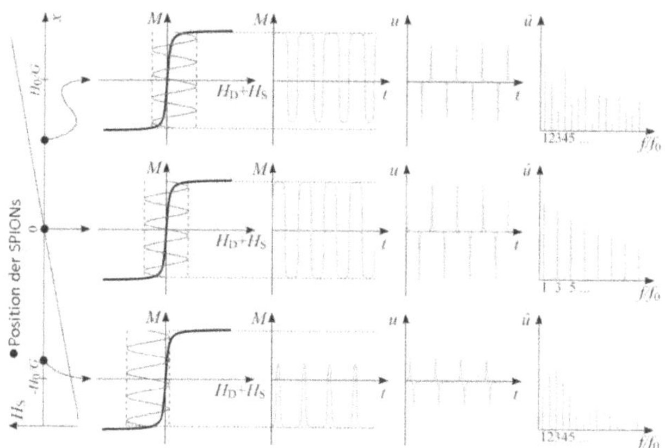


Abb. 3.3: Darstellung der verschiedenen Signalspektren bei unterschiedlicher Entfernung zum FFP (nach [24])

## 3.2 Tracermaterial

Die SPIONs, welche bei MPI als Tracermaterial verwendet werden, setzen sich aus einem Eisenkern und einer Dextranhülle zusammen [85].

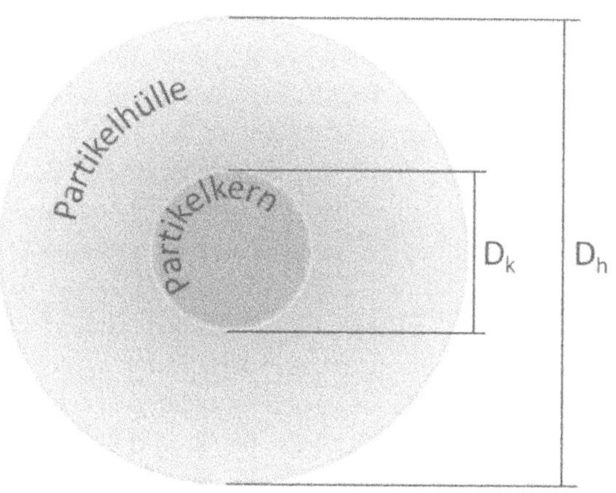


Abb. 3.4: Der typische Aufbau eines SPIONs

SPIONs wurden die letzten 15 Jahre hauptsächlich als Kontrastmittel für die MRT-Bildgebung eingesetzt. Häufig wird für MPI das MRT-Kontrastmittel Resovist® (Bayer Schering Pharma, Berlin, Deutschland) [86] verwendet, welches allerdings 2009 vom Markt genommen wurde [19]. Ein wesentlicher Faktor für die Bildgebung im MPI-Bereich ist die Qualität der SPIONs. Die für MPI verwendbaren SPIONs müssen eine möglichst steil verlaufende nicht-lineare Magentiserungskurve haben. Viele Forschergruppen versuchen, für MPI einen optimierten Tracer zu synthetisieren [87, 88]. Eine der großen Forschungsgruppen, die sich insbesondere mit der Synthese der SPIONs beschäftigt, hat sich in Seattle an der University of Washington um Prof. Krishnan gebildet [89]. Die hier entwickelten Tracer werden zum Teil für erste Testmessung mit MPI-Geräten verwendet [90]. Es ist möglich, die SPIONs sowohl in verschiedenen Größen als auch mit unterschiedlichen Hüllen herzustellen. Durch die Veränderung des Oberwellenspektrums der Nanopartikel, welche durch eine Bindung der Nanopartikel an biologische Moleküle und die damit einhergehende Veränderung der Balance zwischen der Brownschen- und der Néelschen-Relaxation (Kap. 3.2.2) zustande kommt, können diese genutzt werden, um Pathologien aufzuklären [19].
Um die Partikelqualität in Bezug auf die Anwendung im MPI-Bereich bestimmen zu können, wird eine spektroskopische Messtechnik verwendet. Am Institut für Medizintechnik, Universität zu Lübeck, wurde hierzu ein sogenanntes MPS entwickelt [91]. Hierbei handelt es sich um einen 0D MPI-Scanner [28]. Das bedeutet, dass kein Selektionsfeld vorhanden ist. Die Weiterentwicklung dieses MPS [73] dient dazu, die Partikel in ein dreidimensionales Anregungsfeld zu bringen. Man erhofft sich dadurch eine noch bessere Qualitätsanalyse der Partikel, da dieses Spektrometer mit einem MPI-Scanner vergleichbare Magnetfelder aufweist.

### 3.2.1 Langevin-Theorie

Die modellbasierte Rekonstruktion und auch die Simulation des MPI-Bildgebungsprozesses stützen sich zum größten Teil auf die Langevin-Theorie. Allerdings gibt es Ansätze, um diese Theorie zu verbessern und zu ergänzen und somit den Bildgebungsprozess im Allgemeinen besser zu modellieren [92, 93, 94].
Die Langevin-Theorie ist für paramagnetische Teilchen - also Teilchen, die magnetische Atome oder Eisen beinhalten und voneinander unabhängig sind - von Bedeutung. Da sich die Annahmen auf kugelförmige Partikel beziehen, wird bei dieser Herleitung auf die Vektoren verzichtet und vom Betrag der einzelnen Größen ausgegangen. Die hier vorgenommene Herleitung der Langevin-Theorie bezieht sich auf das Buch von S. Chikazum [95].
Bei einem System mit N magnetischen Atomen hat jedes dieser Atome ein magnetisches Moment $N \cdot \mu_0 = M$ in $\mathrm{Am}^2$. Das magnetische Moment wird allgemein auch als Spin bezeichnet. Durch die Umgebungstemperatur $T$ angeregt vibrieren die

Spins. Mit Hilfe der Bolzmann-Konstanten $k_B$ kann die mittlere thermische Energie $E_{th}$ eines freien Teilchens berechnet werden:

$$E_{th} = k_B T. \tag{3.1}$$

Sobald sich das Teilchen in einem magnetischen Feld $H$ in Am$^{-1}$ mit der magnetischen Flussdichte $B = \mu_r \cdot \mu_0 \cdot H$ befindet, kann die potentielle Energie $E_{pot}$ mit Hilfe von $M$ und dem Winkel $\gamma$ zwischen $H$ und $M$ berechnet werden:

$$E_{pot} = -HM\cos\gamma. \tag{3.2}$$

Die Wahrscheinlichkeit, dass sich der Spin in Richtung des magnetischen Feldes ausrichtet, ist proportional zu $k_B$. Daraus ergibt sich mit den Gleichungen 3.2 und 3.1 folgender Zusammenhang:

$$\exp\left(-\frac{E_{pot}}{E_{th}}\right) = \exp\left(\frac{MH}{k_B T} \cdot \cos\gamma\right). \tag{3.3}$$

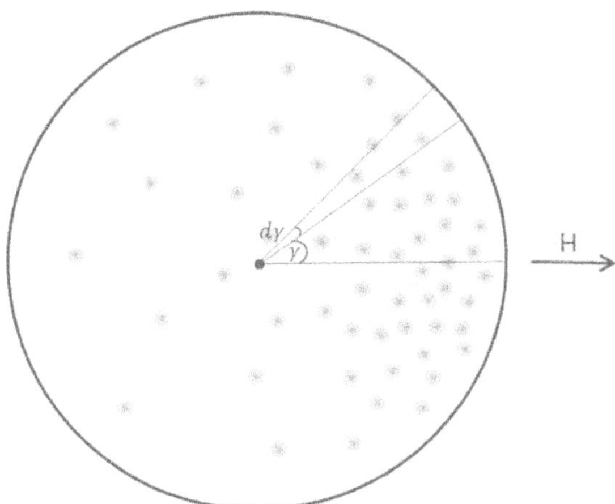


Abb. 3.5: Winkelabhängigkeit der Partikelspins in Anwesenheit eines magnetischen Feldes $H$

In Abbildung 3.5 ist die Partikelverteilung bei einem anliegenden magnetischen Feld zu sehen. Zusätzlich sind zwei Winkel eingezeichnet. Diese trennen die Bereiche, in denen unterschiedliche Wahrscheinlichkeiten vorliegen, dass sich die Spins nach dem Magnetfeld ausrichten. Diese Wahrscheinlichkeit kann wie folgt berechnet werden:

$$P(\gamma)d\gamma = \frac{\exp\left(-\frac{E_{pot}}{E_{th}}\right)\sin\gamma \cdot d\gamma}{\int\limits_0^{\pi} \exp\left(-\frac{E_{pot}}{E_{th}}\right)\sin\gamma \cdot d\gamma}. \tag{3.4}$$

Von Interesse ist nicht ein einzelnes Partikel, sondern eine bestimmte Partikelanzahl $N$ in einem definierten Volumen. Um dieses berechnen zu können, wird über die Winkelwahrscheinlichkeit (Gl. 3.4) integriert

$$N = \int_0^\pi P(\gamma)\mathrm{d}\gamma. \tag{3.5}$$

Die Magnetisierung $M$ ergibt sich aus dem Integral aller magnetischen Momente, die in dem Volumen vorkommen

$$M = \int_0^\pi m\cos\gamma P(\gamma)\mathrm{d}\gamma. \tag{3.6}$$

Für die Magnetisierung des kompletten Systems $M_k$ ergibt sich folgendes:

$$M_k = NM \int_0^\pi \cos\gamma P(\gamma)\mathrm{d}\gamma. \tag{3.7}$$

Durch Einsetzen von Gleichung 3.3 und Gleichung 3.4 in Gleichung 3.5 erhält man:

$$M_k = NM \frac{\int_0^\pi \exp\left(\frac{MH}{k_B T}\cos\gamma\right)\cos\gamma\sin\gamma \cdot \mathrm{d}\gamma}{\int_0^\pi \exp\left(\frac{MH}{k_B T}\cos\gamma\right)\sin\gamma \cdot \mathrm{d}\gamma}. \tag{3.8}$$

Anschließend wird $MH/k_BT = \alpha$ und $\cos\gamma = x$ und $-\sin\gamma = \mathrm{d}x$ gesetzt und somit kann Gleichung 3.8 zu

$$M_k = NM \frac{\int_{-1}^1 \exp(\alpha x)x\mathrm{d}x}{\int_{-1}^1 \exp(\alpha x)\mathrm{d}x} \tag{3.9}$$

verkürzt werden. Um zur Lagevin-Funktion zu kommen, müssen die Integrale berechnet und die Ergebnisse anschließend in Gleichung 3.9 eingesetzt werden.
Dabei gilt

$$\int_{-1}^1 \exp(\alpha x)\mathrm{d}x = \frac{1}{\alpha} \mid \exp(\alpha x) \mid_{-1}^1 = \frac{1}{\alpha}\left(\exp(\alpha) - \exp(-\alpha)\right)$$

$$\int_{-1}^1 \exp(\alpha x)x\mathrm{d}x = \frac{1}{\alpha}\left(\exp(\alpha) + \exp(-\alpha)\right) - \frac{1}{\alpha^2}\left(\exp(\alpha) - \exp(-\alpha)\right).$$

Und es ergibt sich

$$
\begin{aligned}
M_k &= NM\left(\frac{\exp(\alpha)+\exp(-\alpha)}{\exp(\alpha)-\exp(-\alpha)}-\frac{1}{\alpha}\right)\\
&= NM\left(\coth\alpha-\frac{1}{\alpha}\right). \qquad (3.10)
\end{aligned}
$$

Der in Gleichung 3.10 in Klammern stehende Ausdruck ist als die Langevin-Funktion $L(\alpha)$ bekannt. Für den Fall $\alpha \to \infty$ läuft $L(\alpha)$ gegen 1 und die Partikel befinden sich in Sättigung. Die Sättigung aller Partikel in einem Volumen wird meistens nicht erreicht.

### 3.2.2 Partikelrelaxation

In der Partikeltheorie wird zwischen der Brown- und der Néel- Relaxation (Abb. 3.6) unterschieden. Um ein möglichst gutes Partikelmodell zu erhalten, sollten die Relaxationsprozesse unbedingt berücksichtigt werden. Diese beiden Relaxationstypen unterscheiden sich darin, dass bei der Brown-Relaxation das komplette Partikel geometrisch rotiert und bei der Néel-Relaxation nur der Spin des Partikels rotiert. Die Dauer der Relaxation und ob diese Dauer hauptsächlich durch die Néel- oder durch die Brown-Relaxation bestimmt ist, hängt von der Größe des Partikelkerns ab. Bei einem kleinen Partikelkern steht die Néel-Relaxation und bei einem größeren Kern die Brown-Relaxation im Vordergrund.

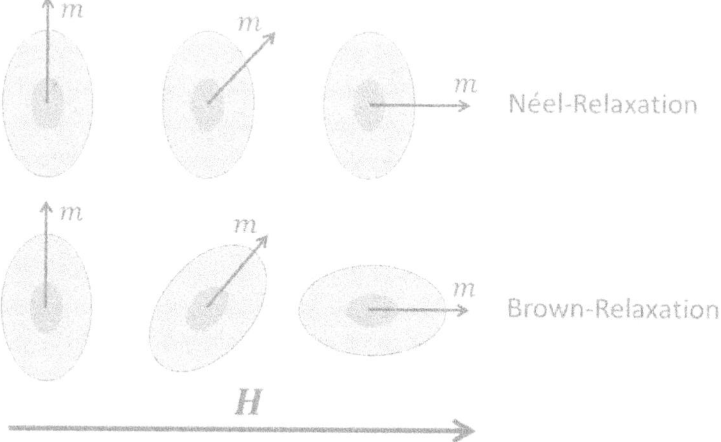


Abb. 3.6: Schematische Darstellung der Néel- und Brown-Relaxation (nach [81])

Die Bedeutung der Relaxation und die Notwendigkeit die Relaxationsdauer mit in die Simulation einzubeziehen, wird insbesondere bei Rekonstruktionsverfahren, die nicht mit einer gemessenen Systemmatrix arbeiten, deutlich. In einer Veröffentlichung von L. Croft et al. [93] wird gezeigt, wie wichtig es ist, in die x-Space Rekonstruktion die Relaxationszeiten der Partikel mit in das Partikelmodell einfließen zu lassen.

## 3.3 Konventioneller Scanner

Der konventionelle Scanner [1] für die zweidimensionale Bildgebung in MPI ist, wie in Abbildung 3.7 zu sehen, aus vier Spulenpaaren aufgebaut.

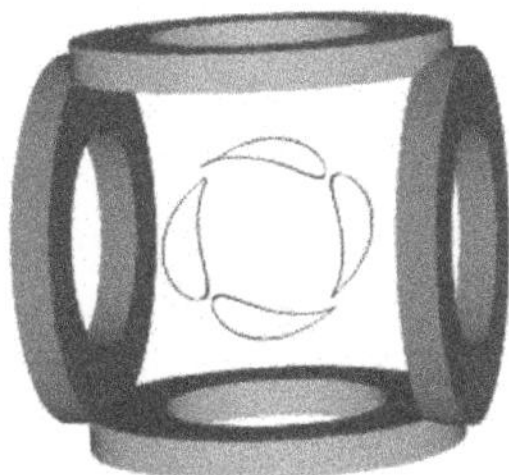

Abb. 3.7: Schematischer Aufbau eines konventionellen 2D MPI-Scanners

Dabei handelt es sich um vier Sendespulen und um vier Empfangsspulen. Die Empfangsspulen liegen in der Mitte der Sendespulen und das zu scannende Objekt muss innerhalb der Empfangsspulenanordnung platziert werden. Die magentafarbigen Spulen (Abb. 3.7) werden von einem Gleichstrom und einem Wechselstrom durchflossen und sind somit eine Kombination aus Selektions- und Anregungsfeldspulen. Bei der Anordnung der Selektionsfeldspulen wird die Maxwell-Ähnliche-Spulenanordung (Abb. 2.2) verwendet und es bildet sich ein FFP in der Mitte der Scannergeometrie aus. Das blaue Spulenpaar (Abb. 3.7) ist nach der Helmholtz-Ähnlichen-Spulenanordnung (Abb. 2.3) aufgebaut und beide Spulen werden von einem Wechselstrom durchflossen. Wie bereits bekannt, wird der Wechselstrom sowohl für die Partikelanregung als auch für die Bewegung des FFPs durch das FOV verwendet.

Wie in Kapitel 1.1.1 beschrieben, wurden mittlerweile viele verschiedene MPI-Scanner aufgebaut, jedoch bleibt bei vielen Scannern der große Nachteil erhalten, dass das zu scannende Objekt innerhalb der Empfangsspulen platziert werden muss. Auch die Hochskalierung dieser Systeme ist nicht einfach möglich und sehr kostspielig.

## 3.4 1D-Bildgebung mit einer asymmetrischen Spulentopologie

Beim konventionellen Scanner ist es nötig, das zu messende Objekt innerhalb des Spulenaufbaus zu platzieren. Dies ist aufgrund des asymmetrischen Aufbaus des hier vorgestellten Scanners (Abb. 3.8) nicht mehr notwendig; hier kann das zu messende Objekt ohne Größenbegrenzung auf dem Spulenaufbau platziert werden. Der limitierende Faktor bei der Bildgebung mit dem asymmetrischen Scanner ist nicht die Größe des Objekts, sondern die mit zunehmendem Abstand zur Scanneroberfläche abnehmenden Magnetfelder.
Der asymmetrische Scanner ist für die eindimensionale Bildgebung aus zwei ineinander liegenden Spulen aufgebaut (Abb. 3.8), die in entgegengesetzte Richtung von Gleichströmen mit unterschiedlicher Amplitude durchflossen werden [7], die durch den blauen und grünen Pfeil angedeutet werden. Durch die unterschiedliche Richtung und Amplitude des Stroms bilden die erzeugten elektromagnetischen Felder zwei FFPs.

Abb. 3.8: Aufbau des eindimensionalen asymmetrischen Scanners: Die Pfeile geben die Stromrichtung an.

Die äußere Spule hat einen äußeren Durchmesser von 140 mm und einen inneren Durchmesser von 107,5 mm. Der äußere Durchmesser der inneren Spule beträgt 29 mm und der innere Durchmesser dieser Spule 19 mm. Die Länge der äußeren und inneren Spule beträgt 14,9 mm und beide Spulen bestehen aus drei Lagen. Die äußere Spule wurde mit 30 Windungen und die innere mit 36 Windungen gewickelt [96]. In jeder Spulenlage befindet sich eine festgelegte Anzahl an Windungen, die durch die Dicke der Litze und die Breite der Spule definiert werden. Die Spule ist aus Litze gefertigt, um den Skineffekt (Kap. 2.1.5) bei hohen Frequenzen so gut wie möglich zu minimieren [96]. Auf der äußeren Spule liegen laut Simulation 55,64 A Gleichstrom und auf der inneren Spule 65,05 A Gleichstrom [49]. Die Gleichstrom-Quelle kann diese Werte mit einer Genauigkeit von 50 mA erreichen.

Ein zusätzlicher Wechselstrom von 42 A liegt auf der inneren Spule (Abb. 3.8, lilafarbener Pfeil) und ermöglicht die Bewegung des FFPs auf der Achse, die senkrecht zur Scanneroberfläche durch dessen Mittelpunkt verläuft und regt die SPIONs im FFP an.

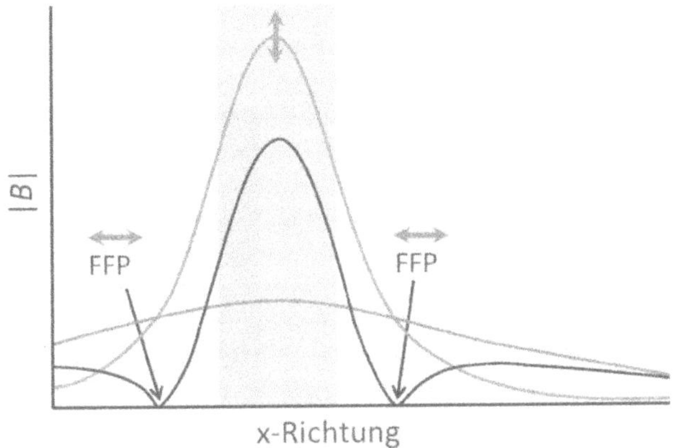


Abb. 3.9: Die von der äußeren und inneren Spule generierten Magnetfelder, durch deren Überlagerung zwei FFPs entstehen (nach [7]).

In Abbildung 3.9 sind die durch die innere und äußere Spule generierten Magnetfelder zu sehen. Die türkise Linie zeigt das Magnetfeld, das von der inneren Spule generiert wird und die blaue Linie zeigt das durch die äußere Spule generierte Feld. Für beide Magnetfelder ist der Betrag der magnetischen Flussdichte $|B|$ aufgetragen. Auf der Abszisse ist der Abstand zum Scanner aufgetragen, der durch die blaue Fläche dargestellt wird. Die dunkelblaue Linie zeigt das magnetische Feld, welches sich durch die Überlagerung der beiden Felder ergibt. Es wird deutlich, dass sich ein FFP vor und ein FFP hinter der Scannerachse ausbildet. Für die Bildgebung wird zur Zeit ausschließlich der FFP vor der Scannerachse verwendet, da der andere FFP durch den Scanneraufbau nicht erreichbar ist. Durch den Wechselstrom auf der inneren Spule lässt sich das Magnetfeld verändern, welches von der inneren Spule generiert wird. Angedeutet ist diese Veränderung in Abbildung 3.9 durch den Doppelpfeil an dem maximalen Punkt des Betrages der magnetischen Flussdichte. Durch den Wechselstrom variiert die maximale Amplitude der magnetischen Flussdichte, die durch die innere Spule erzeugt wird. Das hat zur Folge, dass die Kurve insgesamt breiter beziehungsweise schmaler wird, was zu einer FFP-Bewegung in eindimensionale Richtung führt.

Die ersten eindimensionalen Bilder wurden mit einem Prototypen aufgenommen,

der ausschließlich aus zwei ineinander liegenden Kreisspulen und einer darauf positionierten Empfangsspule bestand und durch einfache Lüfter gekühlt wurde [7].
In diesen Aufnahmen (Abb. 3.10) ist deutlich zu erkennen, dass die Auflösung mit Abstand zur Scanneroberfläche abnimmt und dass Partikelproben, die einen Abstand von 1 mm zueinander haben, bis zu einem Abstand 6,5 mm zur Scanneroberfläche im rekonstruierten Bild noch gut voneinander unterschieden werden können.

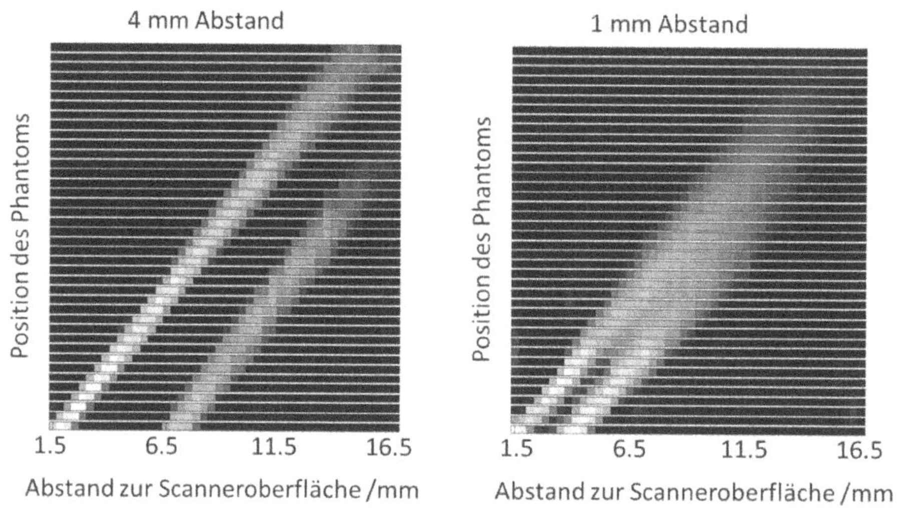


Abb. 3.10: Die ersten von Sattel et al. mit einem asymmetrischen Scanner aufgenommenen eindimensionalen MPI-Bilder. Die zwei Partikelproben haben einen Abstand von 4 mm (links) und 1 mm (rechts) zueinander (nach [7]).

Für eine zweidimensionale Bewegung des FFPs und somit ein zweidimensionales FOV muss zu den Kreisspulen ein zusätzliches Paar D-förmiger Spulen ergänzt werden [46, 96]. Der äußere Durchmesser dieser Spule beträgt 140 mm und der innere Durchmesser 114 mm. Die Dicke der Spule, die wie schon die beiden Selektionsfeldspulen aus Litze gewickelt ist, ist 4,5 mm und sie besteht aus einer Lage. Auch hier wird die Lagenanzahl durch die vorgegebene Dicke der Spule und den Litzendurchmesser bestimmt. Ein Wechselstrom von 80 A liegt auf der Spule mit 8 Windungen [96]. Bei [96] wurde das D-Spulenpaar aus zwei getrennt gewickelten D-Spulen aufgebaut.
Um ein dreidimensionales FOV mit dem FFP abfahren zu können, so dass das zu scannende Objekt nicht innerhalb des FOVs bewegt werden muss, wird ein weiteres D-Spulenpaar zum bisherigen Scanneraufbau hinzugefügt. Die beiden D-Spulenpaare sind um 90° gegeneinander verdreht und liegen unterhalb der Kreisspu-

len. In Abbildung 3.11 ist der schematische Aufbau eines dreidimensionalen asymmetrischen Scanners zu sehen.

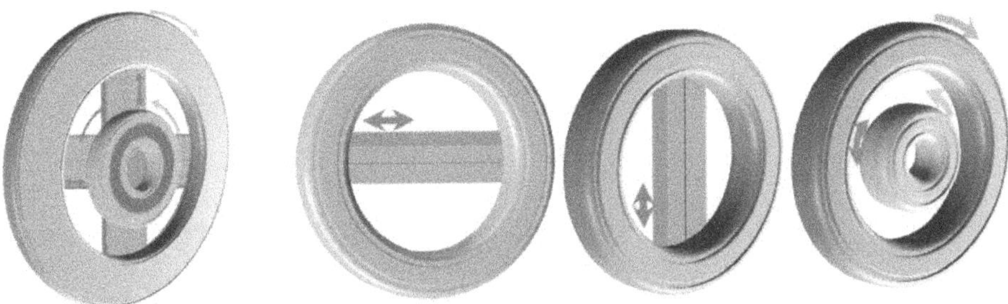

Abb. 3.11: Der schematische Aufbau des dreidimensionalen asymmetrischen Scanners (links) und die zugehörige Explosionszeichnung (rechts): Die Pfeile geben die Stromrichtung an.

## 3.5 Trajektorien

Knopp et al. haben sich mit verschiedenen Trajektorien beschäftigt, entlang derer der FFP bewegt werden kann, und eine Simulationsstudie dazu durchgeführt [97]. Für die Simulation wurde die von Weizenecker et al. in 2007 veröffentlichte Spulenkonfiguration [98] verwendet. Für jede Trajektoriensimulation beträgt die Repetitionszeit $T_R = 0,8$ ms. Diese Zeit gibt an wie lang ein Trajektoriendurchlauf dauert. Neben unterschiedlichen Trajektorien wurden auch zwei unterschiedliche Anregungssignale verwendet: zum einen ein sinusförmiges Signal zum andern ein dreieckförmiges Signal. Neben der meist verwendeten Lissajous-Trajektorie wurden eine kartesische, eine verbesserte kartesische, eine radiale und eine spirale Trajektorie simuliert (Abb. 3.12).
Anschließend wurden zu verschiedenen Zeitpunkten die maximalen Abstände zwischen zwei Punkten der Trajektorie berechnet und der Bildgebungsprozess mit Hilfe eines Auflösungsphantoms simuliert. Das Ergebnis dieser Studie kann durch die Aussage, je dichter die Trajektorie umso besser die Auflösung, zusammengefasst werden.
Anhand dieser Studie wurde für die Bildgebung mit dem asymmetrischen Scanner auf eine Lissajous-Trajektorie zurückgegriffen. Eine sinusförmige Anregung wurde gewählt, da ein dreieckförmiges Signal mit Hilfe eines Hardware-Aufbaus schwer zu filtern ist.
Im Allgemeinen müssen sich zwei senkrecht zueinander stehende, orthogonale Frequenzen überlagern, um eine zweidimensionale Lissajous-Trajektorie auszubilden.

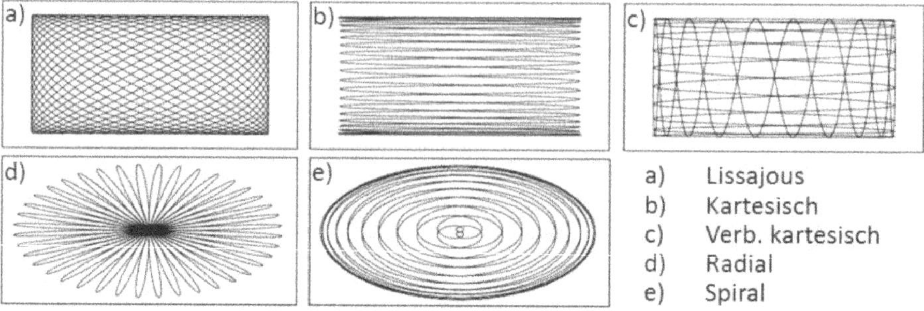


Abb. 3.12: Die in [97] untersuchten Trajektorienformen (nach [97])

Die Frequenzen $f_x$ und $f_y$ der beiden Schwingungen $S_x(t)$ und $S_y(t)$ müssen sich leicht voneinander unterscheiden. Um eine geschlossene Trajektorie zu erhalten, muss

$$\frac{f_x}{f_y} \in \mathbb{Q}^{>0},\ \mathbb{Q}: \text{Menge der rationalen Zahlen} \tag{3.11}$$

gelten. Daraus ergibt sich

$$\frac{f_x}{f_y} = \frac{N}{N-1}, \tag{3.12}$$

wobei $N$ die Anzahl der Schwingungen pro Periode der Anregung in $x$-Richtung angibt und $N-1$ die Anzahl der Perioden in $y$-Richtung. Je größer $N$ ist, desto dichter ist die Trajektorie. Durch eine dichte Trajektorie kann die Bildqualität verbessert werden, jedoch ist die Auflösung nicht nur von der Trajektoriendichte sondern auch vom Gradienten, den Anregungsfeldern und den Nanopartikeln abhängig. Für eine zweidimensionale Lissajous-Trajektorie gilt Folgendes:

$$\begin{aligned} S_x(t) &= \hat{S}_x sin(2\pi f_x t + \varphi_x) \\ S_y(t) &= \hat{S}_y sin(2\pi f_y t + \varphi_y), \end{aligned} \tag{3.13}$$

mit $S_x$ und $S_y$ den Amplituden der Schwingungen in die jeweilige Raumrichtung. Wenn $\varphi_x = 0$ und $\varphi_y = 0$ gilt, liegt der Startpunkt der Trajektorie im Mittelpunkt des FOVs.

Diese Annahmen und Voraussetzungen können auf die Erzeugung einer dreidimensionalen Lissajous-Trajektorie übertragen werden; hier müssen alle möglichen Frequenzverhältnisse rational sein. Für die Wahl des in dieser Arbeit verwendeten Frequenzbereiches wurde vorausgesetzt, dass dieser oberhalb der menschlichen Hörschwelle liegt, allerdings nicht zu hoch, so dass die maximale Empfangsfrequenz gering gehalten werden kann und die Partikel dem Wechselfeld folgen können. Ein weiterer wichtiger Faktor, der bei der Wahl der Anregungsfrequenzen beachtete werden muss, ist die Vermeidung von Nervenstimulationen der Patienten. Nervenstimulationen können im Frequenzbereich zwischen 0,5 kHz und 160 kHz auftreten,

somit müssen für MPI-Anwendungen im klinischen Bereich die Anregungsfeldamplituden unter 10 mT liegen [99]. Des Weiteren muss die spezifische Absorptionsrate beachtet werden, damit es bei der MPI-Anwendung nicht zur Erwärmung des Körpers kommt.
In Abbildung 3.13 sind verschiedene zweidimensionale Lissajous-Trajektorien zu sehen, die in Simulationsstudien des asymmetrischen Scanners [46, 100] erzeugt wurden. Diese Simulationen wurden mit der institutseigenen Simulationssoftware *ScannerConf* [91, 101] durchgeführt, die auf dem Biot-Savart-Gesetz, den Maxwell-Gleichungen und der Langevin-Theorie (Kap. 2.1 und Kap. 3.2.2) aufgebaut ist.
Eine ideale Trajektorie ist die, die möglichst gleichmäßig das komplette FOV abdeckt. Wie in Abbildung 3.13 zu sehen, ist das beim asymmetrischen Aufbau der Fall, wenn zwei D-förmige Spulen flach unter den kreisförmigen Spulen liegen.

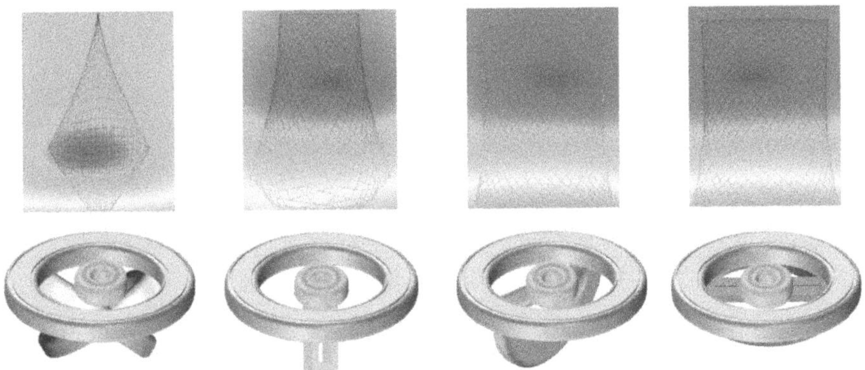

Abb. 3.13: Simulation der 2D Lissajous-Trajektorie, erzeugt durch unterschiedliche Spulenanordnungen für die zweidimensionale Bildgebung mit dem asymmetrischen Scanner (nach [46]).

Es ist auffällig, dass - wie bei jeder Lissajous-Trajektorie - am Rand der Trajektorie im Vergleich zur Trajektorienmitte mehr Kreuzungspunkte auftreten. Dieses ist besonders beim asymmetrischen Scanner von Vorteil, da die Felder zu den Seiten des FOV und zum äußeren Rand abnehmen. In diesem Fall kann man auch von inhomogenen Feldern sprechen, da die Feldlinien in den Feldern nicht parallel zueinander laufen und die Feldstärke an jedem Ort unterschiedlich ist. Die Feldstärken in der Nähe des Scannermittelpunktes und die am Rand oder in weiterer Entfernung des Spulenaufbaus unterscheiden sich bis zu einer Größenordnung von 20 mT (Abb. 4.16). Durch eine höhere Dichte der Kreuzungspunkte könnte dieser Nachteil bereits reduziert werden, da man in diesem Berich mehr Informationen erhält. Allerdings deckt die Trajektorie den Bereich des Magnetfeldes, der von Interesse ist, nicht komplett ab, sondern es kommt an den Seiten, die parallel zur Scannerhauptachse laufen, zu Einwölbungen. Diese sind durch den D-förmigen Spulenaufbau der Sendespulen zur Bewegung des FFPs entlang der zweiten Raumachse zu erklären. Um eine dynamische, dreidimensionale Bildgebung zu ermöglichen, muss auch die Trajektorie, also die Bewegung des FFPs, dreidimensional werden. Das erreicht man durch das Hinzufügen von zwei weiteren Anregungsspulen. Beim asymmetrischen Scanner wird eine dreidimensionale Lissajous-Trajektorie durch zwei Paare von mit Wechselstrom durchgeflossenen D-Spulen und einem zusätzlichen Wechselstrom erzeugt, der auf der inneren Kreisspule liegt.

# Asymmetrische MPI-Spulentopologie

## Inhaltsverzeichnis



In diesem Kapitel wird der Hardware-Aufbau des asymmetrischen Scanners beschrieben. In Abbildung 4.1 ist der Scanneraufbau schematisch dargestellt. Die beiden Gleichstrom-Quellen (engl. direct current, DC-Quellen), die Durchführungsfilter (Filter), die Wechselstrom-Verstärker (Verstärker 1 bis 3) und die Tschebyscheffilter dritter Ordnung (BPF) bilden gemeinsam mit den Sendespulen und der Computer-Erweiterungskarte (I/O-Karte) A4D4, die über die Timingkarte (Timing) getaktet wird, die Sendekette.
Zusätzlich werden über die an den Sendespulen abgegriffenen Signale die Spannungen und Ströme auf diesen Spulen kontrolliert; hierfür ist der Spannungsteiler (engl. voltage divider, VD) notwendig. Dieser Pfad wird auch als Rückführungsschleife bezeichnet.
Die Empfangskette besteht neben den Empfangsspulen aus Bandstopfiltern (BSF),

einem rauscharmen Verstärker (engl. low noise amplifier, LNA) und einem Wandler, der ein nicht-differentielles Signal in ein differentielles Signal umwandelt (Single2Diff-Wandler), und der I/O-Karte 10M, die ebenfalls über die Timingkarte getaktet wird und das Empfangssignal aufnimmt.
Besonders für die anschließende Rekonstruktion der mit Hilfe des Scanners aufgenommenen Signale ist es wichtig, die Bewegung des FFPs zu kennen. Durch die gewählten Frequenzverhältnisse der Anregungssignale bewegt sich der FFP auf einer Lissajous-Trajektorie (Kap. 3.5). Um die Bewegung des FFPs möglichst gut zu erklären, werden die einzelnen Raumrichtungen zunächst getrennt betrachtet, wobei sich die zweite und dritte Bildgebungsdimension lediglich durch die Position der Spulen voneinander unterscheiden. Die Sende- und Empfangsspulen für die dritte Bildgebungsdimension sind um 90° gegenüber denen der zweiten Bildgebungsdimension verdreht und unterhalb dieser positioniert (Abb. 3.11).

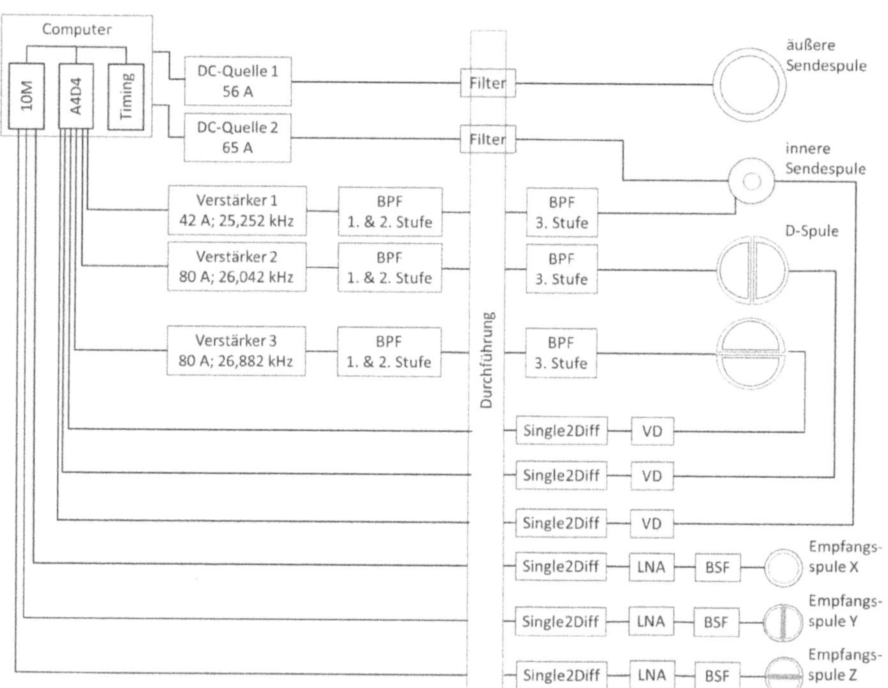


Abb. 4.1: Schematische Darstellung des Scanneraufbaus

In $x$-Richtung (Abb. 4.13) liegt das FOV, welches vom FFP abgefahren wird, in einem Abstand von 3 mm zur Oberfläche der Sendespulen. Das Gehäuse der Sendespulen und die auf diesem positionierte Empfangsspule ermöglichen, dass das FOV direkt auf der Empfangsspulenoberfläche aufliegt. Der FFP entfernt sich etwa 30 mm von diesem Punkt in $x$-Richtung, bevor er sich in die entgegengesetzte Richtung bewegt. Je größer die Amplitude des Wechselstroms auf der inneren Spule ist, desto weiter bewegt sich der FFP. Ein vergrößertes FOV macht aufgrund der stark inhomogenen Magnetfelder und der abnehmenden Gardientenstärke mit zunehmenden Abstand zur Oberfläche des Scanners keinen Sinn. Die Geschwindigkeit des FFPs verändert sich während des Abfahrens der Trajektorie. An den Umkehrpunkten, also an den Punkten an denen sich der FFP auf Grund des sinusförmigen Wechselstroms wieder in die entgegengesetzte Richtung bewegt, ist die Geschwindigkeit des FFPs gleich Null. In Kapitel 5 wird auf den Geschwindigkeitsverlauf des FFPs genauer eingegangenen. Durch die beiden D-Spulenpaare bewegt sich der FFP in $y$- und $z$-Richtung etwa 23 mm. Innerhalb dieser FOV-Grenzen bewegt sich der FFP auf einer dreidimensionalen Lissajous-Trajektorie.

## 4.1 Methoden und Materialien

Im Folgenden werden die einzelnen Komponenten des Scanners erläutert und zusätzlich die für den Aufbau des System entscheidenden Kopplungseffekte erklärt.

### 4.1.1 Kopplungseffekte

Dieses Kapitel bezieht sich auf das Buch „Elektromagnetische Verträglichkeit" von Schwab [102] und stellt die wichtigsten Kopplungsmechanismen vor, die im Bereich des Aufbaus eines asymmetrischen MPI-Scanners einen großen Einfluss haben.
Es werden verschiedene Kopplungsmechanismen voneinander unterschieden. Die galvanische Kopplung, auch Impedanzkopplung genannt, tritt unter anderem dann auf, wenn verschiedene Stromkreise durch elektrische Bindungen miteinander verknüpft werden. Die beiden häufigsten Ursachen sind zum einen, dass zwei Verbraucher vom gleichen Netz gespeist werden und es somit zur Kopplung zwischen den Betriebsstromkreisen kommt. Zum anderen kann es zu einer Kopplung zwischen dem Betriebs- und dem Erdstromkreis kommen, welche sich auf die Verbraucher auswirkt. Diese Kopplung ist auch unter dem Begriff Erdschleife oder Erdschleifenkopplung bekannt. Die Erdschleifenkopplung tritt beim Aufbau eines Systems und auch beim Messen von Signalen sehr häufig auf. Eine Erdschleife liegt zum Beispiel vor, wenn eine Signalquelle und ein Messsystem, die miteinander über eine Bayonet-Neill-Concelman (BNC)-Steckverbindung verbunden sind, über ihre jeweiligen Schutzleiter auch eine Verbindung zur Erde haben. Durch die vorliegenden unterschiedlichen Erdpotentiale entsteht eine Gleichtaktquellenspannung, also eine Störung (Common-Mode-Störung) bei der alle Leiter gegenüber der Erde die gleiche

Potentialerhöhung haben. Somit liegen Gleichtaktströme sowohl auf dem Innenleiter der BNC-Steckverbindung als auch auf dem Schirm des Kabels. Dadurch kommt es zu Spannungsabfällen sowohl auf der Seite der Sende- als auch auf der Seite der Empfängerimpedanz, was wiederum das Messsignal negativ beeinflusst.
Im vorliegenden Fall könnte man die Erdschleife und somit die galvanische Kopplung einfach vermeiden, indem man nur einen Schutzleiter verwendet. Das andere Gerät wäre durch die Verbindung mit dem Gerät, das einen Schutzleiter hat, gesichert. Hierauf muss beim Messaufbau stets geachtet werden, insbesondere auch wenn man Signale zur Kontrolle mit einem Oszilloskop überprüft.
Neben den galvanisch geschlossenen Erdschleifen gibt es auch kapazitiv geschlossene Erdschleifen, also eine kapazitive Kopplung. Diese nimmt mit steigender Frequenz zu und gewinnt im MHz-Bereich an Bedeutung. Somit kommt diese Kopplungsform für den MPI-Anwendungsfall nur sehr selten vor. Bei der kapazitiven Kopplung besteht kein direkter Kontakt zur Erde. Dieser Kontakt wird über eine kapazitive Verbindung hergestellt und bildet dann eine Erdschleife aus.
Eine Gegenmaßnahme zur Vermeidung von Erdschleifen ist, dass man auf eine einseitige Erdung achtet. Das bedeutet zum Beispiel, dass eine Erdung der Quelle und des angeschlossenen Verbrauchers zu Problemen führen kann. Auch ein an den Verbraucher angeschlossenes Messgerät, das wiederum geerdet ist, erhöht die Möglichkeit, dass diese Kopplung auftritt. Falls diese Gegenmaßnahme nicht umgesetzt werden kann, können zur Auftrennung der Erdschleife zum Beispiel Transformatoren oder Optokoppler eingesetzt werden.
Beim Aufbau des asymmetrischen Scanners wurde versucht, Erdschleifen zu vermeiden. Es wurde an keiner Stelle auf Transformatoren oder Optokoppler zur Vermeidung von Erdschleifen zurückgegriffen, da sich dadurch wieder neue Probleme ergeben hätten. Für Transformatoren müssen je nach Anwendung unterschiedliche Übertragungsverhältnisse gegeben sein, die zum Teil technisch auf Grund der Größe der notwendigen Spulen nicht realisierbar sind. Optokoppler sind gegenüber Überlast sehr empfindlich und sind somit gerade in Testaufbauten sehr störanfällig. Für die Zukunft ist es aber sinnvoll, solche Lösungen in Betracht zu ziehen.
Die galvanische Kopplung tritt auch auf Mess- und Signalleitungen auf. Die durch die galvanische Kopplung entstehende Kopplungsimpedanz tritt häufig auf Leitungen auf, die geschirmt werden und bei denen gerade über diesen Schirm Erdschleifen entstehen. Die Störung des eigentlichen Signals kommt in diesem Fall dadurch zustande, dass ein von außen hervorgerufener Störstrom über den Mantel des Kabels fließt. Dadurch kommt es am inneren Mantel zu einem Spannungsabfall, der sich wiederum als Störspannung auf das eigentliche Signal auswirkt. Bei Frequenzen im MHz-Bereich spielt auf Grund des Skineffektes (Kap. 2.1.5) die Kopplungsimpedanz auf dem Mantel eines Koaxialkabels eine untergeordnete Rolle, da es hier zur Stromverdrängung kommt und der Spannungsabfall auf der Innenseite des Mantels

vernachlässigbar wird. Jedoch sind die im MPI-Bereich gewählten Frequenzen nicht in diesem Bereich, bei dem man die Kopplungsimpedanzen vernachlässigen könnte. Zusätzliche Störspannungen ergeben sich an Verknüpfungs- oder Verteilungspunkten, die durch BNC-Steckverbindungen realisiert werden. Um diese Art von Kopplungseinflüssen möglichst gering zu halten, ist es erforderlich, die Leitungslängen im elektrischen Sinn - das bedeutet in Bezug auf die verwendeten Frequenzen - möglichst kurz zu halten und unnötige Steckverbindungen zu vermeiden. Im Allgemeinen kann man aber beim Messen mit guten Oszilloskopen davon ausgehen, dass die Kopplungsimpedanz des Messgerätes die des Kabels übersteigt, so dass der negative Effekt des Kabels im Vergleich zu dem des Messgerätes vernachlässigt werden kann. Trotzdem sollte beim Aufbau eines MPI-Systems auch dieser mögliche Kopplungseffekt berücksichtigt werden. Dieser Kopplungseffekt lässt sich so gut wie möglich vermeiden, indem man zum Beispiel batteriebetriebene Oszilloskope für Kontrollmessungen verwendet.

Bereits über die Anordnung der verschiedenen Signalleitungen kann man viele unerwünschte Kopplungen eindämmen. Hierbei spielt allerdings die kapazitive Kopplung eine besondere Rolle. Sie kann zwischen zwei Leitern auftreten, die auf unterschiedlichen Potentialen liegen. Dieser Effekt kann durch Schirmung, aber auch - wie oben bereits erwähnt - durch eine parallele Leitungsverlegung minimiert werden. Ein wichtiger Aspekt bei der Schirmung ist, dass sie nur Erfolg hat, wenn sie an nur einem Punkt geerdet ist.

Ein weiterer wichtiger Kopplungseffekt ist die induktive oder auch magnetische Kopplung. Jeder stromdurchflossene Leiter baut ein Magnetfeld auf. Über diese Magnetfelder können Störsignale von einem Leiter in einen anderen induziert werden. Die Störspannung, die in einen Leiter eingekoppelt wird, ist in ihrer Größe unabhängig von der Impedanz des Leiters, somit kann der Strom bei einer niedrigen Impedanz hohe Werte annehmen. Der Strom wird in diesem Fall lediglich durch das Ohmsche-Gesetz begrenzt. Vermeiden kann man diese Kopplungseinwirkung, indem man die Parallelführung von Leitern so kurz wie möglich hält, Leiterschleifen in einen größeren Abstand zueinander bringt, Leiterschleifen senkrecht zueinander aufbaut, Leiter miteinander verdrillt oder gegeneinander schirmt.

Selbstverständlich können auch mehrere Kopplungseffekte gleichzeitig auftreten. Da, wie zuvor beschrieben, bei unterschiedlichen Effekten zum Teil die gleichen Gegenmaßnahmen wirken, können mehrere Kopplungseffekte parallel vermieden werden.

Durch Fehler bei der Positionierung der Sendespulen, die nicht immer genau senkrecht zueinander ausgerichtet werden können, kommt es zu Kopplungen innerhalb der Sendekette. Diese Kopplung kann softwareseitig minimiert werden, indem ein zusätzliches Sendesignal gesendet wird, welches um 180 ° phasenverschobenen ist und die gleiche Amplitude und Frequenz wie das einkoppelnde und somit unerwünschte Signal aufweist. Aufgrund der Übertragungsfunktion der Sendefilter und dadurch, dass die Sendefrequenzen sehr nah aneinander liegen, ist es unproblematisch auch die anderen Sendefrequenzen auf jedem beliebigen Kanal zu senden. Die Entkopplung führt zu einer Trajektorie, bei der die Kreuzungspunkte der Trajektorie von verschiedenen Zyklen an den selben Stellen liegen. Im vorliegenden Fall wurde zunächst darauf verzichtet, da durch die Messung einer Systemmatrix das System kalibriert wird und somit der Kopplungsfehler in Bezug auf die Trajektorie keinen Einfluss hat, da für die Messung der Systemmatrix und die Messung der Phantome der Fehler identisch ist und somit vernachlässigbar wird. Wenn in Zukunft die modellbasierte Rekonstruktion für mehrdimensionale Messungen weiter verfolgt werden soll, ist es sinnvoll, die softwareseitige Entkopplung zu verwenden.

### 4.1.2 Signalgenerierung und Signalaufnahme

Die Grundfrequenz $f_0$ des Systems, an der alle verwendeten Frequenzen ausgerichtet werden, ist 2,5 MHz und wird durch den Hauptfrequenzteiler $fd_m = 3$ geteilt. Durch drei weitere Frequenzteiler werden die einzelnen Frequenzen für die jeweiligen Raumrichtungen erzeugt. Für die $x$-Richtung, welche senkrecht zur Oberfläche steht, ist der Frequenzteiler $fd_x = 33$ und somit wird eine Frequenz $f_x$ von etwa 25,252 kHz erzeugt. Der Frequenzteiler für die $y$-Richtung $fd_y$ beträgt 32 und erzeugt nach mathematischer Berechnung eine Frequenz $f_y$ von etwa 26,042 kHz. Der Frequenzteiler der $z$-Richtung $fd_z$ beträgt 31 und ergibt eine Frequenz $f_z$ von etwa 26,882 kHz. Zur besseren Übersicht über die Scannerachsen sind in Abbildung 4.13 diese noch einmal eingezeichnet.
Die folgende Gleichung,

$$f_x = \frac{f_0}{fd_m \cdot fd_x}, \tag{4.1}$$

zeigt beispielhaft die Berechnung der Frequenz des Wechselstroms der inneren Kreisspule. Durch diese Frequenzverhältnisse zueinander ist es möglich, den FFP auf einer geschlossenen dreidimensionalen Lissajous-Trajektorie (Kap. 3.5) zu bewegen.
Mit der Hilfe von I/O-Karten (Innovative Integration, CA, USA), die den Computer um ein Steuerungssystem erweitern, geschieht die Signalgenerierung und die Signalaufnahme. Die X3-A4D4 I/O-Karte sendet die Anregungssignale mit einer Abtastrate von 3,75 MHz und nimmt mit der gleichen Abtastrate die Signale der Rückführungsschleife auf. Mit der X3-10M I/O-Karte wird das Empfangssignal aufgenommen. Die Abtastrate beträgt in diesem Fall 17,5 MHz. Die zeitliche Abstimmung der beiden Karten wird über eine separate Karte (Timing-Karte) gewährleistet. Diese Karte gibt sowohl das Signal zum Start der Datensendung und der Datenaufnahme als auch das Referenzsignal für die Taktung der X3-A4D4 und der X3-10M an.
Die Repetitionszeit $T_R$ der Trajektorie lässt sich mit Hilfe der Grundfrequenz und

des kleinsten gemeinsamen Vielfachen (kgV) der Frequenzteiler aller Raumrichtungen über

$$T_R = \text{kgV}(fd_{x,y,z})/f_0 \tag{4.2}$$

berechnen. Gleichung 4.2 ergibt für eine zweidimensionale Lissajous-Trajektorie $T_{R,2D} = 1{,}27$ ms und für die dreidimensionale Lissajous-Trajektorie $T_{R,3D} = 39{,}3$ ms. Um von Echtzeitbildgebung sprechen zu können, müssen etwa 25 Bilder pro Sekunde aufgenommen werden können [103]. Für den Fall, dass eine Messung für ein gutes SNR (Kap. 5.1.1) ausreichend ist und keine Mittelungen nötig sind, ist eine Echtzeitbildgebung bei diesen Frequenzverhältnissen auch für den dreidimensionalen Bildgebungsprozess möglich.

### 4.1.3 Sendekette

Übersichtshalber wird die Sendekette in zwei Hauptteile unterteilt. Der eine Teil ist für die Versorgung der Spulen mit den Gleichströmen verantwortlich, durch die das Selektionsfeld erzeugt wird. Der andere Teil leitet die Wechselströme auf die Sendespulen und trägt so zur Partikelanregung und zur FFP-Bewegung bei.

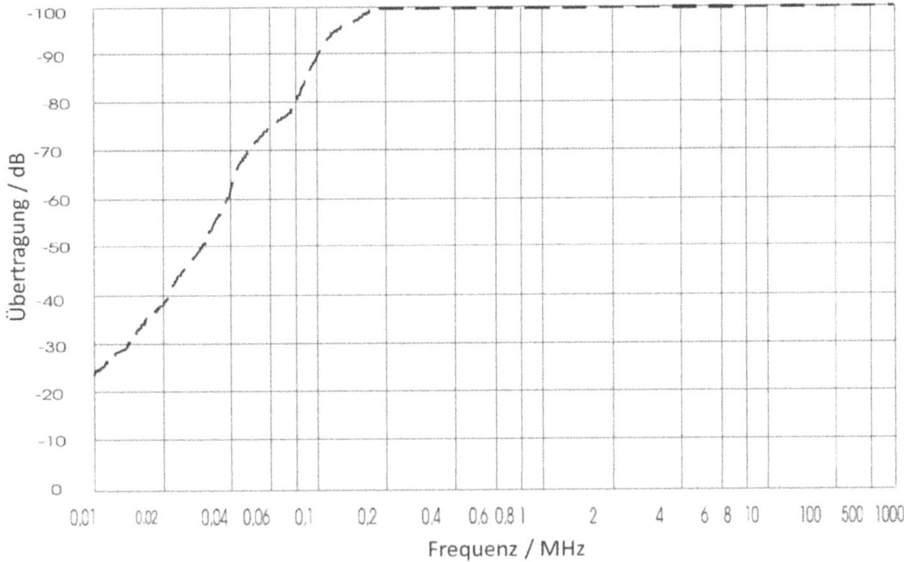


Abb. 4.2: Der Dämpfungsverlauf in Abhängigkeit der Frequenz (nach [104])

Die Gleichströme werden von Gleichstromquellen (SM 15-200D, Delta Elektronika BV, Zierikzee, Niederlande) erzeugt und anschließend durch Durchführungsfilter (GB.E2. 100A.AB.26.x.08, Bajong Electronic GmbH, Pilsting, Deutschland), die

häufig im MRT-Bereich eingesetzt werden, in die Schirmkabine geleitet. Die vom Hersteller angegebenen Dämpfungswerte für die unterschiedlichen Frequenzen können in Abbildung 4.2 abgelesen werden. In dem für das System wichtigen Frequenzbereich oberhalb von 25 kHz dämpft der Durchführungsfilter mit mindestens 40 dB und erreicht in höheren Frequenzbereichen eine Dämpfung um 100 dB.
Da sowohl die innere Spule als auch die äußere Spule des Scanners mit Gleichstrom versorgt werden, gibt es zwei Quellen und insgesamt vier Durchführungsfilter. Innerhalb der Schirmkabine werden die Gleichstrom-Leiter über ölgekühlte Filter geführt, die ein Rückfluss des Wechselstrom-Signals hin zu den Gleichstrom-Quellen vermeiden, und anschließend an Kupferschienen befestigt, die mit den Spulen verbunden sind. Die Kupferscheinen führen in den Teil des Systems, der mit einem Isolieröl (Shell Diala D, Shell Deutschland Oil GmbH, Hamburg, Deutschland) gekühlt wird.
Die Sendepfade für die Wechselströme bestehen für jeden Kanal aus einem Tschebyschefffilter (Kapitel 4.1.3.1), welcher einem dreistufigen Bandpassfilter entspricht. Das sinusförmige Signal mit der für jede Raumrichtung unterschiedlichen Frequenz wird von I/O-Karten erzeugt und anschließend mit Hilfe von Wechselstrom-Verstärkern (DCU2250-28, MT MedTech Engineering GmbH, Berlin, Deutschland) verstärkt. Im Anschluss werden die Signale gefiltert, so dass die Anregungssignale möglichst rein auf den Sendespulen liegen. Das Filtern der Signale ist notwendig, da die Signale, die mit Hilfe der I/O-Karte (Kap. 4.1.2) generiert werden, durch den Verstärker verunreinigt werden. Diese Verunreinigung ensteht durch die nichtlinearen Bauelemente des Verstärkers. Um diese Verunreinigungen möglichst gering zu halten wurden Verstärker mit einem guten Klirrfaktor gewählt.

#### 4.1.3.1 Filterstufen

Der Sendefilter ist aus einem dreistufigen Bandpassfilter aufgebaut, der einem Tschebyschefffilter (Kap. 2.2) entspricht. Die erste und zweite Stufe befinden sich außerhalb der Schirmkabine und wurden mit Hilfe von Eisenkernen aufgebaut. Die Eisenkerne sind mit Litze umwickelt und dienen dazu, den magnetischen Fluss der Spule zu bündeln und somit die magnetische Flussdichte und die Induktivität zu vergrößern [105]. Eisenkerne haben den Nachteil, dass sie aus ferromagnetischem Material gefertigt sind und Harmonische generieren können, die wiederum das Empfangssignal des Systems negativ beeinflussen. Die dritte Filterstufe befindet sich innerhalb der Schirmkabine. Um die Verschmutzung des Signals durch die verwendeten Eisenkerne zu vermindern, ist diese Spule ohne Eisenkern aufgebaut. Sie besteht aus einzelnen aus Litze gewickelten und gepressten Spulen, die mit Hilfe von Gewindestangen positioniert werden können. Dadurch ist die Abstimmung der Filterstufe nicht ausschließlich mit Hilfe von Kondensatoren durchführbar, sondern auch, indem die Abstände zwischen den Spulen verändert werden können.

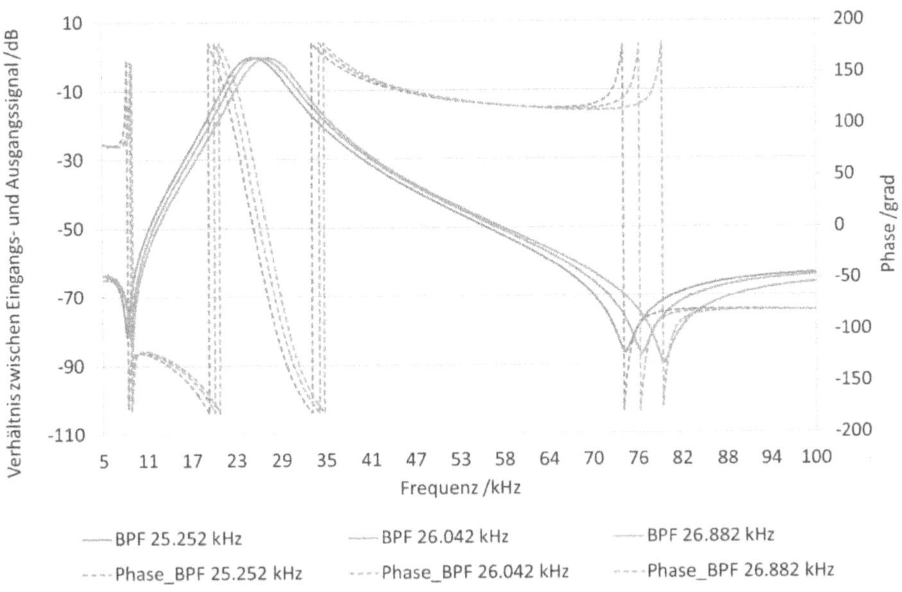


Abb. 4.3: Die gemessene Übertragungsfunktion der drei Sendefilter: Die durchgezogenen Linien geben das Dämpfungsverhalten und die gestrichelten Linien den Phasenverlauf an (nach [46, 47]).

In Abbildung 4.3 sind die gemessenen Übertragungsfunktionen der drei Sendefilter dargestellt. Die Filter sollen die Sendefrequenzen (Kap. 4.1.2) so wenig wie möglich dämpfen, aber alle anderen Frequenzen, insbesondere die der dritten Harmonischen, sollen sehr stark gedämpft werden. Neben den Dämpfungseigenschaften, die in der Abbildung 4.3 durch die durchgezogenen Linien dargestellt werden, sind auch die Phasenverläufe - gestrichelte Linien - von Bedeutung. In der Abbildung 4.3 sieht man deutlich, dass die Sendefrequenzen um maximal 0,5 dB gedämpft werden und leicht voneinander abweichen. Bei der dritten Harmonischen der Sendefrequenzen im Bereich von 75 kHz wird eine Dämpfung von ungefähr 87 dB erreicht. Diese Dämpfung ist besonders wichtig, da das Empfangssignal besonders in diesem Frequenzbereich von Bedeutung ist. Darauf wird in Kapitel 4.1.4.3 genauer eingegangen.

#### 4.1.3.2 Regelkreis der Sendesignale

Um zum einen sicherzustellen, dass die Ströme auf den Sendespulen den zuvor in der Simulation bestimmten Strömen entsprechen und zum anderen eine Stabilität des Systems und somit die Sicherheit des Systems zu gewährleisten, wurde ein Regelkreis für die Wechselstrom-Pfade aufgebaut.
Für die Regelung wird das Spannungssignal an den Sendespulen abgegriffen und durch Spannungsteiler so verkleinert, dass es über einen Wandler, der ein nicht-differentielles Signal in ein differentielles Signal umwandelt zu der I/O-Karte geleitet werden kann. Über diese I/O-Karte wird dann unter Zuhilfenahme des zurückgeführten Signals das Sendesignal geregelt.
Die notwendigen Spannungsteiler sind wie folgt berechnet und anschießend aufgebaut und in das System integriert worden.
Zur Berechnung der für den Spannungsteiler notwendigen Vorwiderstände $R_V$ sind der Messwiderstand $R_{in} = 50\ \Omega$, der maximale Wechselstrom $i$, der durch die jeweilige Sendespulen fließt, die maximal zulässige Amplitude der Eingangsspannung $U_{in}$ und der Scheinwiderstand, der sich aus dem Betrag der Impedanz ergibt $|Z|$, notwendig. Zur Bestimmung des Vorwiderstandes muss folgende Gleichung gelöst werden:

$$R_V = R_{in}\left(\frac{U_L}{U_{in} - 1}\right). \tag{4.3}$$

Die Spannung, die über der Spule anliegt kann durch $U_L = i \cdot |Z|$ berechnet werden. Hierfür können die benötigten Scheinwiderstände unter Berücksichtigung der jeweiligen Sendefrequenzen gemessen werden. Für $i$ werden die jeweiligen auf der Spule anliegenden Ströme verwendet.
Für die Bestimmung des für den Spannungsteiler notwendigen Widerstandes muss nicht nur auf die maximale Spannung, die der Single2Diff-Wandler verträgt, geachtet werden, sondern auch auf die maximale Spannung, die die I/O-Karten-Eingänge vertragen. Der Single2Diff-Wandler ist so aufgebaut, dass er das Signal zusätzlich verstärkt. Dieser Verstärkungsfaktor muss in die Kalkulation mit einbezogen werden. Dafür wurde die Verstärkung der einzelnen Kanäle gemessen und das Ergebnis, das die Verstärkung $v$ als Verhältnis des Ein- und Ausgangssignals in Dezibel angibt, wurde mit Hilfe der Formel $log(VF) \cdot 20 = v$ in einen Verstärkungsfaktor $VF$ umgerechnet. Somit lässt sich $U_{in}$ aus der maximalen Eingangsspannung der I/O-Karten $U_{IO} = 5$ V und dem jeweiligen Verstärkungsfaktor $VF$ durch $U_{in} = \frac{U_{IO}}{VF}$ berechnen.
In Tabelle 4.1 sind die einzelnen Werte angegeben, die zur Berechnung des Widerstandes der Spannungsteiler benötigt werden. Für die Spannungsteiler wurden folgende Widerstände verwendet: für den $x$-Kanal 182 k$\Omega$, für den $y$- und $z$-Kanal jeweils 78 k$\Omega$.
Zur Regelung wird ein Proportional-Integral-Regler (PI-Regler) verwendet. Durch

das Proportional-Glied des Reglers wird der Eingangssprung zeitlich etwas vorverlegt, wodurch die langsame Regelung des Integral-Gliedes kompensiert wird. Das Integral-Glied garantiert, dass nach Beendigung des Einschwingens, also im stationären Zustand, die Regelabweichung gegen Null geht.
Eine weitere Möglichkeit, das gewünschte Signal zu erreichen, besteht darin, mit einer sehr kleinen Signalamplitude zu beginnen, diese innerhalb einer vorgegebenen Periodenzahl auf einen festgelegten Wert zu erhöhen und so in kleinen Schritten, die über die Rückkopplungsschleife kontrolliert werden, den Endwert zu erreichen.

Tabelle 4.1: Das gemessene Verhältnis zwischen Eingangs- und Ausgangssignal und der daraus errechnete Verstärkungsfaktor des Single2Diff-Wandlers, die Scheinwiderstände, die Wechselströme und der für die Spannungsteiler notwendige Widerstand für die drei Sendekanäle.

| | $x$-Kanal | $y$-Kanal | $z$-Kanal |
|---|---|---|---|
| Verstärkung in dB | 17,20 | 17,30 | 17,20 |
| Verstärkungsfaktor $VF$ | 7,24 | 7,31 | 7,21 |
| Scheinwiderstände $\|Z\|$ in $\Omega$ | 5,56 | 1,35 | 1,39 |
| Wechselstrom $\hat{\imath}$ in $A$ | 42,90 | 80,00 | 80,00 |
| **Vorwiderstand $R_V$ in k$\Omega$** | **172,44** | **78,78** | **80,00** |

#### 4.1.3.3 Sendespulen

Der Scanner ist aus vier Sendespulen aufgebaut: zwei kreisförmigen Spulen und zwei doppel-D-förmigen Spulen (Kap. 3.4). Bei den Kreisspulen gibt es zwischen den hier realisierten und denen von Sattel et al. veröffentlichten [96] keinen Unterschied. Die wichtigsten Abmessungen sind in Tabelle 4.2 aufgelistet.

Tabelle 4.2: Die Maße der unterschiedlichen Sendespulen (nach [96])

| | äußere Kreisspule | innere Kreisspule | doppel D-Spulen |
|---|---|---|---|
| äußerer Durchmesser in mm | 140,0 | 58,0 | 140,0 |
| innerer Durchmesser in mm | 107,5 | 19,0 | 114,0 |
| Länge in mm | 14,9 | 14,9 | 4,5 |
| Anzahl der Lagen | 6 | 6 | 2 |

Bei den doppel-D-förmigen Spulen wurde eine Optimierung vorgenommen. Sie wurden im Vergleich zu denen in [96] vorgestellten an einem Stück aus Litze gewickelt und nicht im Nachhinein zusammen gelötet. In Abbildung 4.4 ist die Fertigungsform gezeigt, die zum Wickeln der doppel-D-förmigen Spulen angefertigt und verwendet wurde.

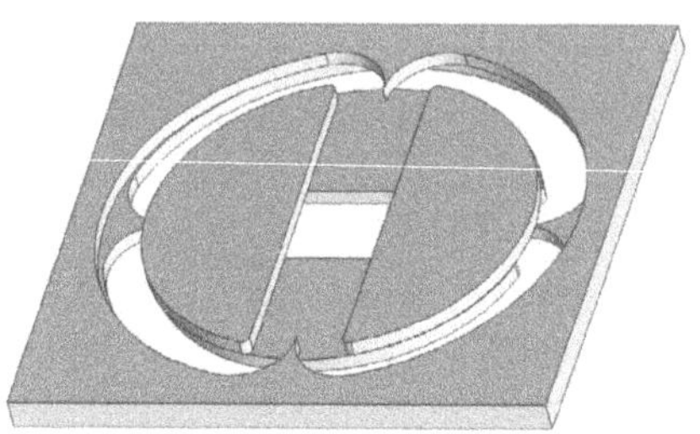

Abb. 4.4: Eine Fertigungsform zum fertigen einer doppel-D-förmigen Spule, die in einem Stück gewickelt werden kann. Diese Fertigungsform wurde aus Polyoxymethylen gefertigt.

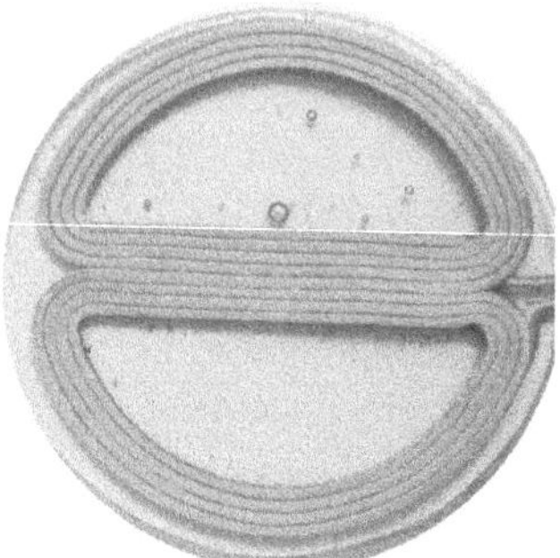

Abb. 4.5: Eine doppel-D-förmige Spule, die für Kühlungsversuche mit Epoxiedharz ummantelt wurde. Die Spulen im Scannergehäuse haben diese Ummantlung nicht.

Die Vorteile dieser Wicklungsmethode bestehen in der mechanischen Stabilität der Spulen und einer besseren elektrischen Leitfähigkeit, da auf problematische Lötstellen verzichtet werden kann. Lötstellen haben den Nachteil, dass sie einen hohen Widerstand haben und dadurch schnell erhitzen. Auch kann auf den Einsatz einer Polyimidfolie zwischen den beiden Spulen, aus denen die doppel-D-förmige Spule aufgebaut wurde, verzichtet werden. Diese Folie soll Spannungsüberschläge vermeiden, hat aber den Nachteil, dass sie nach Spannungsdauerbelastung von etwa 10000 Stunden anfängt zu altern. Für dieses neue Wicklungsverfahren musste eine neue Fertigungsform entwickelt werden, da es unbedingt notwendig ist, dass der Strom auf den einzelnen D-Spulen in entgegengesetzte Richtung verläuft. Trotz der neuen Wicklungsmethode und dem veränderten Spulenaufbau der D-Spulen sind die äußeren Maße der Spule identisch zu denen in [96].

Durch die Impedanzanpassung werden der Ausgangswiderstand der Verstärker und deren Eingangswiderstände aneinander angepasst. Das ist notwendig, damit die Verstärker ihre volle Leistung liefern können. Wenn keine Impedanzanpassung vorgenommen wird, ist die Scheinleistung, die sich aus Wirk- und Blindleistung zusammen setzt, wesentlich größer als die Wirkleistung.

Zusätzlich wird durch die Impedanzanpassung der Reflektionsfaktor minimiert. Der Reflektionsfaktor beschreibt, wie stark eine elektromagnetische Welle reflektiert wird, wenn sie auf ein Material trifft.

Die Impedanzanpassung der einzelnen Sendepfade wurde mit Hilfe von in Reihe und parallel zur Spule geschalteten Kondensatoren durchgeführt. Der nominelle Lastwiderstand der Wechselstrom-Verstärker liegt bei 30 Ω, so dass die Impedanzanpassung der kompletten Sendekette auf diesen Widerstand abgestimmt wird. Das bedeutet, dass bei der jeweiligen Sendefrequenz im Idealfall ein Phasendurchgang von 0° und eine Impedanz von 30 Ω vorliegen.

#### 4.1.3.4 Gradient im Selektionsfeld

Im MPI-Bereich wird für den Begriff Selektionsfeld auch teilweise der Begriff Gradientenfeld verwendet. Ein Gradientenfeld ist aus vielen Bereichen bekannt und bei medizinischen Geräten, wie zum Beispiel einem MRT, wird oft anhand der Gradienten beziehungsweise des Gradientenfeldes eine Aussage über die Qualität des Gerätes gemacht.
Sobald ein skalares Feld vorliegt, kann man durch die Ableitung der skalaren Größe ein Vektorfeld berechnen, welches auch als Gradientenfeld bezeichnet wird.
Ein Magnetfeld ist ein Vektorfeld und somit gilt für den Gradienten des Magnetfeldes:

$$\nabla(B) = \begin{pmatrix} \frac{\partial B_x}{\partial x} & \frac{\partial B_x}{\partial y} & \frac{\partial B_x}{\partial z} \\ \frac{\partial B_y}{\partial x} & \frac{\partial B_y}{\partial y} & \frac{\partial B_y}{\partial z} \\ \frac{\partial B_z}{\partial x} & \frac{\partial B_z}{\partial y} & \frac{\partial B_z}{\partial z} \end{pmatrix}.$$

Handelt es sich um ein ideales Gradientenfeld, werden alle Einträge, die nicht auf der Diagonalen stehen, gleich null. Somit ist ein Gradient in eine Feldrichtung doppelt so groß wie der in die anderen Feldrichtungen und hat ein umgekehrtes Vorzeichen, es ergibt sich:

$$-\frac{\partial B_x}{\partial x} = 2\frac{\partial B_y}{\partial y} = 2\frac{\partial B_z}{\partial z}. \tag{4.4}$$

Dieser Zusammenhang gilt für das Selektionsfeld, das den FFP generiert. Je höher der Gradient, um so größer ist die Differenz der Werteamplitude von zwei nebeneinander liegenden Punkten im skalaren Feld. Für das Selektionsfeld würde das bei zwei dicht aneinander liegenden Punkten im skalaren Feld bedeuten, dass der FFP sehr klein ist. Durch den Zusammenhang aus Gleichung 4.4 ergibt sich somit ein ellipsoidförmiger Bereich indem sich der FFP befindet.
Für den Bildgebungsprozess sind Gardientenfelder vorteilhafter, bei denen $\frac{\partial B_x}{\partial x}$, $\frac{\partial B_y}{\partial y}$ und $\frac{\partial B_z}{\partial z}$ im FOV konstant bleiben [106], weil es somit nicht zu ortsabhängigen Unterscheiden kommt die bei der Signalverarbeitung berücksichtigt werden müssen. Dieses ist beim asymmetrischen Aufbau nicht gegeben, da es sich hierbei um ein nichtlineares Selektionsfeld handelt. Der FFP wird durch eine sinusförmige Anregung entlang einer Trajektorie (Kap. 3.5) bewegt, wodurch sich die Gradientenstärken sinusförmig verändern, wie in Abbildung 4.6 zu sehen ist. $\frac{\partial B_x}{\partial x} = G_x$ (Abb. 4.6,

blau), die Gradientenstärke der Hauptraumachse, ist doppelt so groß wie $\frac{\partial B_y}{\partial y} = G_y$ (Abb. 4.6, grün) und $\frac{\partial B_z}{\partial z} = G_z$ (Abb. 4.6, rot) (Gl. 4.4).

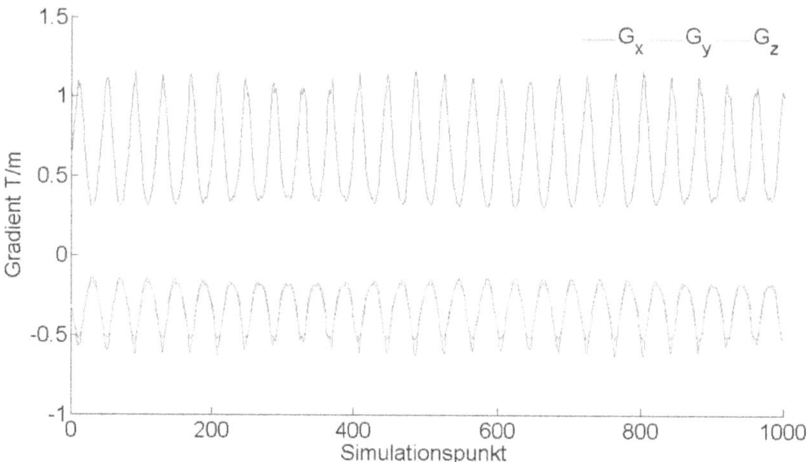


Abb. 4.6: Die simulierte Gradientenstärke der drei Hauptachsen

Die Daten in Abbildung 4.6 wurden mit der Simulationssoftware *ScannerConf* erzeugt. Um das Ergebnis möglichst übersichtlich darstellen zu können, wurde hier eine zweidimensionale Lissajous-Trajektorie erzeugt und die Simulation wurde für ein 30 x 30 $mm^2$ großes FOV, das sich oberhalb der Sendenspulen befindet, über 1000 Simulationspunkte simuliert.

Der unterschiedliche Verlauf von $G_y$ und $G_z$ kann durch die zweidimensionale Lissajous-Trajektorie erklärt werden. Da im vorliegenden Fall eine FFP-Bewegung in $x$- und $y$-Richtung stattfindet, gibt es hier noch den zusätzlichen Einfluss durch die nicht-linearen Felder.

### 4.1.4 Empfangskette

Die Empfangskette setzt sich aus den Empfangsspulen, die für jede Feldrichtung eine entsprechende Sensitivität aufweisen, und den Empfangsfiltern, die die jeweilige Anregungsfrequenz stark dämpfen, zusammen. Den Empfangsfiltern folgen LNAs, die das Partikelsignal verstärken.

Im vorliegenden System wird ein differenzielles Signal, welches die durch die Partikel und das Sendesignal induzierte Spannung in die Empfangsspulen enthält, gefiltert (Kap. 4.1.4.1) und als differenzielles Signal in den LNA (Kap. 4.1.4.2) eingespeist. Am Ausgang des LNAs liegt ein asymmetrisches Signal (engl. single-ended) an, das, wie auch das Signal der Rückkopplungsschleife, zunächst mit Hilfe des Single2Diff-Wandlers wieder in ein differentielles Signal umgewandelt wird, bevor es von der I/O-Karte (10M) abgespeichert wird.

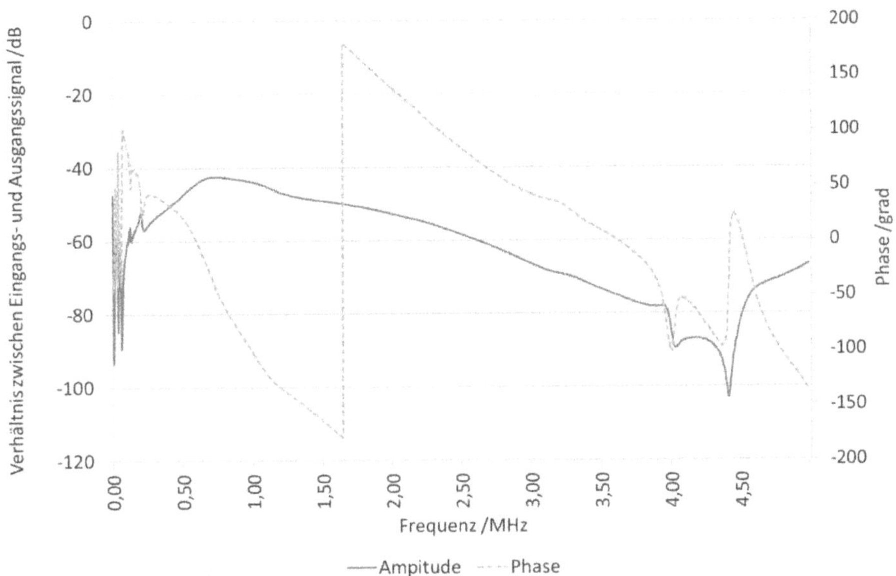


Abb. 4.7: Die Übertragungsfunktion der kompletten Empfangskette des $x$-Kanals: Die durchgezogene Linie gibt das Dämpfungsverhalten an und die gestrichelte Linie den Phasenverlauf.

Besonders für die Rekonstruktion im Zeitbereich (Kap. 5) und die Möglichkeit, simulierte und gemessene Daten miteinander zu vergleichen, ist es erforderlich, die Übertragungsfunktion der Empfangskette zu kennen und die gemessenen Daten mit Hilfe der Übertragungsfunktion zu korrigieren. In Abbildung 4.7 ist stellvertretend die Übertragungsfunktion der Empfangskette des $x$-Kanals abgebildet. Gemessen wurde sie zwischen der Empfangsspule und dem Eingang in die I/O-Karte. Abbildung 4.7 zeigt den Verlauf der Dämpfung (violett) und der Phase (blau) in einem Frequenzbereich zwischen 5 Hz und 5 MHz. Im Phasenverlauf ist die steile Flanke bei etwa 1,6 MHz besonders auffällig. Die steile Flanke kommt zustande, da der Messbereich zwischen $\pm$ 180° liegt. Anhand dieser Übertragungsfunktion kann keine Aussage hinsichtlich der Qualität der Empfangskette gemacht werden, sie ist lediglich nützlich, um die abgespeicherten Daten interpretieren zu können und mit denen aus der Simulation vergleichbar zu machen. Wie dieses geschieht, wird in Kapitel 5 näher beschrieben.

#### 4.1.4.1 Empfangsfilter

Die Empfangsfilter stellen einen wichtigen Teil des Scannersystems dar und filtern das differentielle Signal der in die Empfangsspule induzierten Spannung, bevor dieses in den LNA eingespeist wird. Für jede Sendefrequenz wird ein individueller Empfangsfilter benötigt, der dazu dient, die Anregungsfrequenz, die neben der Partikelantwort in die Empfangsspulen induziert wird, möglichst gut zu dämpfen. Deshalb wird hier ein Bandstoppfiter (BSF) (Kap. 2.2) eingesetzt.
Der Empfangsfilter für den $x$-Kanal dämpft die in die Empfangsspule eingekoppelte Sendefrequenz von etwa 25,252 kHz um 108,75 dB; der Empfangsfilter, der in den $y$-Kanal eingebaut ist, weist bei der Sendefrequenz von etwa 26,042 kHz eine Dämpfung von 105,31 dB auf und die $z$-Anregungsfrequenz von 26,882 kHz wird durch den Empfangsfilter des $z$-Kanals um 102,48 dB gedämpft. Bei der Konstruktion dieser Filter ist es wichtig, dass sie eine möglichst steile Flanke besitzen, so dass die durch die Partikelantwort induzierte Spannung, die aus den höheren Harmonischen der Sendefrequenz besteht, nicht gedämpft wird.
Die Dämpfung ist notwendig, um das Partikelsignal aufnehmen zu können. Bei der Spannung, die in die Empfangsspule induziert wird, liegt die Sendefrequenz um einige Dekaden höher als die Harmonischen des Partikelsignals. Wenn man die Grundfrequenzen nicht stark dämpfen würde, wäre es nicht möglich, das Partikelsignal aufzulösen oder überhaupt einen LNA zur Verstärkung des Signal zu nutzen, da die Eingangsspannung für diesen Fall viel zu hoch wäre. Die hier erreichten Dämpfungswerte sind oberhalb von 100 dB und tragen dazu bei, das Partikelsignal möglichst gut verstärken zu können, ohne dass es zu Überschreitungen maximaler Spannungsamplituden einzelner Bauteile kommt.

#### 4.1.4.2 Empfangsverstärker

Nach den Empfangsfiltern ist für jeden Pfad ein LNA notwendig, um das Partikelsignal, welches im unteren mV-Bereich liegt, zu verstärken. So ist es weniger fehleranfällig für Störungen, da es nach der Verstärkung weit oberhalb des Rauschniveaus des Systems liegt und gut mit Hilfe der I/O-Karte verarbeitete werden kann. Zur Zeit werden kommerziell erwerbbare LNAs (SRS560, Stanford Research Systems, Sunnyvale, CA, USA) eingesetzt, die gerade für Testaufbauten den entscheidenden Vorteil bieten, dass zusätzliche Filter mit unterschiedlicher Flankensteilheit ohne viel Aufwand hinzugeschaltet werden können. Außerdem sind sie sowohl für asymmetrische Signale, als auch für differentielle Signale nutzbar, was insbesondere für die ersten Testmessungen einen entscheidenden Vorteil bietet. Ein weiterer Vorteil liegt in der Möglichkeit des Akkubetriebes des LNAs, wodurch Erdschleifen und Störeinflüsse vermieden werden können.
Im vorliegenden Aufbau wird das Signal, welches als differentielles Signal vorliegt,

nach den Empfangsfiltern auch differentiell in den jeweiligen LNA geführt. Als Kabel wird hierfür ein zweiadriges, geschirmtes Kabel verwendet, um störende Einflüsse zu minimieren.
Ein zusätzlicher Bandpassfilter wird verwendet, dieser ist in den LNA integriert und manuelle einstellbar. Dieser eliminiert alle Signale, die außerhalb des zu erwartenden Frequenzbereiches zwischen 25 kHz und 1 MHz liegen. Er setzt sich aus einem Hochpassfilter 1. Ordnung mit einer Flankensteilheit von 6 dB/Oktave und einer Grenzfrequenz von 10 kHz und einem Tiefpassfilter 1. Ordnung mit einer Flankensteilheit von 6 dB/Oktave und einer Grenzfrequenz von 1 MHz zusammen. Der gewählte Verstärkungsfaktor für alle Kanäle liegt bei 50. Das Ausgangssignal der LNAs ist single-ended und wird anschließend wieder in ein differentielles Signal umgewandelt. Hierbei wird das Signal ein weiteres Mal mit dem für jeden Kanal festgelegten Verstärkungsfaktor verstärkt. Die Verstärkungsfaktoren sind in Tabelle 4.1 aufgeführt. Der Unterschied der angegebenen Verstärkungsfaktoren zwischen den einzelnen Kanälen ist dadurch erklärbar, dass die angegebenen Werte gemessen wurden und es zu Ungenauigkeiten bei der Messung und beim Aufbau des Wandlers gekommen sein kann.

#### 4.1.4.3 Empfangsspulen

Für jede Feldrichtung gibt es eine Empfangsspule, die der Form der jeweiligen Sendespule ähnelt, jedoch wesentlich kleiner ist. In Tabelle 4.3 sind die einzelnen Abmaßungen der Empfangsspule aufgelistet.

Tabelle 4.3: Die Maße der unterschiedlichen Empfangsspulen.

| | $x$-Spule | $y$-Spule | $z$-Spule |
|---|---|---|---|
| Spulenform | kreis | doppel D | doppel D |
| äußerer Durchmesser in mm | 60 | 50 | 50 |
| innerer Durchmesser in mm | 51,6 | 27,6 | 27,6 |
| Länge in mm | 1 | 0,5 | 0,5 |
| Anzahl der Lagen | 4 | 2 | 2 |

Eine entscheidende Rolle für den Bildgebungsprozess spielt die Sensitivität der Empfangsspulen. Die Sensitivität der Spule $S$ an dem Ort $r$ lässt sich durch

$$S(r) = \frac{B(r)}{\mu_0 \mu_r I_0} = \frac{H(r)}{I_0} \tag{4.5}$$

berechnen.
In Abbildung 4.8 bis 4.10 sind die Simulationsergebnisse der Sensitivität der Empfangsspulen in der $xy$-Ebene dargestellt. Das verwendete FOV ist 30 x 30 $mm^2$ groß

und hat eine Auflösung von 300 x 300 Punkten. In den Simulationen (Abb. 4.8 - 4.10) liegt die jeweilige Empfangsspule unterhalb der Grafik und wird von $I_0 = 1$ A durchflossen.
Durch die einseitige Anordnung der Empfangsspulen beim asymmetrischen Scanner ist es hier besonders wichtig, dass das Sensitivitätsprofil der Empfangsspulen mit dem Abstand zu den Spulen nur langsam abfällt. Trotzdem ist es natürlich so, wie in den Abbildungen zu sehen, dass in der Nähe der Spulen die Sensitivität am größten ist.

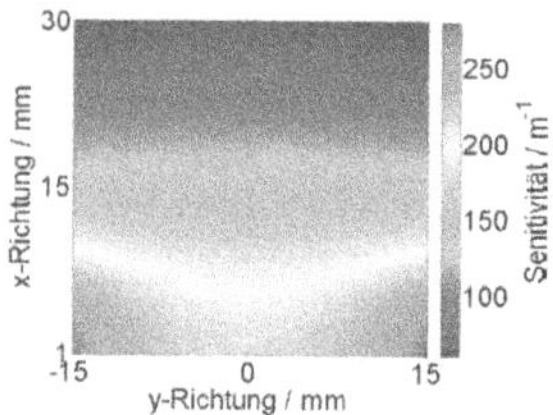


Abb. 4.8: Das Sensitivitätsprofil der Empfangsspule in $x$-Richtung, dargestellt auf der senkrecht zur Spule stehenden und mittig zur Spule liegenden $xy$-Ebene

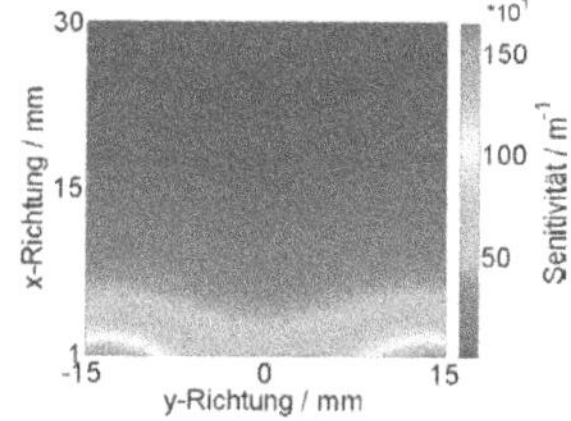


Abb. 4.9: Das Sensitivitätsprofil der Empfangsspule in $y$-Richtung, dargestellt auf der senkrecht zur Spule stehenden und mittig zur Spule liegenden $xy$-Ebene

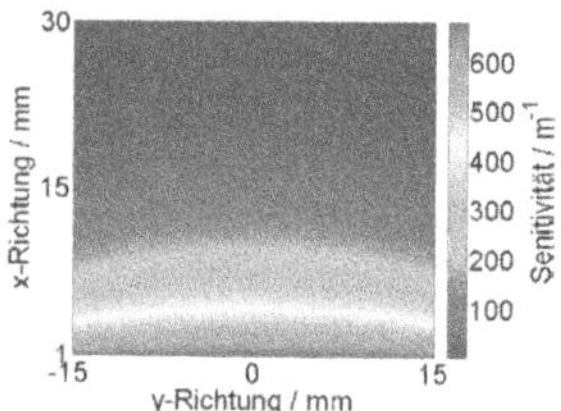


Abb. 4.10: Das Sensitivitätsprofil der Empfangsspule in $z$-Richtung, dargestellt auf der senkrecht zur Spule stehenden und mittig zur Spule liegenden $xy$-Ebene

In der Mitte des FOVs beträgt die Sensitivität der $x$-Empfangsspule 136,7 m$^{-1}$, die der $y$-Empfangsspule 695,2 m$^{-1}$ und die der $z$-Empfangsspule 75,31 m$^{-1}$. Wenn man sich die $xz$-Ebene und nicht die $xy$-Ebene anschauen würde, entspräche das Sensitivitätsprofil der $y$-Empfangsspule dem jetzigen der $z$-Empfangsspule und umgedreht. Das ist durch den doppel-D-förmigen Aufbau der Empfangsspulen zu erklären, die um 90° gegeneinander verdreht sind. Die Empfangsspulen müssen, um die größtmögliche Sensitivität zu erreichen, parallel zu den Sendespulen orientiert sein. In Abbildung 4.11 ist ein Foto der Empfangsspulen zu sehen, die genau auf der inneren kreisförmigen Sendespule platziert sind. Die Sendespulen befinden sich in einem Gehäuse, damit sie mit Öl gekühlt werden können. Die kleinen kreisförmigen Punkte auf der Sendespule sind Abstandshalter für die Ermöglichung einer guten Kühlung. In die Empfangsspulen wird eine Spannung induziert, somit ist die Leistung minimal und es besteht keine Gefahr, dass die Empfangsspulen zu warm werden können. Also kann auf eine Kühlung der Empfangsspulen verzichtet werden. Um ein Verschieben der Empfangsspulen zwischen den einzelnen Messungen zu vermeiden, wurden diese mit Hilfe einer Spulenhalterung auf dem Scannergehäuse platziert.

Abb. 4.11: Die Empfangsspulen auf der kreisförmigen, inneren Sendespule

Durch diesen Aufbau liegen die Empfangsspulen so nah wie möglich an dem zu messenden Objekt und der Bereich der guten Sensitivität kann optimal ausgenutzt werden.

### 4.1.5 Scanneraufbau

In Abbildung 4.13 ist der Spulenaufbau des asymmetrischen Scanners zu sehen. Um den Scanner betreiben zu können, ist eine Kühlung unerlässlich. In diesem Fall wird der Scanner mit Hilfe eines Isolieröls (Shell Diala ZU-I Dried) in einem Kühlkreislauf gekühlt. Über einen Wärmetauscher ist der Kühlkreislauf an die Hauskühlung des Gebäudes angeschlossen, so dass das Öl im Wärmetauscher von etwa 25 °C auf etwa 11 °C herab gekühlt wird. Nicht nur die Sendespulen sondern auch die Schutzfilter, die verhindern, dass die Gleichstrom-Quellen durch mögliche rückgekoppelte Signale der Sendekette zerstört werden, werden mit Hilfe der Ölkühlung gekühlt. Um eine gute und konstante Kühlung zu erhalten, wurden Abstandshalter entwickelt, die mit größtmöglichem Abstand auf den Sendespulen fixiert wurden, so dass die Spulen an jeder Stelle voneinander und vom Gehäuse einen gleichmäßigen Abstand haben, damit das Kühlmedium die Spulen umfließen kann (Abb. 4.11).
Zur Überwachung der Temperatur wurden an Stellen, an denen ein Temperaturmaximum zu erwarten ist, nicht-magnetische Temperatursensoren (Pt 100 C 220 B 25AgPd 10 Gr 2105K, Heraeus, Deutschland) in das System eingebracht. Die Temperatursensoren wurden von außen an den Spulen befestigt und werden mit Hilfe einer Überwachungseinheit [107] überwacht. Die Temperatursensoren befinden sich an den Spulen der beiden Schutzfilter für die Gleichstrom-Quellen, an der inneren und äußeren kreisförmigen Sendespulen und an dem mittleren Berührungspunkt der D-förmigen Sendespulen. Zusätzlich wird die Temperatur des zurückgeführten Kühlmittels ausgewertet. Ein enormer Temperatursprung kommt durch das Setzen der Gleichströme auf der inneren und äußeren Kreisspule zustande, wobei eine Temperatur von etwa 29 °C erreicht wird, die bei langen Messungen, zum Beispiel für

die Aufnahme einer Systemmatrix, bis auf eine maximale Temperatur von 32 °C ansteigt. Bei den Spulen, die ausschließlich von Wechselstrom durchflossen werden, ist der Temperaturanstieg besonders bei zweidimensionalen Messungen wesentlich geringer, da sich durch das sinusförmige Sendesignal die freigesetzte Energie immer wieder verändert. Außerdem werden die Wechselströme nur zu den Zeitpunkten auf die Spulen gelegt, an denen die Messung stattfindet. Im Gegensatz dazu liegen die Gleichströme dauerhaft an den Kreisspulen an, damit die Temperaturschwankungen unterhalb von 5 °C bleiben und somit keinen Einfluss auf die Messungen haben können.

In Abbildung 4.12 ist der Temperaturverlauf beim Einschalten des Scanners für eine zweidimensionale Messung zu sehen. Zunächst werden ausschließlich die Wechselstrom-Verstärker eingeschaltet und die Regelung beginnt; das erklärt die deutlichen Schwankungen zu Beginn in einem niedrigen Temperaturbereich. Im Anschluss werden die Wechselströme ausgeschaltet und die Gleichstrom-Quellen eingeschaltet. Diese werden einmal kurz abgeschaltet, um die Wechselstrom-Verstärker anschalten zu können, was man an dem kurzen Abfall sieht. Diese An- und Abschaltvorgänge werden durchgeführt um sicherzugehen, dass es nicht zu Wechselwirkungen zwischen den Verstärkern und der Gleichstromquelle kommt. Nach dem ersten starken Anstieg bleiben die Gleichstrom-Quellen dann dauerhaft eingeschaltet. Hier kommt es zu einer Temperaturstabilisierung bei ungefähr 29 °C.

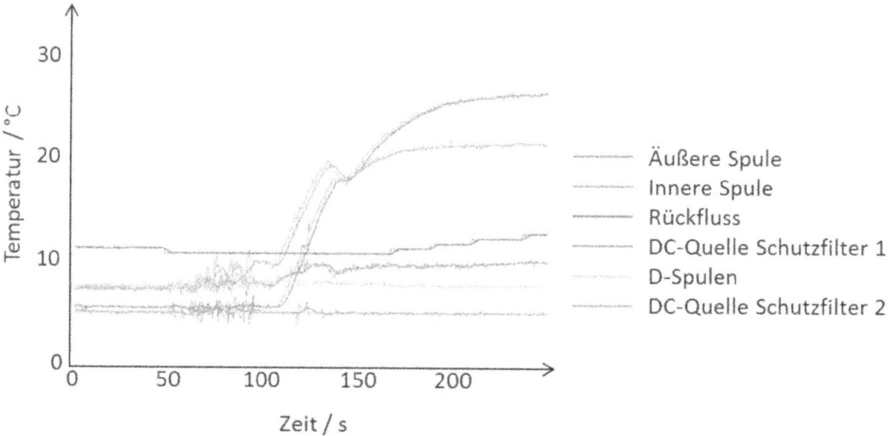


Abb. 4.12: Der Temperaturverlauf beim Einschalten des Scanners

Um diesen unterschiedlichen Kühlungsansprüchen gerecht zu werden, stehen neben einem Hauptverteiler auch für die unterschiedlichen Scannerbereiche einzelne Ventile zur Verfügung, mit denen die Durchflussmenge des Öls reguliert werden kann.

Zusätzlich dienen sowohl der Verteiler als auch die zusätzlichen Ventile (Abb. 4.14) dazu, das Kühlsystem zu entlüften.
Die Entlüftung ist unbedingt notwendig, da bei auftretenden Luftblasen an den Spulen die Kühlung stark minimiert wird und es somit an diesen Stellen zu starken Temperaturanstiegen kommen kann, die im schlimmsten Fall die Spulen zerstören. Durch die unterschiedlichen Spulengeometrien haben die einzelnen Spulen auch einen unterschiedlichen Strömungswiderstand. Um diesen auszugleichen und die Spulen so kühlen zu können, dass es nicht zu partiellen Temperaturerhöhungen kommt, ist es notwendig, eine Barriere zwischen der äußeren Kreisspule und den darunter liegenden D-Spulen einzubauen.

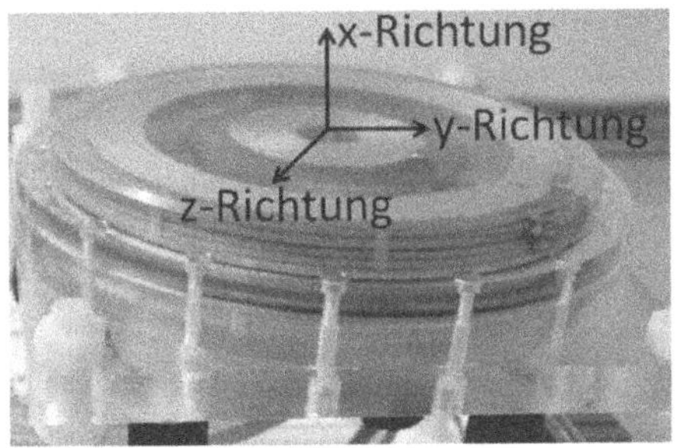


Abb. 4.13: Der Spulenaufbau mit eingezeichnetem Koordinatensystem, um die verschiedenen Scannerachsen zu verdeutlichen

Abb. 4.14: Die Ölkühlung mit den Ventilen zur Durchflussregelung: Die Ventile befinden sich direkt vor der Durchführung in das Scannergehäuse.

Die Einstellung der Ventile wurde vorgenommen, indem der Strom auf den Spulen langsam erhöht wurde und man die Ventile nach und nach soweit geöffnet beziehungsweise geschlossen hat, dass es zu einer angemessenen Kühlung der Spulen kommt und somit der Scanner auch über mehrere Stunden uneingeschränkt betrieben werden kann. Auch Teile der Zuleitungen werden mit Hilfe von Öl gekühlt. Das ist besonders an den Stellen notwendig, an denen der Platz minimiert ist und deshalb auf Kabel mit einem geringeren Durchmesser zurückgegriffen werden muss. Um eventuell auftretende Verengungen im Kühlkreislauf durch Verschmutzungen von sich ablösenden Partikeln zum Beispiel von Lötstellen, Kleberresten oder der mit Seide ummantelte Litze innerhalb des Öls zu vermeiden, wurde ein 10 µm feiner Filter in den Kreislauf eingebaut. Zusätzlich zu dem Filter befindet sich ein Magnet im Filtergehäuse, der eventuell auftretende magnetische Schwebepartikel herausfiltert, die die Signalqualität verschlechtern würden.

### 4.1.6 Messungen

Um den Scanneraufbau zu überprüfen, wurde zunächst nur das Selektionsfeld erzeugt und mit Hilfe eines Gaußmeters vermessen. Zur Erzeugung des Selektionsfeldes wurden ausschließlich die Gleichströme auf die innere und äußere Spule gelegt. Für die durchgeführten Messungen war der Einsatz des Kühlungssystems unerlässlich. Die gemessenen Werte konnten im Anschluss mit denen aus der Simulationsstudie verglichen werden.
Sowohl für die Messungen als auch für die Simulation des magnetischen Feldes wird ein 30 x 30 x 30 $mm^3$ großes FOV angenommen. Für jede Dimension wurde an 15 Punkten die magnetische Flussdichte $B$ gemessen. Zusätzlich wurde ein Feld mit identischen Parametern mit der institutseigenen Simulationssoftware simuliert.
Um die gemessenen und die simulierten Daten miteinander vergleichen zu können, muss der Datensatz der gemessenen Daten auf den der simulierten Daten angepasst werden, da es durch die Verwendung der Hallsonde (Three Axis Probe, LakeShore, Cryotroniks, OH, USA) aufgrund der Sensorpositionen in $x$- und $y$-Richtung zu einer Verschiebung von 2,08 mm und in $z$-Richtung zu einer Verschiebung von 1,8 mm kommt. Diese Verschiebung ist durch den Aufbau der Hallsonde vorgegeben, da nich alle Sensoren an der gleich Position liegen können. Die Verschiebung kann am einfachsten bei der Messung mit berücksichtigt werden.
Die Hallsonde wird mit Hilfe des Positionierungsroboters (isel Microstep Controller C124-4, iselautomation, Eiterfeld, Deutschland) bewegt und positioniert. Bei der Positionierung kann versucht werden, die Verschiebung durch die Sonde zu minimieren.
Neben der magnetischen Flussdichte ist auch der Gradient des Selektionsfeldes interessant. Hierfür kann man auf gemessene Daten zurückgreifen und den Gradienten berechnen und im Anschluss in Abhängigkeit von der Position im Raum darstellen. Um einen tatsächlichen Eindruck der zu erwartenden Bildqualität des Systems zu erhalten, wurden die gemessenen Daten der magnetischen Flussdichte in die Simulationsumgebung eingelesen. Somit besteht die Möglichkeit, das gemessene Selektionsfeld mit einem simulierten Anregungsfeld zu verknüpfen und anschließend ein Phantom mit diesem neu entstandenen Datensatz zu rekonstruieren.

## 4.2 Ergebnisse

In Abbildung 4.15 sind die simulierten magnetischen Flussdichten des asymmetrischen Scanners in die einzelnen Raumrichtungen und ihre Absolutbeträge zu sehen. Da das FOV in jede Raumrichtung eine Ausdehnung von 30 mm hat und in jeder Raumrichtung 15 Punkte gemessen wurden, sind in der Abbildung 15 Ebenen für jede Raumrichtung abgebildet. Die Position des Scanners liegt bei jeder Ebene auf

der rechten Seite.
Die magnetische Flussdichte ist in der Nähe der Scanneroberfläche am größten und nimmt mit zunehmendem Abstand zur Scanneroberfläche ab. Durch die grafische Darstellung des Absolutbetrages ist eine elliptische, dunkelblaue Fläche, etwa in der Mitte der Ebenen zu erkennen. Das ist die Position des FFPs, wenn ausschließlich die Gleichströme angeschaltet sind. Der maximale Wert des Betrages der magnetischen Flussdichte liegt in der Simulation bei 31 mT in der Nähe des Scanners und der minimale Wert bei 0,02 mT in der Nähe des FFPs.

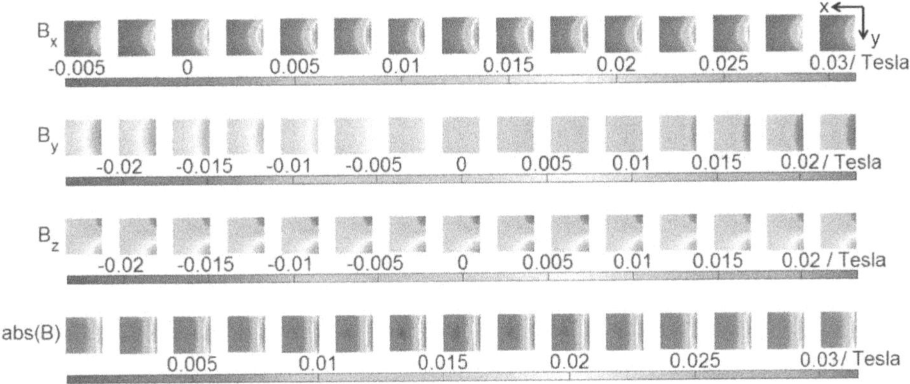


Abb. 4.15: Die simulierte magnetische Flussdichte des asymmetrischen Scanners in $x$-, $y$- und $z$-Richtung und der Absolutwert (nach [48])

Abbildung 4.16 zeigt die mit der Hallsonde gemessene magnetische Flussdichte. Auch hier ist bei Betrachtung der Absolutwerte die elliptische Kontur des Bereiches zu erkennen, in dem sich der FFP befindet. Die Scannerposition ist immer rechts von der jeweiligen Ebene und mit Abstand zur Scanneroberfläche nimmt die magnetische Flussdichte ab. Der maximal Wert des Absolutbetrages beträgt bei der Messung 29 mT und der minimal Wert liegt bei 0,02 mT.
Abbildung 4.17 zeigt die Differenz zwischen der simulierten und der gemessenen magnetischen Flussdichte für die einzelnen Raumrichtungen und den zugehörigen Absolutbetrag. Die negativen Werte kommen zustande, da in diesen Bereichen die Messung höhere Werte als die Simulation aufweist. Die maximale Differenz in $x$-Richtung beträgt 8,95 mT, in $y$-Richtung 10,76 mT, in $z$-Richtung 8,75 mT und beim Absolutbetrag 14,18 mT.

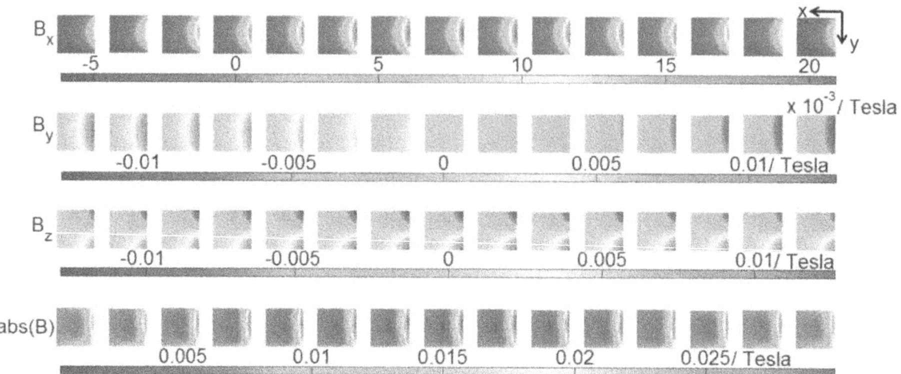


Abb. 4.16: Die gemessene magnetische Flussdichte des asymmetrischen Scanners in $x$-, $y$- und $z$-Richtung und der Absolutwert (nach [48])

Abb. 4.17: Die Differenz zwischen den simulierten und gemessenen magnetischen Flussdichten in die einzelnen Raumrichtungen und deren Absolutwert (nach [50])

In Abbildung 4.18 ist die magnetische Flussdichte und die Gradientenstärke der drei Dimensionen über den Abstand zum Scanner aufgetragen. Der Scanner befindet sich am Nullpunkt der Abszisse.

Der Verlauf der magnetischen Flussdichte stimmt mit dem Verlauf in Abbildung 4.15 und 4.16 überein. In $x$-Richtung nimmt die magnetische Flussdichte mit zunehmendem Abstand zur Scanneroberfläche ab. Die Gradientenstärke ist negativ und nimmt auch mit zunehmendem Abstand zum Scanner ab. Die magnetische Flussdichte erreicht ihren Nullpunkt etwa bei einem Abstand von 0,014 m zur Scanneroberfläche. An diesem Punkt beträgt die Gradientenstärke -0,635 T/m. In $y$-Richtung verläuft die magnetische Flussdichte vom negativen Bereich über den Nullpunkt bei einem Abstand von 0,014 m zur Oberfläche zum positiven Bereich. Die Gradientenstärke verläuft glockenförmig und das Maximum liegt bei einem Gradienten von 0,251 T/m genau mit demselben Abstand zur Scanneroberfläche wie der Nullpunkt der magnetischen Flussdichte. Sowohl der Verlauf der magnetischen Flussdichte als auch der Verlauf der Gradientenstärke in $z$-Richtung gleichen dem Verlauf in $y$-Richtung. Der Nulldurchgang der magnetischen Flussdichte ist in einer Entfernung von etwa 0,016 m zur Scanneroberfläche und die Gradientenstärke an diesem Punkt beträgt 0,252 T/m.

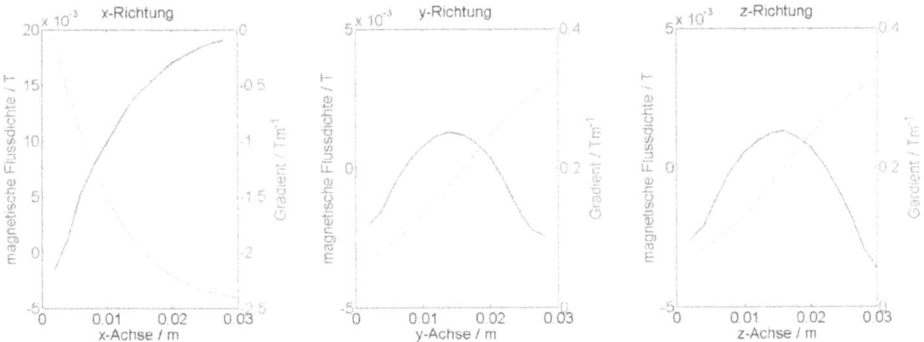


Abb. 4.18: Die gemessene magnetische Flussdichte und die zugehörigen errechneten Gradientenstärken des asymmetrischen Scanners in $x$-, $y$- und $z$-Richtung (nach [48])

In den Abbildungen 4.20 und 4.21 sind die Ergebnisse der Rekonstruktion des Phantoms aus Abbildung 4.19 dargestellt. Das Phantom besteht aus elf Quadraten, wobei in der oberen Zeile zwei 6 mm$^2$ große Quadrate, in der mittleren Zeile drei 4 mm$^2$ große Quadrate und in der unteren Zeile sechs 2 mm$^2$ große Quadrate zu sehen sind. Auf die hier verwendete kalibrationsbasierte Rekonstruktion im Frequenzbereich wird in Kapitel 5.1.2 genauer eingegangen. Hierzu wurden zum einen ausschließlich mit simulierte Daten der institutseigenen Software *ScannerConf* (Abb. 4.20), zum anderen eine Verknüpfung von simulierten Anregungsfeldern und gemessenem Selektionsfeld (Abb. 4.21) verwendet. So kann der Aufbau zu validiert werden. Der Scanner ist jeweils links vom Phantom positioniert.

In Abbildung 4.20 sind in der Nähe des Scanners alle drei unterschiedlich großen Quadrate gut zu erkennen und voneinander zu unterscheiden. Allerdings fällt bereits beim obersten, größten Quadrat auf, dass der hintere Teil des Quadrates stark verwischt ist. Das zweite große Quadrat in der oberen Reihe ist nur noch zu erahnen. Die beiden ersten Quadrate in der mittleren Reihe sind von einender differenzierbar, wobei auffällt, dass der Rand des ersten Quadrates in der mittleren Reihe noch deutlich erkennbar ist, dieses ist beim zweiten bereits nicht mehr der Fall. In der untersten Reihe, die die kleinsten Quadrate beinhaltet, ist das erste noch gut von dem zweiten zu unterscheiden, im weiteren Verlauf verwischen die einzelnen Quadrate so stark ineinander, dass es nicht mehr möglich ist, sie voneinander zu unterscheiden.

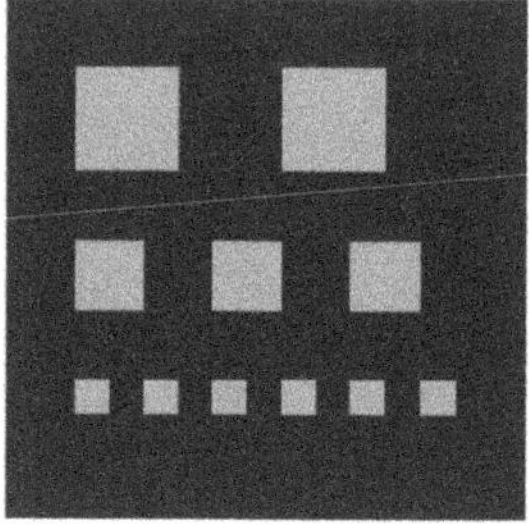

Abb. 4.19: Das verwendetet 30 mm x 30 mm große Softwarephantom (nach [49]).

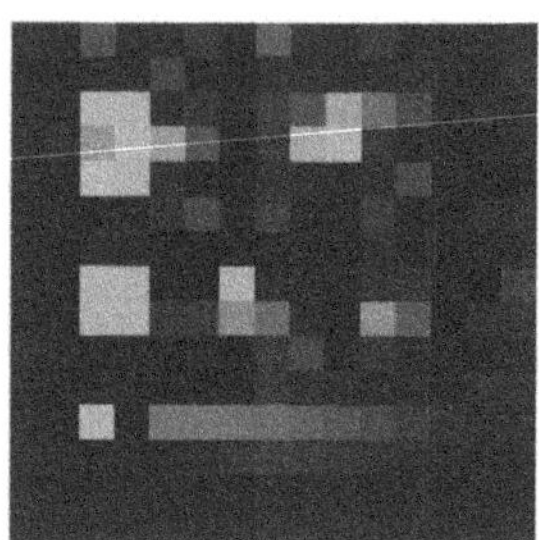

Abb. 4.20: Rekonstruktion des Phantoms mit simulierten Selektions- und Anregungsfeldern (nach [49])

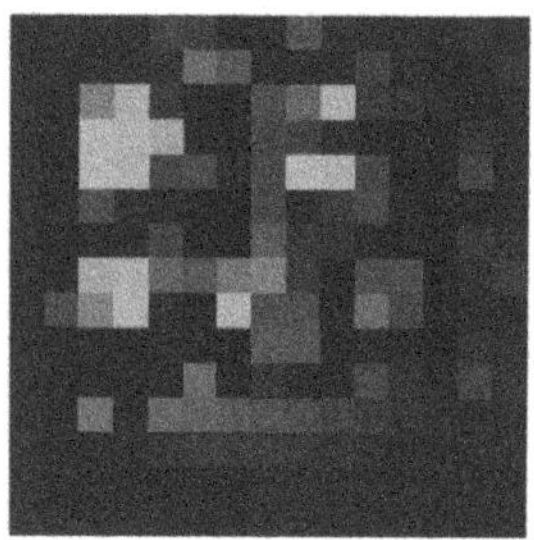

Abb. 4.21: Rekonstruktion des Phantoms mit gemessenem Selektionsfeld und simulierten Anregungsfeldern (nach [49])

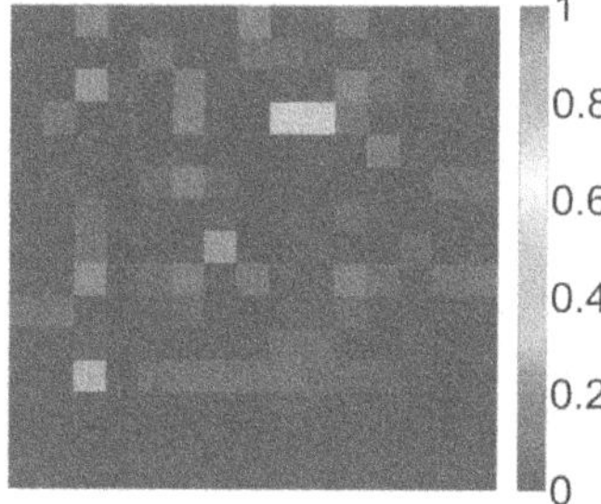


Abb. 4.22: Die Differenz zwischen der Rekonstruktion mit ausschließlich simulierten Feldern und der Rekonstruktion mit einer Verknüpfung von gemessenen und simulierten Feldern (nach [49])

Ein ähnliches Bild zeigt Abbildung 4.21, allerdings ist hier, besonders mit größer werdendem Abstand zum Scanner, eine noch stärkere Verwischung zu erkennen, so dass im hinteren Teil des FOV die einzelnen Quadrate des Phantoms nicht mehr erkennbar sind.

Abbildung 4.22 zeigt die Differenz zwischen Abbildung 4.20 und 4.21. Die Abweichung zwischen den beiden Rekonstruktionen ist stets positiv und beträgt minimal 0 a.u. und maximal 0,5 a.u.

## 4.3 Diskussion und Schlussfolgerung

Beim Vergleich des simulierten Selektionsfeldes mit dem gemessenen Selektionsfeld sind die Unterschiede auf den ersten Blick minimal. Die Verläufe der magnetischen Flussdichten sind sehr ähnlich und der FFP, der durch die Überlagerung der magnetsichen Felder der inneren und äußeren Kreisspule zustande kommt, kann gut bei der Betrachtung des Absolutbetrages lokalisiert werden, obwohl er zu dem Zeitpunkt, an dem ausschließlich das Selektionsfeld generiert wird, einen relativ großen Abstand zur Scanneroberfläche hat. Doch sobald man die Differenz zwischen den simulierten und den gemessenen Daten berechnet, fällt auf, dass es zu einem Unterschied von maximal 16 mV - insbesondere in der Nähe der Scanneroberfläche - kommt. Eine leichte Abweichung zwischen gemessenen und simulierten Daten ist zu erwarten, zu einer so starken Abweichung kann es hingegen durch Messfehler und Positionierungsungenauigkeiten kommen. Zusätzlich spielen natürlich bei gemessenen Daten auch der Messaufbau, in diesem Fall die Positionierung der beiden Kreisspulen zueinander, und der Aufbau beziehungsweise die Fertigung der Spulen eine Rolle. Auch kann es von außerhalb zu zusätzlichen Störeinflüssen kommen, die sich negativ auf die Messung auswirken. Da die größten Differenzen in der Nähe des Scanners und gehäuft in der rechten unteren Ecke der abgebildeten Quadrate auftreten, ist davon auszugehen, dass es zu einer Verschiebung des FOVs zwischen der Simulation und der Messung gekommen ist.

Um solche Fehler in Zukunft zu vermeiden, wäre ein Registrierungsansatz sinnvoll. Bei einer einfachen Registrierung, die sich auf den Gauß-Newton-Algorithmus [108, 109] bezieht, wird das simulierte FOV im Vergleich zum gemessenen FOV vergrößert. Somit können Translations- und Rotationsungenauigkeiten eliminiert werden. Ohne den Registrierungsansatz liegt der normalisierte mittlere quadratische Fehler (NMQF) bei 3,1 %, der durchschnittliche mittlere Fehler bei 0,047 und der durchschnittliche relative Fehler bei 0,068. Mit dem Registrierungsansatz fällt der NMQF auf 1,9 %, der durchschnittliche mittlere Fehler auf 0,006 und der durchschnittliche relative Fehler auf 0,056. Somit ist durch die Zuhilfenahme eines einfachen Registrierungsansatzes eine 1,6-fache Verbesserung und dadurch auch eine bessere Vergleichbarkeit zwischen simulierten und gemessenen Daten gegeben.

Der in Abbildung 4.18 gezeigte Verlauf des Gradienten im Selektionsfeld entspricht den Erkenntnissen aus Kapitel 4.1.3.4. Bei den hier verwendeten Messungen fand noch keine sinusförmige Anregung statt. Es handelt sich ausschließlich um das durch die Gleichströme generierte Selektionsfeld.

Um die zu erwartende Bildqualität abschätzen zu können, wurde ein Phantom in einer Simulationsstudie, die einmal mit ausschließlich simulierten Feldern und einmal mit einem gemessenen Selektionsfeld und einem simulierten Anregungsfeld durchgeführt wurde, rekonstruiert. Durch die nicht-linearen Felder, die durch den einseitigen Spulenaufbau des asymmetrischen Scanners zustande kommen, nehmen die Auflösung und die Qualität des rekonstruierten Bildes mit zunehmendem Abstand zum Scanner ab. Das liegt daran, dass sich durch die nicht-linearen Felder auch die Gradientenstärke (Abb. 4.18) innerhalb des FOVs stark ändert. Dies ist in beiden Fällen deutlich in den Abbildungen 4.20 und 4.21 zu sehen und wurde auch bereits in [96] durch eine Simulation gezeigt. Dass es bei Abbildung 4.21 zu einem stärker verrauschten Bild kommt, liegt unter anderem daran, dass hier die Messdaten des Selektionsfeldes verwendet wurden, und die - wie bereits gezeigt - nicht genau mit denen der Simulation übereinstimmen, sondern es zu Abweichungen kommt. Durch die Verknüpfung von simulierten Daten und gemessenen Daten kommt es zusätzlich zu Fehlerquellen, da die zusammengeführten Daten nicht im identischen FOV vorliegen. Auch spielen in diesem Fall Messverfälschungen durch externe Störeinflüsse eine Rolle. Allerdings ermöglicht Abbildung 4.21 eine Abschätzung, wie gut das Selektionsfeld des aufgebauten Scanners für den Bildgebungsprozess ist. Das Differenzbild (Abb. 4.22) zeigt nur geringe Abweichungen. Somit wurde gezeigt, dass mit dem durch den Scanner erzeugte Selektionsfeld Bildgebung möglich ist.

# 5 Bildrekonstruktion

## Inhaltsverzeichnis



Um aus den gemessenen Spannungswerten, die in die Empfangsspule induziert werden, ein Bild zu rekonstruieren, ist es notwendig, die Daten zu verarbeiten. Die Signalverarbeitung geschieht zum Teil schon auf den I/O-Karten, aber der größte Teil der Signalverarbeitung und der Bildrekonstruktion wurde in MATLAB R2013b (MathWorks, MA, USA) implementiert.
Auf den I/O-Karten werden die Signale aufgenommen und im Anschluss eine festgelegte Anzahl von Perioden zu Beginn des Zeitsignals verworfen, um mögliche

Spitzenwerte, die beim Einschwingen des Regelkreises vorkommen und die Signale verfälschen, zu vermeiden. Die zuvor festgesetzte Anzahl von Mittelungen wird auch auf den I/O-Karten durchgeführt. Anschließend wird eine FFT durchgeführt, so dass die Signale im Zeitbereich und im Frequenzbereich vorliegen.

## 5.1 Methoden

Es gibt zur Zeit zwei Methoden, die häufig zur Bildrekonstruktion im MPI-Bereich Anwendung finden: die kalibrationsbasierte Rekonstruktion im Frequenzbereich (Kap. 5.1.2), die mit Hilfe einer Systemmatrix durchgeführt wird, und die Rekonstruktion im Zeitbereich (Kap. 5.1.3). Unabhängig davon, welche Methode angewendet wird, ist es wichtig, dass ein für die Rekonstruktion ausreichendes SNR vorliegt.

### 5.1.1 Signal-Rausch-Verhältnis

Das SNR gibt an, wie gut die Signalqualität des Nutzsignals ist und ermöglicht somit eine Einschätzung über die zu erwartende Bildqualität bei der Rekonstruktion. Es kann weiterhin dazu verwendet werden, bestimmte Frequenzkomponenten auszusortieren, deren SNR unter einem bestimmten Grenzwert liegen. Zur Berechnung des SNRs für die zweidimensionale Bildgebung wurden zwei Systemmatrizen vermessen. Bei einer wurde das Probevolumen nicht mit Partikeln befüllt, bei der anderen Systemmatrix wurde das Probevolumen mit 8 µl Resovist® befüllt. Um räumlich konstante Störungen zu eliminieren, wurde von der Systemmatrix mit gefüllter Probe (SP) die Systemmatrix abgezogen, die mit einem ungefüllten Probevolumen gemessen wurde (SE). Anschließend wurde die Standardabweichung (engl. standard deviation, SD) von allen in SE durchgeführten Messungen für die jeweiligen Frequenzkomponenten $SD_f$, wie in Gleichung 5.1 beschrieben, über die Varianz berechnet:

$$SD_f = \sqrt{\mathrm{Var}(\mathrm{SE}_f)}. \tag{5.1}$$

Die Energie der jeweiligen Frequenzkomponenten $f$ an den jeweiligen Positionen der Systemmatrix $r$ wird über:

$$\omega_{fr} = ||(\mathrm{SP}_{fr} - \mathrm{SE}_{fr})|| \tag{5.2}$$

berechnet.
Aus Gleichung 5.1 und 5.2 lässt sich:

$$\mathrm{SNR}_{fr} = \frac{\omega_{fr}}{SD_f} \tag{5.3}$$

berechnen.
Um das SNR bei einer dreidimensionalen Anregung zu berechnen, wurde auf die

Aufnahme einer kompletten dreidimensionalen Systemmatrix mit unbefüllter Partikelprobe verzichtet, da aus der zweidimensionalen Aufnahme hervorging, dass sich die einzelnen Leermessungen der unterschiedlichen Ortspunkten nicht stark voneinander unterscheiden. Dies ist zu erwarten, da das leere Probengefäß keinen Einfluss auf die Messungen hat. Somit kann auf die über neun Stunden dauernde Messung einer Systemmatrix, bei der das Probengefäß nicht befüllt ist, verzichtet werden. Stattdessen wurde in $z$-Richtung die mittlere Ebene des FOVs vermessen und in die Berechnung als SE mit einbezogen und von jeder $z$-Ebene abgezogen.

### 5.1.2 Kalibrationsbasierte Rekonstruktion im Frequenzbereich

Zur Rekonstruktion im Frequenzbereich wird eine Systemmatrix $S$ benötigt, um über die induzierte Spannung $u$ die Partikelkonzentration $c$ zu berechnen. Die Systemmatrix wird zuvor mit einer Kalibrierungsmessung aufgenommen. Es gibt auch noch andere Möglichkeiten, eine Systemmatrix zu bestimmen, unter anderem modellbasierte [25] oder hybride [26] Ansätze. In dieser Arbeit wird nicht weiter auf diese Ansätze eingegangen, da durch die Kalibrierungsmessung mögliche Störeinflüsse, die beim Aufbau des Scanners nicht vollständig eliminiert werden konnten, ausgeglichen werden.

Für die Rekonstruktion im Frequenzbereich muss folgendes Gleichungssystem gelöst werden:

$$\hat{S}c = \hat{u}. \tag{5.4}$$

Bei Gleichung 5.4 handelt es sich um ein inverses Problem [110], da hier die unbekannte Partikelkonzentration, durch die ein Spannungssignal in die Empfangsspulen induziert wird, bestimmt werden soll. Somit ist die Wirkung des Systems bekannt, die Ursache hingegen unbekannt.

Die zur Lösung des Problems eingesetzte Systemmatrix setzt sich aus den induzierten Spannungen zusammen, die durch eine bekannte Partikelprobe an verschiedenen Positionen im FOV erzeugt wurden. Somit ergibt sich $S = s(f_i, r)$, wobei $f_i$ die Anzahl $m$ der Frequenzkomponenten und $r_j$ die Anzahl $n$ der Positionen im FOV angeben.

Um Gleichung 5.4 hinsichtlich der Lösbarkeit zu optimieren, besteht die Möglichkeit, eine Gewichtungsmatrix $W$ und einen Regularisierungsfaktor $\lambda$ [111] einzufügen. Die Tikhonov-Regularisierung [112] wird verwendet, um eine Näherungslösung eines schlecht gestellten Problems berechnen zu können. Es gilt die Gleichung

$$\parallel Sc - \hat{u} \parallel_W^2 + \lambda \parallel c \parallel_2^2 \overset{\alpha}{\rightarrow} \min. \tag{5.5}$$

Aus Gleichung 5.5 ergibt sich die äquivalente Gleichung 5.6 [101].

Das Gleichungssystem lautet dann [111]

$$\left(\hat{S}^* W \hat{S} + \lambda E\right) c = \hat{S}^* W \hat{u}. \tag{5.6}$$

$\hat{S}^*$ ist die Adjungierte von $S$. Somit ist $\hat{S}^*$ eine komplexe Matrix, die die konjugierte und transponierte Matrix $S$ beinhaltet. Um $\lambda$ in das Gleichungssystem einfügen zu können, wird $\lambda$ mit der Einheitsmatrix $E$ verknüpft.
Die Gewichtungsmatrix $W$ ist eine Diagonalmatrix, deren Einträge auf der Hauptdiagonalen den normalisierten Werten einer Frequenzkomponente $f_i$ über alle Positionen im Raum $r_j$, $j = 1, ..., n$ entsprechen. Somit gilt

$$W = \text{diag}\left(\frac{1}{w_{i,i}^2}\right) \quad \text{mit } i = 1, ..., m.$$

Für die Energie der jeweiligen Frequenzkomponente $w_{i,i}$ gilt

$$w_{i,i} = \| s_{f_i,r_j} \|_2 = \sqrt{\sum_{j=1}^{n} s_{f_i,r_j}} \quad \text{mit } i = 1, ..., m \text{ und } j = 1, ..., n.$$

Der in Gleichung 5.6 eingeführte Regularisierungsparameter dient dazu, die Gleichung des schlecht gestellten Problems durch die eines gut gestellten Problems zu ersetzen, dabei soll die Lösung so gut wie möglich approximiert werden. Es gibt verschiedene Methoden für die Regularisierung [113]. Das Ziel dieser Verfahren ist das Gleichungssystem so zu modifizieren, dass es zu einem möglichst gut gestellten System wird. Es ist möglich, dass das Gleichungssystem durch die Regularisierung zu stark verändert wird, dass muss durch die Wahl der Regularisierung und des Regularisierungsparameters verhindert werden. Für den in dieser Arbeit verwendeten Regularisierungsparameter gilt $\lambda > 0$.
Die Singulärwertzerlegung (SVD) wird zur Lösung von schlecht gestellten Problemen verwendet [114]. Sie dient dazu, die Singulärwerte einer Matrix zu berechnen, indem die Ausgangsmatrix $A$ als Produkt von drei Matrizen dargestellt wird:

$$A = U\Sigma V^T. \tag{5.7}$$

$U$ und $V$ sind unitäre Matrizen und bei $\Sigma$ handelt es sich um eine Diagonalmatrix, deren Diagonalwerte den Singulärwerten $\sigma_i$ der Matrix $A$ entsprechen. Sei $A \in \mathbb{C}^{M\times N}$, dann gilt $U \in \mathbb{C}^{M\times R}$, $V \in \mathbb{C}^{N\times R}$ und $\Sigma \in \mathbb{R}^{R\times R}$ wobei $R := \min(M, N)$ ist.
Stellt man Gleichung 5.4 nach $c$ um, ergibt sich zunächst:

$$c = S^{-1}\hat{u}. \tag{5.8}$$

In diesem Fall ist $S$ die Ausgangsmatrix, also gilt $A = S$, und somit gilt $S^{-1} = V\Sigma^{-1}U^T$. Es ergibt sich aus Gleichung 5.8, dass

$$c = V\Sigma^{-1}U^T\hat{u} \tag{5.9}$$

gilt.

Die ist explizit darstellbar durch

$$c = \sum_{i=1}^{N} \frac{< U_{\cdot,i}, \hat{u} >}{\sigma_i} V_{\cdot,i}, \tag{5.10}$$

wobei das Skalarprodukt $< U_{\cdot,i}, \hat{u} >$ die Projektion der $i$-ten Spalte von $U$ auf $\hat{u}$ ist. In einem Picard-Graphen [114] (Abb. 5.15) werden dieses Produkt und die Singulärwerte, die ihrer Größe nach geordnet sind, aufgetragen. Dadurch wird eine Abschätzung ermöglicht, ob es sich in Bezug auf die Ausgangsmatrix um große oder kleine Singulärwerte handelt. Ab dem Punkt, an dem die Steigung von $< U_{\cdot,i}, \hat{u} >$ gegen null geht, spricht man von kleinen Singulärwerten, alle Punkte oberhalb sind große Singulärwerte. Ist das Verhältnis zwischen dem größten und dem kleinsten Singulärwert sehr groß handelt es sich um ein diskret schlecht gestelltes Problem. Somit kann das Gleichungssystem verbessert werden, indem man ausschließlich die Matrixeinträge berücksichtige, die große Singulärwerte ergeben.
Im vorliegenden Fall wird der zur Bildrekonstruktion notwendige Regularisierungsparameter $\lambda$ mit Hilfe der komplexen Singulärwertzerlegung (CSVD) und der Tikhonov-Regularisierung berechnet (Alg. 3). Die CSVD kann in diesem Fall verwendet werden, da die Anzahl der Zeilen der Matrix $W \cdot S$ größer ist als die Anzahl der Spalten und es ausreichend ist, wenn $U$ und $V$ die Dimensionen der Spalten der Ausgangsmatrix haben. Durch die Verwendung der CSVD kann die Berechnung beschleunigt werden und der Bedarf an Speicherplatz wird minimiert. Zunächst wird die gewichtete Systemmatrix mit Hilfe der CSVD zerlegt. Anschließend werden die drei Matrizen, die sich aus der CSVD ergeben und die induzierte Spannung $u$ verwendet um mit Hilfe der Tikhonv-Regularisierung für jeden Messpunkt der Systemmatrix einen bestimmten Regularsisierungsparameter $\lambda_r$, mit $r = 1, ..., n$ zu bestimmen. Der Mittelwert des Betrages von $\lambda_r$, mit $r = 1, ..., n$ ergibt dann den endgültigen Regularsiserungsparameter, der in Gleichung 5.6 verwendet wird. Der Pseudocode lautet:

**Algorithmus 1** Berechnung des Regularisierungsparameters $\lambda$

1: $[U, s, V] = \mathrm{CSVD}(W \cdot S)$
2: $[\lambda_r] = \mathrm{Tikhonov}(U, s, V, u, s(end))$, mit r $= 1, ..., n$
3: $\lambda = mean(abs(\lambda_r))$.

Mit der aus dem Bereich der Rekonstruktion in der Computertomographie bekannten algebraischen Rekonstruktionstechnik (ART) [115] kann das Gleichungssystem 5.6 gelöst werden. Die Methode der ART ist auch unter dem Begriff Kaczmarz-Methode [116] bekannt. Hierfür wird zunächst eine erste Annahme über die Partikelkonzentration gemacht, wobei $c$ in den meisten Fällen gleich Null gesetzt wird. Anschließend werden aufgrund der getroffenen Annahmen Projektionen durchgeführt, die sich auf eine bestimmte Anzahl von Annahmen $k$ beziehen. Aus Gleichung 5.6 wird dann

$$(\hat{S}^*W\hat{S} + \lambda E)c^k = \hat{S}^*W\hat{u}^k. \tag{5.11}$$

Im Anschluss wird mit $A = (\hat{S}^*W\hat{S} + \lambda E)$ und $p = \hat{S}^*W\hat{u}$ eine Korrektur der Schätzung mit folgender Gleichung vorgenommen

$$c^k = c^{k-1} - \frac{a_i c^{k-1} - p_i}{a_i \left(a_i\right)^T} \cdot a_i^T. \tag{5.12}$$

Hierbei gibt $i$ die einzelnen Messungen der Systemmatrix an. Die Berechnungen der Gleichung 5.11 und 5.12 werden so oft ausgeführt, bis ein zuvor festgelegter Schwellwert an Iterationen überschritten wird. Innerhalb jedes Iterationsschrittes wird anhand von $A$ eine Vorwärtsprojektion berechnet, die dann $c^k$ ergibt. Hierbei gibt $k$ die Anzahl der berechneten Projektionen an. Anschließend wird die an Hand von $c^k$ berechnete Projektion $p_i$ mit der gemessenen Projektion $p$ Verglichen und die Differenz der Projektionen mit Hilfe von Korrekturthermen auf $p^i$ übertragen, so dass sich $p^{i+1}$ ergibt. Mit $p^{i+1}$ wird anschließend $c^{k+1}$ bestimmt und der Prozess beginnt von vorne. Dieser Prozess, der sich aus Vorwärtsprojektion, Bestimmung der Korrekturen und Rückprojektion, zusammensetzt, setzt sich solange fort, bis der festgelegte Schwellwert an Iterationen erreicht wurde.
Für den Korrekturprozess wird der gewichtete Spannungsvektor $p$ in einzelne Hyperflächen zerteilt, wenn Gleichung 5.6 eindeutig zu lösen ist, schneiden sich alle Hyperflächen in einem einzigen Punkt $c$, der die Lösung ist, also die gesuchte Partikelkonzentration an dem jeweiligen Ort im FOV. Eine exakte Lösung kann nicht erreicht werden, da es sich um ein schlecht gestelltes Problem handelt. Somit wird durch die Anzahl der Iterationen vorgegeben, wann der Prozess beendet wird. Der Schwellwert der Iterationen lässt sich bestimmen indem man das Rekonstruktionsergebnis mit dem bekannten Phantom vergleicht und den Schwellwert manuell so bestimmt, dass möglichst wenig Iterationen berechnet werden müssen, das Ergebnis aber dennoch optimal ist. Diese Anzahl von Iterationen kann im Anschluss auch auf unbekannte Phantome übertragen werden.
Zur Rekonstruktion von MPI-Bildern können zur Berechnung der Konzentrationsverteilung einige Vorinformationen verwendet werden. Die Vorinformationen, die in dieser Arbeit verwendet werden, beruhen darauf, dass man die Struktur des Phantoms kennt und somit den Grenzwert für die Iterationen festlegen kann. Außerdem ist physikalisch weder eine negative Partikelkonzentration noch eine Partikelkonzentration die sich als komplexe Zahl beschreiben lässt möglich.
Im Rahmen der Rekonstruktion von MPI-Bildern kommt es zu negativen und komplexen Zahlen, da es einen nicht unerheblichen Rauschanteil im Signal gibt. Aufgrund dieser Vorinformationen werden nach jedem Iterationsschritt alle negativen

Zahlen und alle imaginären Anteile der Zahlen gleich null gesetzt.
Für die Rekonstruktion ist es sinnvoll nicht alle Frequenzkomponenten zu verwenden, sondern ausschließlich solche, die eine möglichst hohe Energie aufweisen. Um diese Frequenzkomponenten bestimmen zu können, wurden in dieser Arbeit für die Rekonstruktion zweidimensionaler Bilder zwei verschiedene Verfahren verwendet. Zunächst wurden die ersten 600 Frequenzkomponenten der Systemmatrix einzeln dargestellt und visuell diejenigen herausgesucht, die eine symmetrische Struktur aufweisen. Da dieses Verfahren für große Datenmengen nicht praktikabel ist, wurde ein weiteres Verfahren entwickelt, welches sowohl bei der zweidimensionalen als auch bei der dreidimensionalen Rekonstruktion Anwendung findet und ähnlich gute Ergebnisse liefert. Hierfür wurde - wie in Kapitel 5.1.1 beschrieben - das SNR bestimmt, empirisch ein Grenzwert bestimmt, der oberhalb des Rauschlevels liegt, und anschließend ausschließlich die Frequenzkomponenten zur Rekonstruktion verwendet, deren SNR-Werte oberhalb des Grenzwertes liegen.

#### 5.1.2.1 Systemmatrizen

Für die Aufnahme der Systemmatrizen wurden zwei unterschiedliche Methoden verwendet (Abb. 5.1). Bei der ersten Methode wird die Probe, die für die Aufnahme der Systemmatrix verwendet wird, immer um die Probengröße im FOV verschoben, damit bei keiner Messung die Probe an einer Position doppelt liegt [117]. Bei der Systemmatrixmessung in [117] wurde eine würfelförmige Probe mit einer Kantenlänge von je 0,6 mm verwendet, die in einem dreidimensionalen Feld bewegt wird und deren Probenmittelpunkt immer einen Abstand von 0,6 mm zueinander hatte. Bei der anderen Methode ist es so, dass die einzelnen Probenpositionen einen kleineren Abstand voneinander haben als die Probengröße und sich somit bei zwei Messungen ein Teil der Probe an der selben räumlichen Position befindet [7, 103]. Die ersten eindimensionalen Messungen mit dem luftgekühlten Prototypen des asymmetrischen Scanners wurden mit solch einer eindimensionalen Systemmatrix rekonstruiert, bei der sich die Probenpositionen überlappten [7]. In dem Fall war das FOV in $x$-Richtung 15 mm groß, die zylinderförmige Partikelprobe hatte einen Durchmesser von 1 mm und war 6 mm lang. Die Probe wurde an 46 Positionen gemessen, die gleichmäßig über das FOV verteilt waren.
Im vorliegenden Fall wurden für die zweidimensionale Bildgebung Systemmatrizen ohne (Abb. 5.16, 5.17 und 5.20) und mit (Abb. 5.18, 5.19 und 5.21) sich überlappenden Partikelproben vermessen, und zusätzlich wurde eine Systemmatrix mit einer 1 $mm^3$ großen Partikelprobe (Abb. 5.23) aufgenommen. Die Überschneidung der Messpunkte erfolgt in $x$- und $y$-Richtung.
Die Systemmatrix ohne überlappende Probenposition (Abb. 5.1, links) wurde in einem 30 x 30 $mm^2$ großen FOV vermessen, wobei ein Abstand von etwa 1 mm zu den Empfangsspulen eingehalten wurde. Dazu wurde eine Partikelprobe, die

2 x 2 x 2 mm$^3$ groß ist und 8 µl Resovist® beinhaltet, in 2 mm Schritten durch das FOV bewegt, so dass sich insgesamt 225 Messpunkte ergeben.

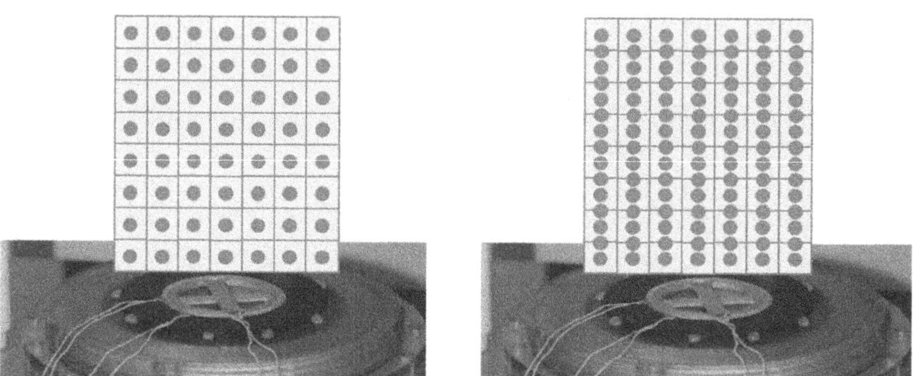

Abb. 5.1: Links in der Abbildung ist beispielhaft eine Systemmatrixmessung illustriert, bei der sich die Messpunkte gegenseitig nicht überschneiden. Rechts in der Abbildung ist eine Systemmatrix dargestellt, in der die Messpunkte sich teilweise überschneiden.

Für die zweite Systemmatrix, bei der sich die Probenpositionen überlappen (Abb. 5.1, rechts), wurde in dem FOV ein Bereich von 15 x 30 mm$^2$ mit einem Abstand von etwa 1 mm zu den Empfangsspulen und mit einer 2 x 2 x 2 mm$^3$ großen mit Resovist® befüllten Partikelprobe vermessen. Diese Probe wurde in 0,5 mm Schritten in $x$- und $y$-Richtung über das FOV bewegt. Somit wurden 1800 Positionen vermessen.

Die dritte Systemmatrix wurde mit einer 1 x 1 x 1 mm$^3$ großen mit 1 µl Resovist® befüllten Partikelprobe vermessen. Diese Probe wurde jeweils in 1 mm Schritten über das komplette 30 x 30 mm$^2$ große FOV verschoben, was insgesamt 900 Messpunkten entspricht.

Zusätzlich wurde beispielhaft die Energie des Absolutbetrages der Frequenzkomponenten von der 93. bis zur 96. Frequenzkomponente über alle 225 Positionen im 30 x 30 mm$^2$ großen FOV aufgetragen (Abb. 5.2).

Bei allen im zweidimensionalen FOV gemessenen Systemmatrizen wurde nach Abzug der ersten 10 Perioden 500 Perioden gemittelt. Dadurch können eventuell auftretende Signalveränderungen, die durch das Einschwingen entstehen, eliminiert werden. Um diese Anzahl an Mittelungen und die Anzahl der Perioden, die zu Anfang zwar aufgenommen wurden, aber im Anschluss nicht verwendet werden, zu ermitteln, wurden einzelne Messungen mit unterschiedlichen Parametereinstellungen durchgeführt und die Ergebnisse untereinander verglichen.

Für die dreidimensionale Bildgebung wurde eine Systemmatrix in einem 16 x 30 x 30 $mm^3$ großen Bereich des FOVs vermessen, der einen Abstand von 1 mm zu den Empfangsspulen hat. Dazu wurde die 2 x 2 x 2 $mm^3$ große Partikelprobe, die mit 8 µl Resovist® befüllt wurde, in 2 mm Schritten über das FOV bewegt und an den jeweiligen Positionen vermessen.
Da sich bei einer dreidimensionalen Systemmatrix sowohl die Messzeit für eine Periode, als auch die Datenmenge und somit die Nachverarbeitung und Abspeicherung der Daten enorm vergrößert, wurde das System softwareseitig angepasst. Zum einen wurde über Testmessungen die Wartezeit, die zwischen dem Ein- und Ausschalten des Positionierungsroboters nötig ist, um Störungen durch die Robotermotoren zu eliminieren, von 600 ms auf 100 ms minimiert. Des Weiteren wurde das Setzen des Wechselstroms optimiert, indem man auf die Verwendung eines PI-Reglers verzichtet hat und stattdessen das Signal in mehreren Schritten, die nicht größer als 0,1 V sind, dem Sollwert annähert. Ein weiterer Vorteil dieser Methode liegt darin, dass unerwünschte Signalspitzen, die durch das Einschalten der Verstärker entstehen können, vermieden werden können. Zusätzlich wird das Nachregeln bei der Systemmatrixmessung immer nur dann durchgeführt, wenn bei der Kontrolle des eingestellten Stroms der Wert stärker als 0,05 V vom vorherigen Wert abweicht. Trotz dieser Optimierungen ist es auf Grund des Direktzugriffsspeichers (Random-Acess Memory (RAM)) des Computers, der nicht die notwendige Rechenkapazität zurverfügungstellt, nicht möglich 500 Mittelungen zu berechnen. Deshalb wurde die Mittelungsanzahl um die Hälfte, auf 250 Mittelungen reduziert. Die Anzahl der am Anfang zu verwerfenden Perioden bleibt bei 10. Um das Abspeichern der Daten zu beschleunigen, wurde für jede Ebene in $z$-Richtung eine neue Datei verwendet. Trotz der Optimierungen und der Beschränkung in Bezug auf die abgespeicherten Daten dauert die Systemmatrixmessung des 16 x 30 x 30 $mm^3$ großen FOVs etwa neun Stunden und die Dateigröße jeder Ebene in $z$-Richtung beträgt 512 MB.

#### 5.1.2.2 Phantommessungen

Zur Validierung des Scanners wurden verschiedene Phantome vermessen, die entweder wie bei einer Systemmatrixmessung mit Hilfe des Roboters im FOV oder einfach per Hand auf dem Scanner platziert wurden.
Zunächst wurde ein einfaches aus zwei Punkten bestehendes Phantom mit einer ausschließlichen Anregung in $x$-Richtung vermessen. Die I/O-Karten, die in diesem Fall zum Senden und Empfangen der Daten benutzt wurden, sind von Sundance Multiprocessor Technology Ltd. Dabei handelt es sich nicht um jene, welche in Kapitel 4.1.2 beschriebenen wurden, sondern um solche, die auch für die Messungen am luftgekühlten asymmetrischen Scanner [7] und für den Betrieb des am Instituts für Medizintechnik, Universität zu Lübeck, entwickelten MPS [28] verwendet wurden und werden. Für die erst Validierung des Scanners wurde auf die bekannten

I/O-Karten zurückgegriffen, da diese bereits existierten und somit eine Vergleichbarkeit zwischen den Aufbauten gewährleistet werden kann.
Im Anschluss wurden neue I/O-Karten (Kap. 4.1.2) für die zwei- und dreidimensionale Bildgebung verwendet und ein zwei-/dreidimensionaler Datensatz vermessen. Die einzelnen 2 x 2 x 2 $mm^3$ großen Partikelproben wurden mit Abständen von 10 mm, 6 mm und 0 mm zur Oberfläche der Empfangsspule positioniert. Für jeden dieser Abstände wurde die Probe in Bezug auf die $y$-Achse des Scanners einmal mittig und dann jeweils am rechten und linken Rand des FOVs platziert.
Weitere Phantommessungen wurden durchgeführt, indem einzelne Phantome per Hand auf dem Scanner platziert und vermessen wurden. Die Phantome bestehen aus unterschiedlich angeordneten, zylinderförmigen Partikelproben, die einen Durchmesser von 2 mm und eine Länge von etwa 3,5 mm haben und mit 11 µl unverdünntem Resovist® befüllt sind. Zeichnungen, die die rekonstruierten Phantome zeigen, sind in Kapitel 5.2.2.2 jeweils oberhalb des Rekonstruktionsergebnisses abgebildet.
Für die ersten Validierungsmessungen in Bezug auf die dreidimensionale Bildgebung im FOV wurde zunächst eine zylinderförmige Punktprobe vermessen, die einen Durchmesser von 2 mm hat und bis zu einer Länge von etwa 3,5 mm mit Resovist® befüllt wurde - also etwa 11 µl Resovist® beinhaltet. Dazu wurde die Probe, wie in Abbildung 5.2 zu sehen ist, an unterschiedlichen Stellen im dreidimensionalen FOV positioniert und anschließend rekonstruiert.

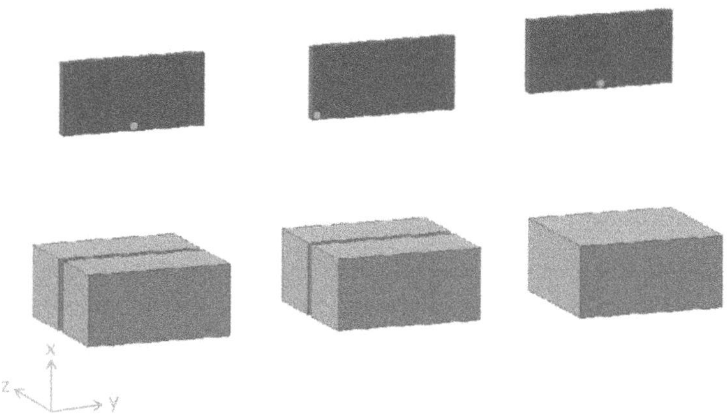


Abb. 5.2: Schematische Darstellung der drei für jede Messung unterschiedlichen Positionen des Punktphantoms in dem dreidimensionalen FOV, die roten Punkte zeigen die Stellen, an denen sich das Tracermaterial befindet.

Bei den drei Messungen der Phantome aus Abbildung 5.2 befand sich die Partikelprobe mit einem Abstand von etwa 1 mm zu den Empfangsspulen. Dieser Abstand entspricht in etwa dem, der bei der Systemmatrixmessung zwischen Empfangsspule und Probe eingehalten wurde. Bei der ersten Messung befindet sich die Partikelprobe in Bezug auf die $y$- und $z$-Achse in der Mitte des Scanners, bei der zweiten Messung wurde die Probe in $y$-Richtung an den äußeren Rand des FOVs verschoben und bei der dritten Messung wurde die Probe in $z$-Richtung an den Rand des FOVs verschoben, befand sich aber in Bezug auf die $y$-Richtung wieder mittig.
Im Anschluss wurde ein dreidimensionales Phantom (Abb. 5.3) im FOV positioniert, vermessen und rekonstruiert. Die roten Punkte in der Abbildung stellen die mit etwa 6,2 µl Resovist® befüllten Zylinder dar.

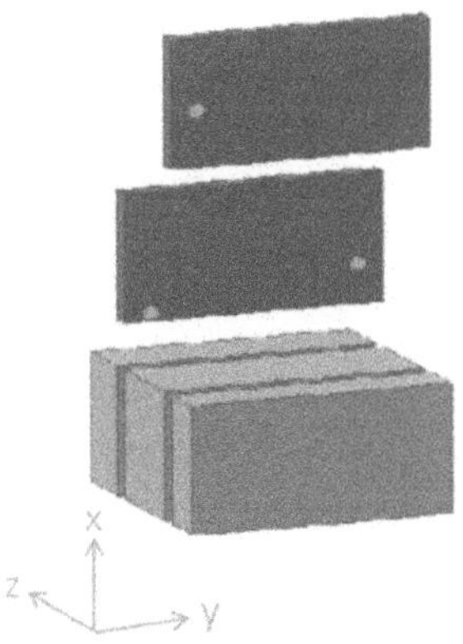


Abb. 5.3: Schematische Darstellung des 3D-Phantoms, die roten Punkte zeigen die Stellen, an denen sich das Tracermaterial befindet.

### 5.1.3 Modellbasierte Rekonstruktion im Zeitbereich

Die Rekonstruktion im Zeitbereich wird auch x-Space[1] genannt und ermöglicht die Rekonstruktion einer MPI-Messung, ohne dass eine Systemmatrix dafür benötigt wird. Allerdings werden grundsätzlich drei Annahmen getroffen [31]. Man setzt voraus, dass die Position des FFPs zu jedem Zeitpunkt bekannt und genau definiert ist, somit geht man von einem einzigen FFP aus [118]. Des Weiteren wird häufig der adiabatische Ansatz in Bezug auf die SPIONs und ihre Relaxation getroffen. Erst 2012 wurde von Croft et al. [93] der nicht-adiabatische Ansatz mit der x-Space-Rekonstruktion verknüpft. Die dritte Annahme besteht darin, dass der Verlust der

[1] aufgrund der anschließenden Übertragung vom Zeitbereich in den Ortsbereich

niedrigen Frequenzen und der Anregungsfrequenz, der durch den Empfangsfilter verursacht wird, ausgeglichen werden kann.
Der ausgleiche der niedrigen Frequenzen ist notwendig, denn die Signale in diesem Frequenzbereich beinhalten neben der Information über die Anregung auch Informationen über die Partikel und durch die Filterung verliert man diese Informationen. Um die durch die Filterung verlorenen Informationen zurückzugewinnen kann man den Versatz des Gleichspannungsanteils (DC-Offset) berechnen. Da die Grundfrequenz einen Einfluss auf alle Harmonischen des Signals hat, kann man den Verlust der ersten Harmonischen ausgleichen, indem man das MPI-Signal mit dem Wert des DC-Offsets addiert [118, 119].
Die Magnetisierungsänderung in Abhängigkeit der Zeit $s(t)$ lässt sich durch

$$s(t) = \frac{dM}{dt} = mB_1 p(x) * h(x)|x = x_s(t) \frac{G}{H_{sat}\dot{x}_s(t)} \tag{5.13}$$

bestimmen. Hierbei gibt $m$ das magnetische Moment der Nanopartikel, $B_1$ die Empfindlichkeit der Empfangsspule, $p(x)$ die Verteilung der Nanopartikel, $h(x)$ die Punktspreizfunktion (PSF), $x_s(t)$ die Position des FFPs, $G$ die Gradientenstärke, $H_{sat}$ die Sättigungsmagnetisierung und $\dot{x}_s(t)$ die Geschwindigkeit des FFPs an. Die PSF lässt sich aus der Ableitung der Langevin-Funktion bestimmen, also

$$h(x) = \dot{L}\left(\frac{Gx}{H_{sat}}\right). \tag{5.14}$$

Bei der modellbasierten Rekonstruktion im Zeitbereich handelt es sich um eine Faltung der SPION-Dichte $p(x)$ mit der PSF $h(x)$. Das eigentliche MPI-Bild $\hat{p}(x(t))$ wird durch die Verknüpfung von Gleichung 5.13 und 5.14 mit

$$\hat{p}(x(t)) = \frac{H_{sat}}{mB_1 G} \frac{s(t)}{\dot{x}_s(t)} = p(x) * h(x) \tag{5.15}$$

berechnet [31, 118]. Im Anschluss kann das MPI-Bild noch unter Anwendung eines Wiener-Filters entfaltet werden. Die Entfaltung dient dazu die Unschärfe eines Bildes mathematisch zu beschreiben und zu eliminieren. Dazu wird die PSF des Systems, die für die Unschärfe im Bild verantwortlich ist, in die Erstellung des Entfaltungsfilters mit einbezogen [22].
In dem vorliegenden Fall wurden für die eindimensionale, modellbasierte Rekonstruktion im Zeitbereich die von den inneren und äußeren kreisförmigen Sendespulen erzeugten Magnetfelder separat voneinander mit Hilfe von *ScannerConf* simuliert, allerdings wurde bei der Simulation ausschließlich der Gleichstrom auf die Spulen gelegt. Die somit berechneten magnetischen Flussdichten (B-Felder) werden verwendet, um mit

$$B = B_{\mathrm{DC_a}} + B_{\mathrm{DC_i}} + \frac{B_{\mathrm{DC_i}}}{A_{\mathrm{DC_i}} A_{\mathrm{AC_i}} cos(2\pi \cdot f \cdot t + \varphi)} \tag{5.16}$$

das B-Feld in die jeweilige Raumrichtung zu berechnen. Für jede Raumrichtung wird separat das entstehende B-Feld berechnet und anschließend der Betrag der B-Felder bestimmt. $B_{\mathrm{DC_a}}$ gibt das durch einen Gleichstrom generierte B-Feld der äußeren Spule für die entsprechende Raumrichtung an, $B_{\mathrm{DC_i}}$ das durch einen Gleichstrom generierte B-Feld der inneren Spule für die entsprechende Raumrichtung, $A_{\mathrm{DC_i}}$ die Amplitude des Gleichstroms der inneren Spule, $A_{\mathrm{AC_i}}$ die Amplitude des Wechselstroms der inneren Spule, $2\pi \cdot f \cdot t + \varphi$ den Phasenwinkel mit $f$ der Frequenz, $t$ der Zeit und $\varphi$ der Phasenlage.
Um den FFP zu lokalisieren, wird das Minimum des Betrages der magnetischen Flussdichte bestimmt. Somit kann die Position des FFPs in Abhängigkeit der Zeit $x_s(t)$ ermittelt werden. Die Geschwindigkeit des FFPs $\dot{x}_s(t)$ zu jedem Zeitpunkt wird durch Ableiten von $x_s(t)$ errechnet. Somit kann das Partikelsignal mit Hilfe der FFP-Geschwindigkeit korrigiert werden.
Bei einer eindimensionalen Anregung in $x$-Richtung bewegt sich der FFP auf der Symmetrieachse des Scanners. Der Startpunkt dieser Bewegung ist abhängig von der Amplitude der sinusförmigen Anregung in dem Moment, in dem das Signal auf die Sendespule gelegt wird. Würde die Messung genau beim Nulldurchgang der Sinusschwingung starten, läge die Startposition des FFPs an dem Punkt, an dem das Selektionsfeld den FFP erzeugt. Bei dem hier vorgestellten Scanner entspricht das einem Abstand zur Scanneroberfläche von etwa 1,4 cm (Kap. 4).
Die zur modellbasierten Rekonstruktion im Zeitbereich notwendigen Verarbeitungsschritte wurden sowohl für simulierte (Abb. 5.45) eindimensionale als auch für gemessene (Abb. 5.46) eindimensionale Daten durchgeführt. Zusätzlich müssen die gemessenen Signale mit der Übertragungsfunktion des Empfangskanals (Abb. 4.7) korrigiert werden, um sie mit den Simulationen vergleichen zu können.
Die simulierten Daten wurden softwareseitig gefiltert, indem die erste Harmonische in dem Frequenzspektrum gleich Null gesetzt wird, da diese die Anregungsfrequenz enthält. Anschließend wird das Signal durch die inverse FFT in das Zeitsignal zurück transformiert.
Bei den Messungen wurden die ersten 250 Perioden gelöscht und anschließend die Signale 200 mal gemittelt. Für die Aufnahme der gemessenen Daten wurden als Tracermaterial sowohl Resovist® als auch die am Institut für Medizintechnik der Universität zu Lübeck synthetisierte Dextran-ummantelten superparamagnetischen Nanopartikel (UL-D) [40] verwendet.
Die benötigte FFP-Geschwindigkeit an den jeweiligen FFP-Positionen (Abb. 5.44) wurde in beiden Fällen mit Hilfe von simulierten Feldern berechnet, da diese unabhängig von der Partikelprobe ist. Die FFP-Geschwindigkeit in Abhängigkeit der FFP-Position im FOV ist für die anschließende Darstellung im Ortsbereich wichtig.

## 5.2 Ergebnisse

In diesem Unterkapitel werden die Ergebnisse, die mit den zuvor vorgestellten Methoden erreicht wurden, vorgestellt und beschrieben.

### 5.2.1 Signal-Rausch-Verhältnis

In den Abbildungen 5.4 und 5.5 ist der Verlauf des mit Hilfe von Gleichung 5.3 berechneten SNRs des $x$- und $y$-Kanals über alle 225 Messpositionen im 30 x 30 mm$^2$ großen FOV über die ersten 900 Frequenzkomponenten aufgetragen.
Es sind deutliche Amplitudenunterschiede in Abhängigkeit der Probenposition im FOV zu erkennen und in etwa ab der 600. Frequenzkomponente haben alle Komponenten ein ähnliches SNR. In diesem Bereich dominiert das Rauschen.

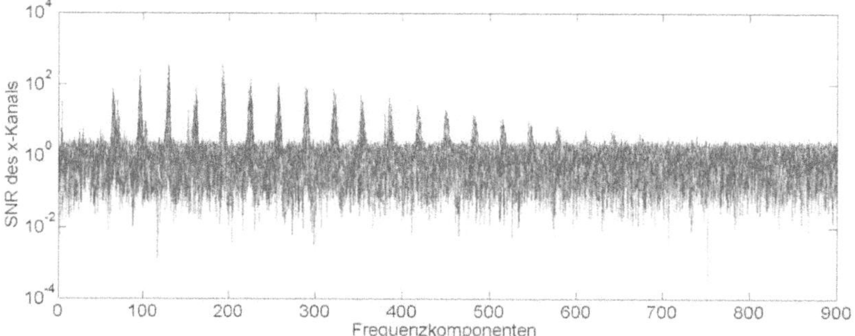


Abb. 5.4: Das SNR des $x$-Kanals an allen 225 Positionen, die bei der Aufnahme der Systemmatrix mit einer 2 x 2 x 2 mm$^3$ großen Probe in einem 30 x 30 mm$^2$ großen FOV vermessen wurden. Dargestellt sind die ersten 900 Frequenzkomponenten.

In den Abbildungen 5.6 und 5.7 wird der Verlauf des SNRs an zwei Positionen im FOV gezeigt. Die eine Position liegt in der oberen rechten Ecke des FOVs (blau), und die andere Position hat einen minimalen Abstand zur Oberfläche des Scanners und liegt mittig in Bezug auf die $y$- und $z$-Achse des Scanners (grün).
Ausschließlich von der Partikelprobe, die nah am Scanner positioniert ist, sind deutliche etwas breitere Amplitudenanstiege für einige der ersten 500 Frequenzkomponenten für den $x$-Kanal und einige der ersten 600 Frequenzkomponenten für den $y$-Kanal zu erkennen. Bei diesen Frequnzkomponenten handel es sich um die Harmonischen der Anregungssignale.

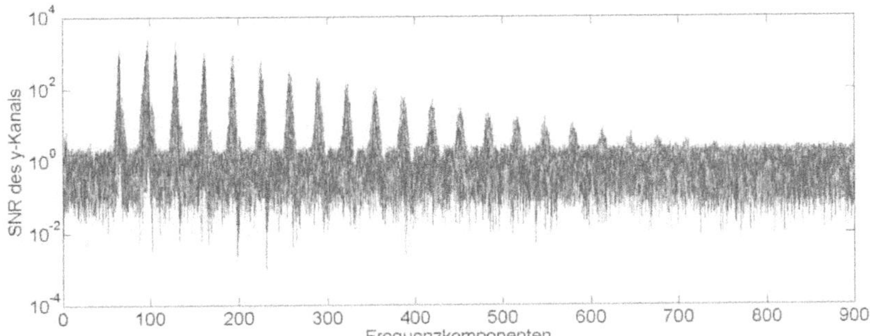


Abb. 5.5: Das SNR des $y$-Kanals an allen 225 Positionen, die bei der Aufnahme der Systemmatrix mit einer 2 x 2 x 2 mm$^3$ großen Probe in einem 30 x 30 mm$^2$ großen FOV vermessen wurden. Dargestellt sind die ersten 900 Frequenzkomponenten.

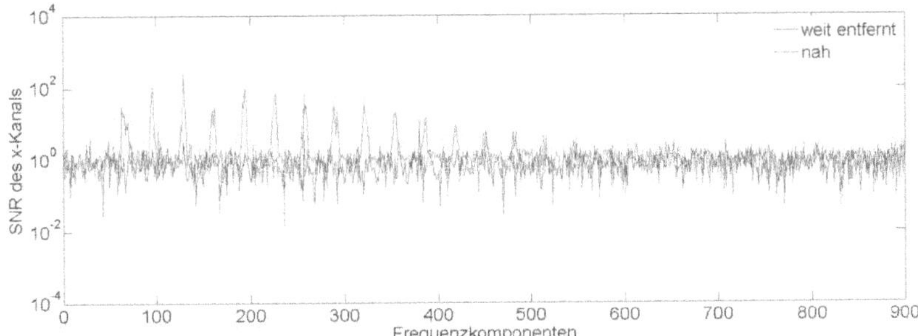


Abb. 5.6: Der SNR-Verlauf der ersten 900 Frequenzkomponenten des $x$-Kanals an zwei unterschiedlichen Positionen im FOV

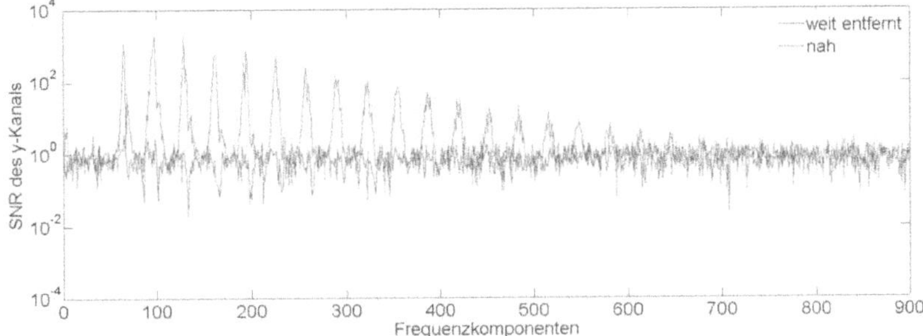


Abb. 5.7: Der SNR-Verlauf der ersten 900 Frequenzkomponenten des $y$-Kanals an zwei unterschiedlichen Positionen im FOV

Die Abbildungen 5.8 und 5.9 zeigen den SNR-Verlauf in $x$- und $y$-Richtung über die ersten 900 Frequenzkomponenten der einzelnen Positionen einer Systemmatrix, bei deren Messung eine 1 x 1 x 1 mm$^3$ große Probe in einem 30 x 30 mm$^2$ großen FOV in 1 mm Schritten verschoben wurde.
Man sieht, dass die SNR-Amplituden im Vergleich zu denen in den vorherigen Abbildungen deutlich geringer sind. Es bilden sich wesentlich schmalere Signalanstiege aus.

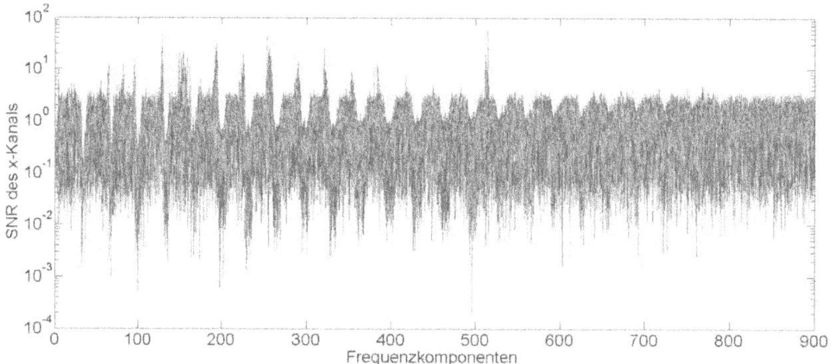


Abb. 5.8: Das SNR des $x$-Kanals an allen 900 Positionen, die bei der Aufnahme der Systemmatrix mit einer 1 x 1 x 1 mm$^3$ großen Probe in einem 30 x 30 mm$^2$ großen FOV vermessen wurden. Dargestellt sind die ersten 900 Frequenzkomponenten.

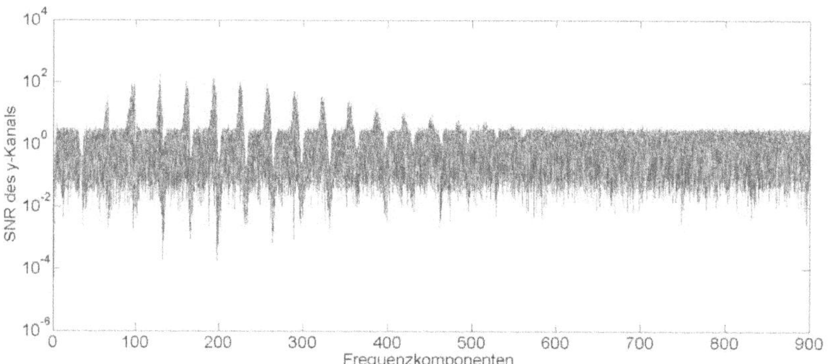


Abb. 5.9: Das SNR des $y$-Kanals an allen 900 Positionen, die bei der Aufnahme der Systemmatrix mit einer 1 x 1 x 1 mm$^3$ großen Probe in einem 30 x 30 mm$^2$ großen FOV vermessen wurden. Dargestellt sind die ersten 900 Frequenzkomponenten.

Die Abbildungen 5.10 und 5.11 zeigen den SNR-Verlauf in $x$- und $y$-Richtung über alle Frequenzkomponenten eines Punktes einer Systemmatrixmessung. Der verwendete Punkt liegt in Bezug auf die $y$- und $z$-Achse mittig auf dem Scanner und in Bezug auf die $x$-Achse wurde ein minimaler Abstand zwischen Probenposition und Empfangsspule gewählt. Die rote Linie zeigt die Höhe des Grenzwertes, der für die Auswahl zur Rekonstruktion verwendeter Frequenzkomponenten (Kap. 5.1.2) festgelegt wurde.
Deutlich zu sehen ist, dass nur im niedrigen Frequenzbereich Signale mit einer SNR-Amplitude liegen, bei denen das Rauschen nicht dominant ist.

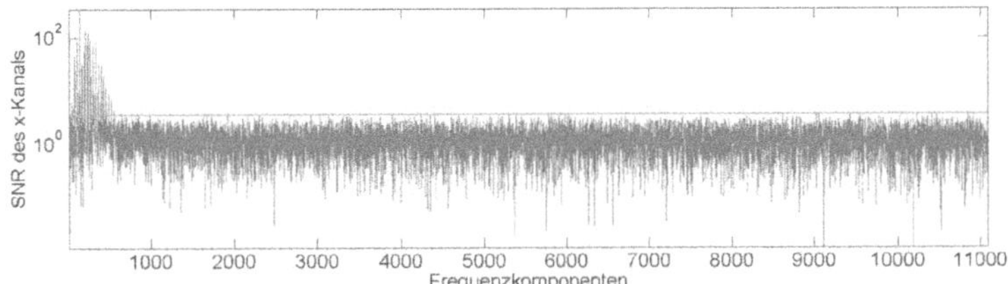


Abb. 5.10: Das SNR des $x$-Kanals einer Systemmatrixposition, die sich in $y$- und $z$-Richtung mittig auf dem Scanner und in $x$-Richtung mit minimalem Abstand zu den Empfangsspulen befindet. Die rote Linie gibt den zur Auswahl von Frequenzkomponenten definierten Grenzwert an.

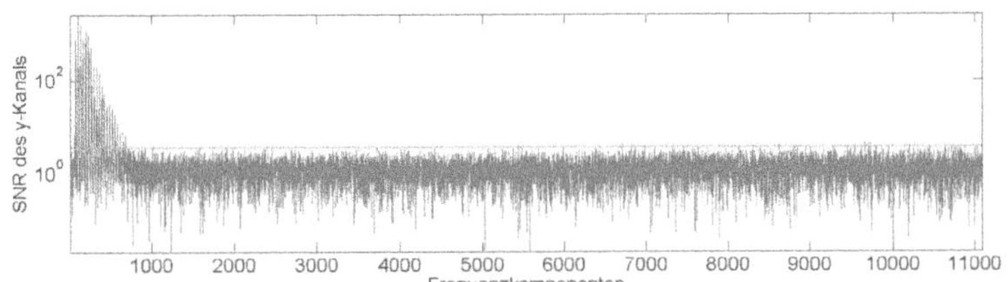


Abb. 5.11: Das SNR des $y$-Kanals einer Systemmatrixposition, die sich in $y$- und $z$-Richtung mittig auf dem Scanner und in $x$-Richtung mit minimalem Abstand zu den Empfangsspulen befindet. Die rote Linie gibt den zur Auswahl von Frequenzkomponenten definierten Grenzwert an.

Abbildung 5.12 bis 5.14 zeigen den Verlauf des SNRs der einzelnen Empfangskanäle in Abhängigkeit der Frequenzkomponenten bei einer dreidimensionalen Anregung. Das SNR wurde, wie in Kapitel 5.1.1 beschrieben, berechnet. Die 2 x 2 x 2 $mm^3$ große Partikelprobe wurde in Bezug auf die $y$-Achse mittig auf dem Scanner positioniert.

Der Abstand zwischen der Oberfläche der Empfangsspulen und der Partikelprobe wurde minimal gehalten und beträgt etwa 1 mm; in Bezug auf die $z$-Achse wurden von 15 vermessenen Ebenen die erste (Abb. 5.12), die achte (Abb. 5.13) und die fünfzehnte Ebene (Abb. 5.14) dargestellt. Somit wurden die beiden Ränder des FOVs in $z$-Richtung und eine in der Mitte liegende Ebene berücksichtigt. Die rote Linie zeigt den Wert an, anhand dessen die Frequenzkomponenten ausgewählt wurden, die zur Rekonstruktion verwendet werden.
Es ist deutlich zu erkennen, dass der SNR-Verlauf in $y$- und $z$-Richtung ähnlich ist, was an der Spulengeometrie liegt. Wie auch bei der zweidimensionalen Anregung weisen weniger Frequenzkomponenten in $x$-Richtung ein SNR oberhalb des Grenzwertes auf als in $y$- und $z$-Richtung. Die meisten Frequenzkomponenten, die mit ihren SNR-Amplituden den Schwellwert überschreiten, liegen in der mittleren FOV-Ebene (Abb. 5.13).

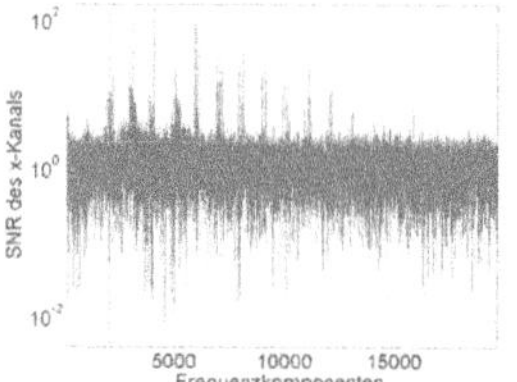

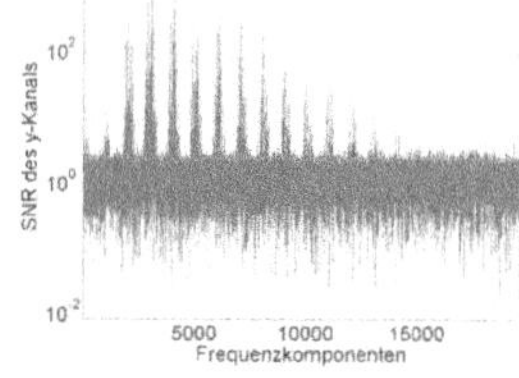

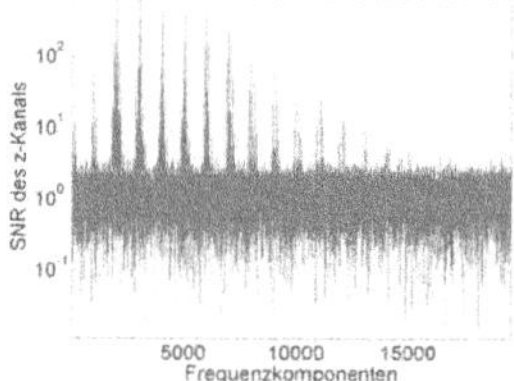


Abb. 5.12: Von links nach rechts ist das SNR des $x$-, $y$- und $z$-Kanals der ersten $z$-Ebene über die jeweiligen Frequenzkomponenten aufgetragen. Die rote Linie gibt den SNR-Grenzwert an. Alle Frequenzkomponenten deren SNR-Wert oberhalb dieses Grenzwertes liegen werden zur Rekonstruktion verwendet.

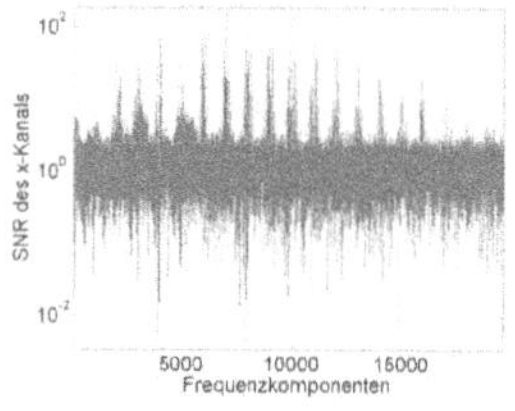

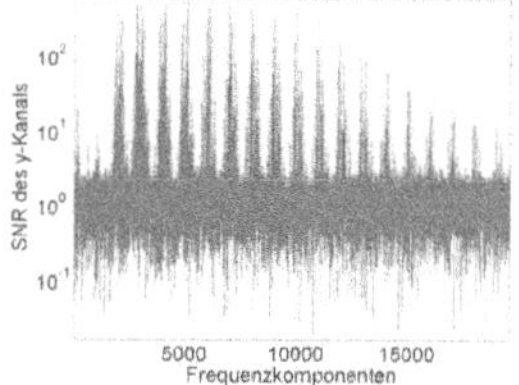

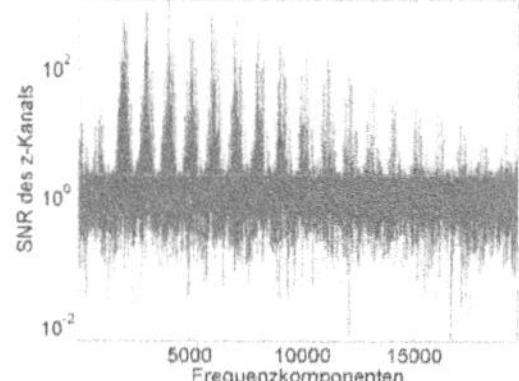


Abb. 5.13: Von links nach rechts ist das SNR des $x$-, $y$- und $z$-Kanals der achten $z$-Ebene über die jeweiligen Frequenzkomponenten aufgetragen. Die rote Linie gibt den SNR-Grenzwert an. Alle Frequenzkomponenten deren SNR-Wert oberhalb dieses Grenzwertes liegen werden zur Rekonstruktion verwendet.

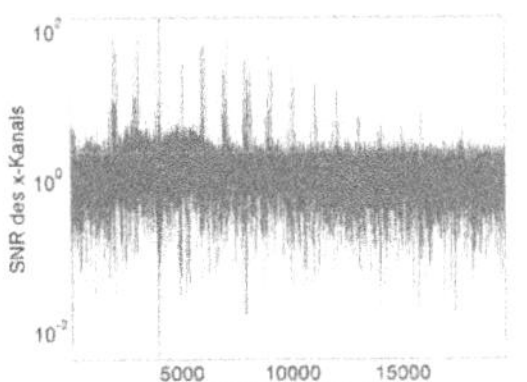


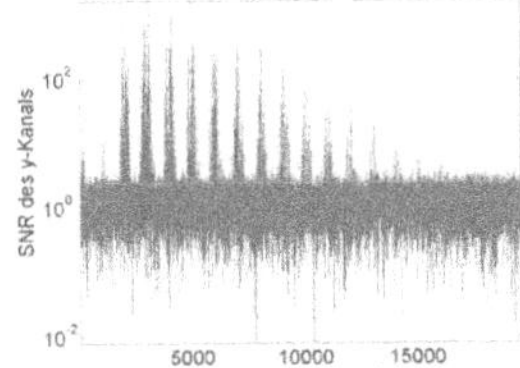


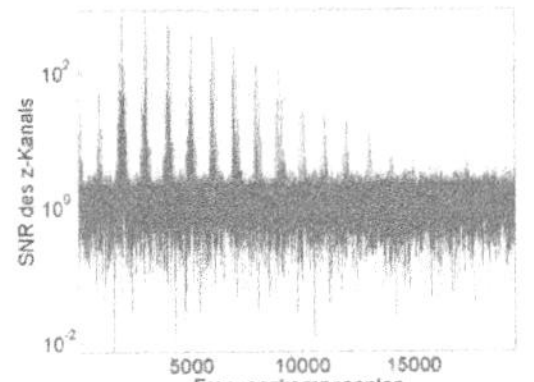


Abb. 5.14: Von links nach rechts ist das SNR des $x$-, $y$- und $z$-Kanals der fünfzehnten $z$-Ebene über die jeweiligen Frequenzkomponenten aufgetragen. Die rote Linie gibt den SNR-Grenzwert an. Alle Frequenzkomponenten deren SNR-Wert oberhalb dieses Grenzwertes liegen werden zur Rekonstruktion verwendet.

### 5.2.2 Kalibrationsbasierte Rekonstruktion im Frequenzbereich

Abbildung 5.15 zeigt den Picard-Graphen, der in den Abbildungen 5.16 und 5.17 dargestellten Systemmatrixmessung und der Phantommessung des Phantoms in Abbildung 5.36 rechts oben. In Abbildung 5.15 sind die nach Größe sortierten Singulärwerte $\sigma$ des Gleichungssystems (Gl. 5.7) (grün) und das Ergebnis des Skalarproduktes $< U_{\cdot,i}, \hat{u} >$ (blau) aufgetragen. Auf der Abzisse ist die Anzahl der Projektionen aufgetragen, die der Anzahl der Positionen entspricht, an dem die Partikelprobe zur Systemmatrix-Aufnahme vermessen wurde. Die beiden Verläufe wurden auf eins normalisiert.

Ab i=75 wird der Verlauf von $|U_{\cdot,i}, \hat{u}|$ flacher, allerdings ist der Abfall weiterhin linear und es wird kein stationärer Wert erreicht. Somit könnte zwischen i=75 und i=100 die Grenze zur Unterscheidung von großen und kleinen Singulärwerten gezogen werden.

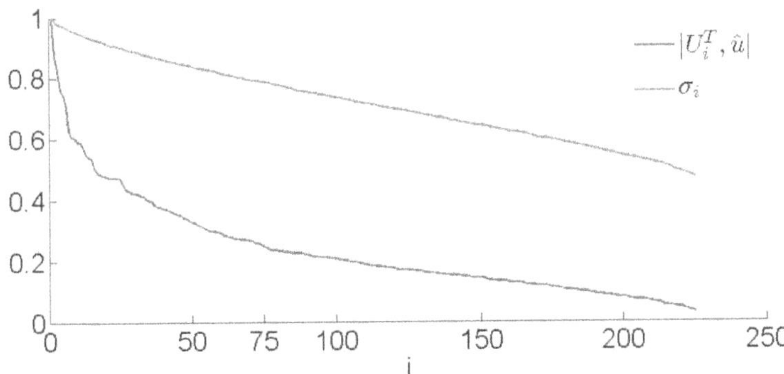


Abb. 5.15: Picard-Graph der nicht überlappenden Systemmatrix und der Phantommessung aus Abbildung 5.36, rechts oben

#### 5.2.2.1 Systemmatrizen

Die ersten 99 Frequenzkomponenten der normalisierten Systemmatrix eines 30 x 30 $mm^2$ großen FOVs in $x$- und $y$-Richtung sind in den Abbildungen 5.16 und 5.17 zu sehen. Diese Systemmatrix wurde ohne sich überlappende Proben aufgenommen. In den Abbildungen 5.18 und 5.19 sind die ersten 99 normalisierten Frequenzkomponenten einer Systemmatrix eines 15 x 30 $mm^2$ großen FOVs abgebildet, bei deren Aufnahme sich die Partikelproben gegenseitig überlappen.
Die Abbildungen zeigen deutlich den Unterschied zwischen den Frequenzkomponenten mit einem geringen SNR (die ersten sechs Reihen der Abbildungen) und den Frequenzkomponenten mit einem hohen SNR, die einen ähnlichen Verlauf wie in Abbildung 5.20 aufweisen.

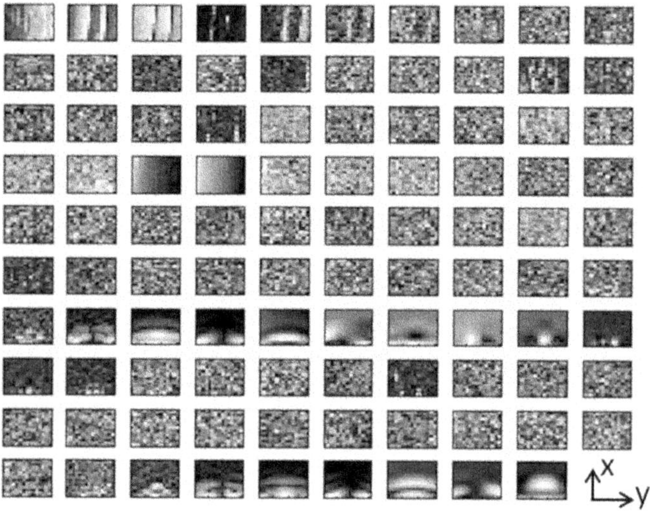


Abb. 5.16: Die ersten 99 auf eins normalisierten Frequenzkomponenten einer Systemmatrix in $x$-Richtung eines 30 x 30 $mm^2$ großen FOVs, bei der sich die Positionen der Partikelproben nicht überlappen.

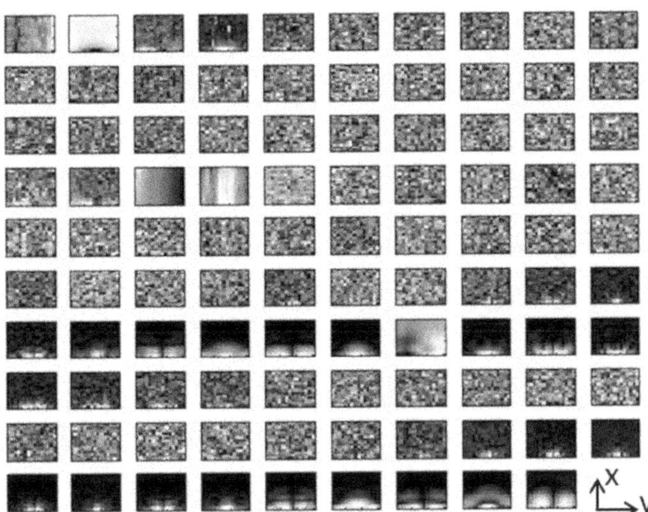


Abb. 5.17: Die ersten 99 auf eins normalisierten Frequenzkomponenten einer Systemmatrix in $y$-Richtung eines 30 x 30 $mm^2$ großen FOVs, bei der sich die Positionen der Partikelproben nicht überlappen.

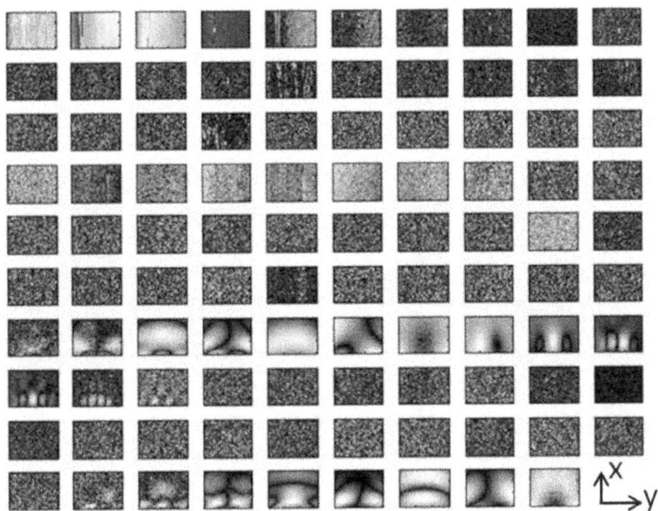


Abb. 5.18: Die ersten 99 auf eins normalisierten Frequenzkomponenten einer Systemmatrix in $x$-Richtung eines 15 x 30 $mm^2$ großen FOVs, bei der sich die Positionen der Partikelproben überlappen.

Abb. 5.19: Die ersten 99 auf eins normalisierten Frequenzkomponenten einer Systemmatrix in $y$-Richtung eines 15 x 30 mm$^2$ großen FOVs, bei der sich die Positionen der Partikelproben überlappen.

Um die Systemmatrizen, die auf unterschiedliche Weise vermessen wurden, vergleichen zu können, wurde in den Abbildungen 5.20 und 5.21 jeweils die 96. Frequenzkomponente separat dargestellt [45].

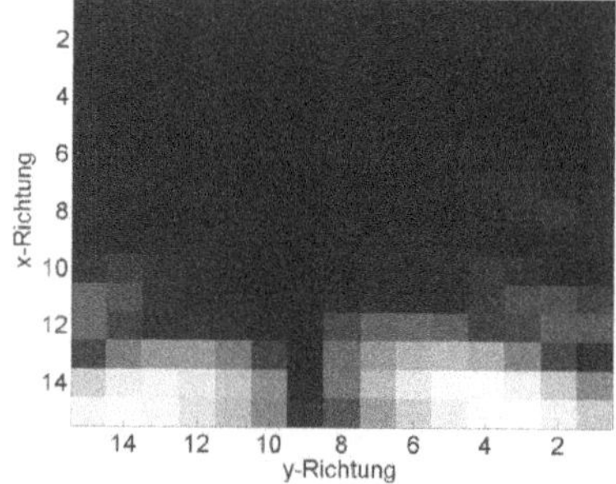


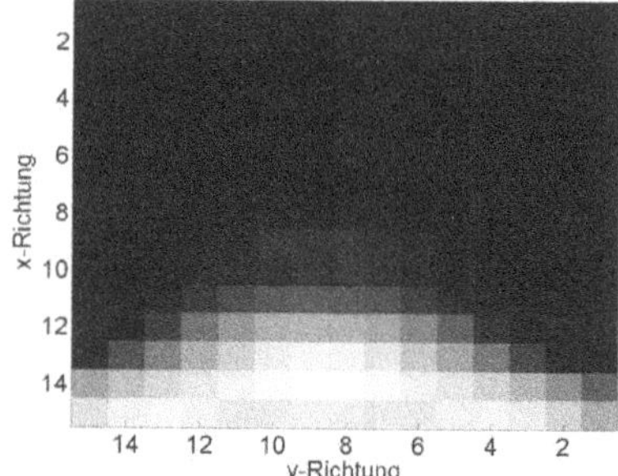


Abb. 5.20: Die auf eins normalisierte 96. Frequenzkomponente eines 30 x 30 mm$^2$ großen FOVs einer Systemmatrix ohne überlappende Messpositionen für den $x$-Kanal (links) und für den $y$-Kanal (rechts)

Bei dem Vergleich der Bilder ist unbedingt auf die unterschiedliche Größe des FOVs der beiden Systemmatrixmessungen zu achten.

Beide Abbildungen zeigen die gleiche Struktur. Die Struktur des $x$-Kanals weist zwei räumlich voneinander getrennte Maxima auf. Die Struktur des $y$-Kanals gleicht einem glockenförmigen Verlauf. Die hellen Flächen liegen in Bezug auf das 30 x 30 mm$^2$ große FOV im unteren Drittel.

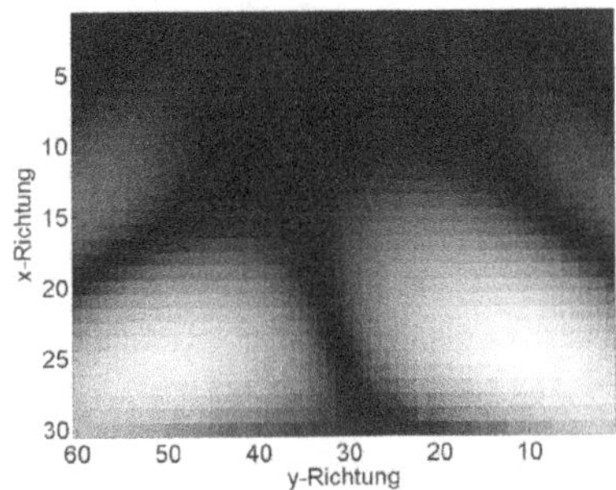


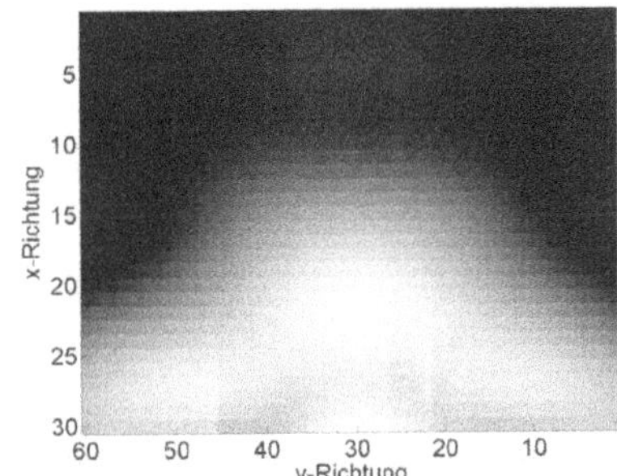


Abb. 5.21: Die normalisierte 96. Frequenzkomponente eines 15 x 30 mm$^2$ großen FOVs einer Systemmatrix mit überlappenden Messpositionen für den $x$-Kanal (links) und für den $y$-Kanal (rechts)

Abbildung 5.22 zeigt die auf eins normalisierte Energie von vier Frequenzkomponenten über jeweils 225 Positionen im 30 x 30 mm$^2$ großen FOV. An jedem 15. Messpunkt befindet sich die 2 x 2 x 2 mm$^3$ große Probe 1 mm von der Scanneroberfläche entfernt. An dieser Position haben die Frequenzkomponenten ihre maximalen Energiewerte. Bei der darauffolgenden Messung wird die Probe in $x$- und $y$-Richtung verschoben und befindet sich am folgenden Punkt in einem maximalen Abstand von 31 mm zur Scanneroberfläche. In Abbildung 5.22 lässt sich ablesen, dass je näher sich die Probe am Scanner befindet und je geringer der Abstand zwischen der Probe und der Symmetrieachse des Scanners ist desto größer wird die Energie der einzelnen Frequenzkomponente.
Abbildung 5.23 zeigt die 96. Frequenzkomponente einer Systemmatrix, die mit einer 1 x 1 x 1 mm$^3$ Partikelprobe in einem 30 x 30 mm$^2$ großen FOVs ohne überlappende Probenpositionen vermessen wurde.

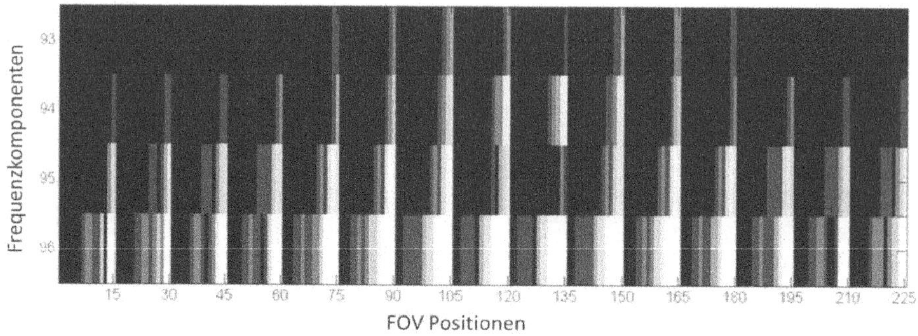


Abb. 5.22: Die Energie der 93. bis 97. Frequenzkomponenten in $x$-Richtung

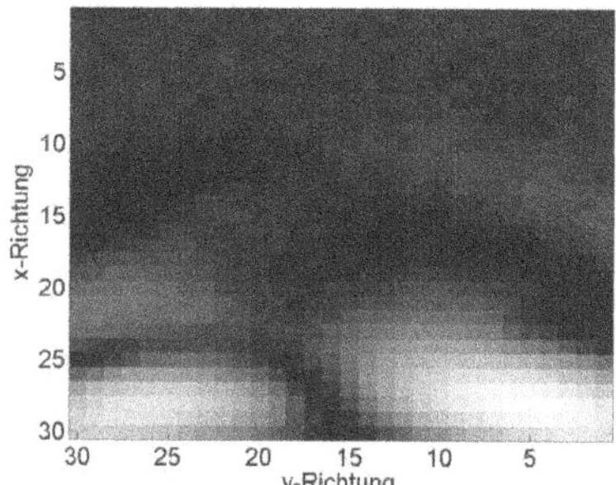


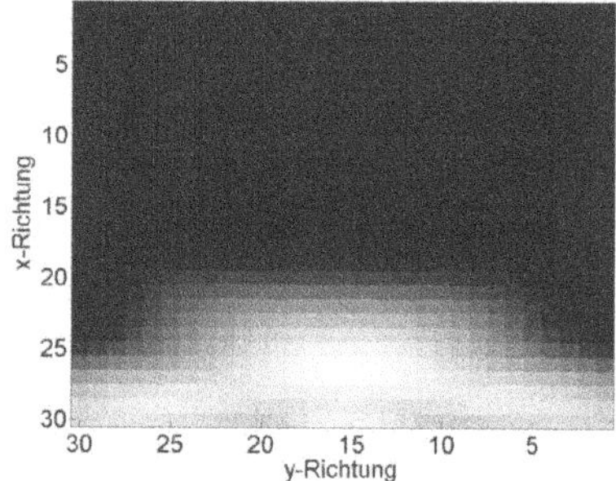


Abb. 5.23: Die normalisierte 96. Frequenzkomponente eines 30 x 30 $mm^2$ großen FOV einer Systemmatrix mit einer 1 x 1 x 1 $mm^3$ großen Probe für den $x$-Kanal (links) und für den $y$-Kanal (rechts)

Die Verläufe für den $x$- und $y$-Kanal gleichen denen aus Abbildung 5.20 und 5.21, sind aber, wie zu erwarten, feiner strukturiert.

In den Abbildung 5.25 bis 5.33 sind einzelne, visuell ausgewählte gute Frequenzkomponenten der 3D-Systemmatrix abgebildet. Für jede Frequenzkomponente wurde der jeweilige Maximalwert auf den Wert eins normalisiert. Für jeden Empfangskanal und jede betrachtete Ebene wurden die 1963., die 3967., die 4959., die 5951., die 6943., die 7935., die 8927., die 9919., die 10911., die 11903., die 12895., die 13887., die 14879., die 15871. und die 16863. Frequenzkomponente abgebildet. Helle Pixel geben die Bereiche mit hohen Energien an, wobei dunkle Bereiche auf eine geringe Energie hinweisen.

Alle dargestellten Frequenzkomponenten zeigen symmetrische Verläufe, die für die $yz$-Ebene kreisförmige Strukturen im kompletten Bereich aufweisen. In der $xy$- und $xz$-Ebene sind die lokalen Maxima insbesondere in der unteren Hälfte der einzelnen

Abbildungen zu finden.
In der Abbildung 5.24 sind die dargestellten Ebenen der Systemmatrix durch die Blaufärbung gekennzeichnet. Der Scanner ist immer unterhalb der Quader platziert.

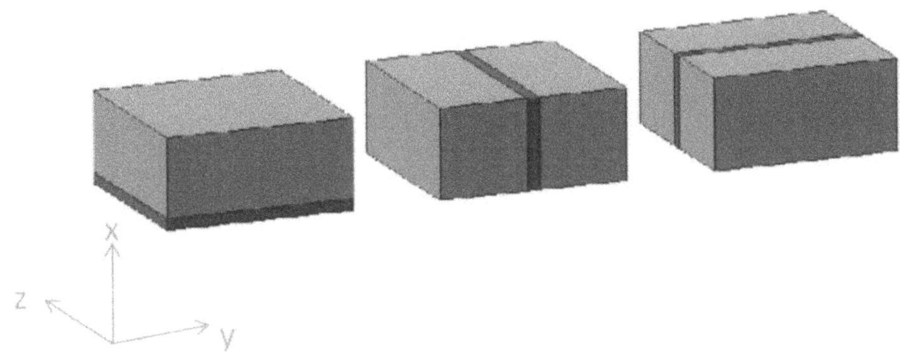


Abb. 5.24: Die in blau eingezeichneten Ebenen zeigen die Position der hier stellvertretend für das ganze FOV dargestellten Ebenen.

Die folgenden Abbildungen (Abb. 5.25 - 5.27) zeigen die Frequenzkomponenten der Systemmatrix bei dreidimensionaler Anregung der jeweiligen Empfangskanäle.

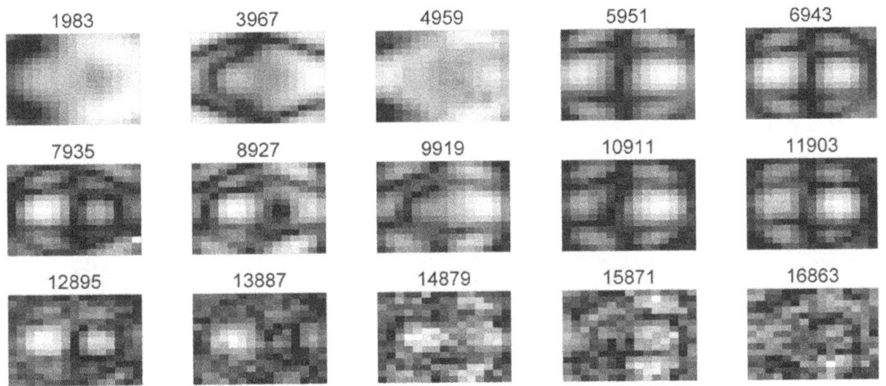


Abb. 5.25: Verschiedene Frequenzkomponenten des $x$-Empfangskanals der $yz$-Ebene in der achten $x$-Ebene

Dabei wird in den Abbildungen 5.25 bis 5.27 die am nächsten an der Scanneroberfläche positionierten $yz$-Ebene dargestellt. Der Abstand in $x$-Richtung zwischen den Empfangsspulen und dieser Ebene beträgt etwa 1 mm. Somit liegt der Scanner in Bezug zu den hier abgebildeten Rechtecken parallel (Abb. 5.24, links).

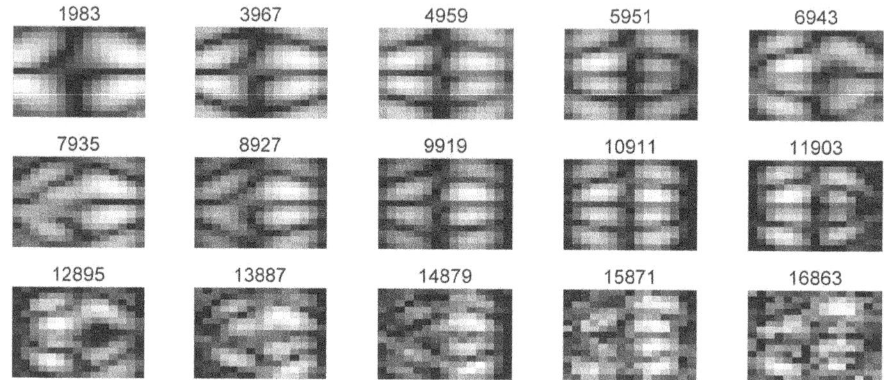


Abb. 5.26: Verschiedene Frequenzkomponenten des $y$-Empfangskanals der $yz$-Ebene in der achten $x$-Ebene

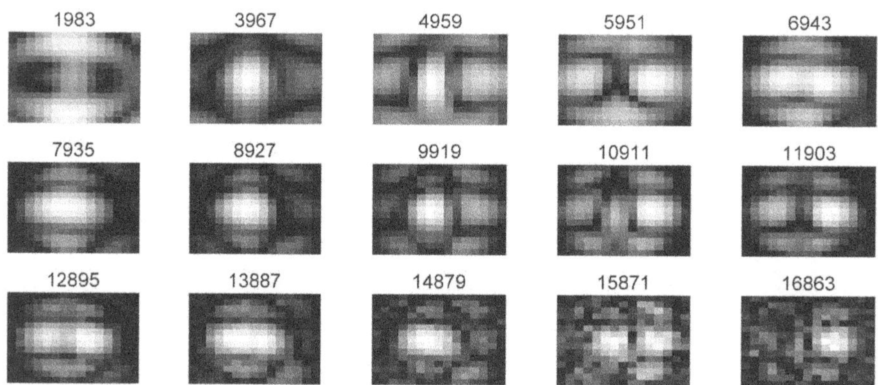


Abb. 5.27: Verschiedene Frequenzkomponenten des $z$-Empfangskanals der $yz$-Ebene in der achten $x$-Ebene

In den Abbildungen 5.28 bis 5.30 sind einzelne Frequenzkomponenten der $xz$-Ebene in der mittig im FOV liegenden achten $y$-Ebene für alle drei Empfangskanäle abgebildet. Die Position des Scanners in Bezug auf die abgebildeten Rechtecke ist unterhalb der jeweiligen Rechtecke (Abb. 5.24, mittig). Auch hier zeigen die hellen Pixel die Bereiche im FOV an, die ein hohes Energieniveau besitzen.

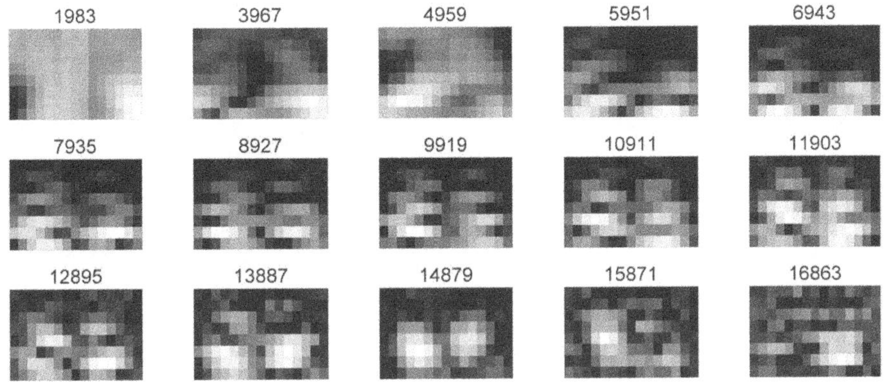


Abb. 5.28: Verschiedene Frequenzkomponenten des $x$-Empfangskanals der $xz$-Ebene in der achten $y$-Ebene

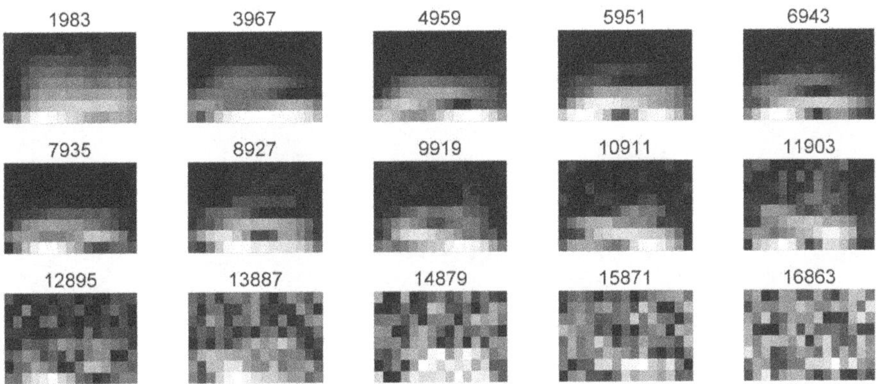


Abb. 5.29: Verschiedene Frequenzkomponenten des $y$-Empfangskanals der $xz$-Ebene in der achten $y$-Ebene

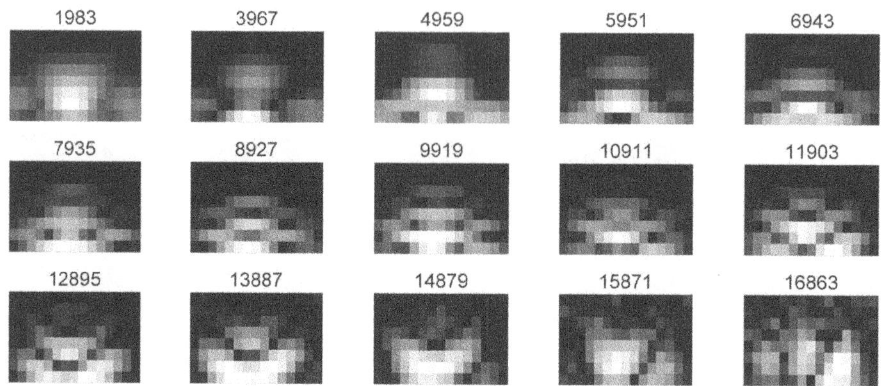


Abb. 5.30: Verschiedene Frequenzkomponenten des $z$-Empfangskanals der $xz$-Ebene in der achten $y$-Ebene

Die Abbildungen 5.31 bis 5.33 zeigen die Frequenzkomponenten der Systemmatrix des $x$-, $y$- und $z$-Empfangskanals der achten $z$-Ebene, also einer in der Mitte des FOV liegenden Ebene. Die Position des Scanners in Bezug auf die Abbildungen ist am untersten Rand der Abbildung (Abb. 5.24, rechts), so dass sich in dem unteren Bereich des FOVs die hellsten Flächen befinden, die die Bereiche hoher Energie symbolisieren.

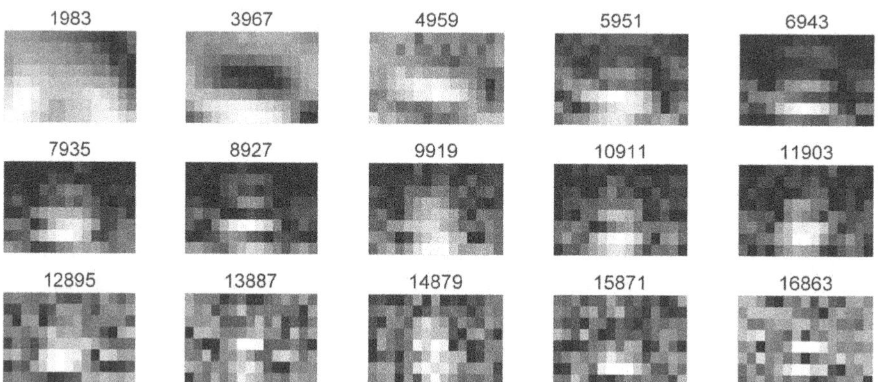


Abb. 5.31: Verschiedene Frequenzkomponenten des $x$-Empfangskanals der $xy$-Ebene in der achten $z$-Ebene

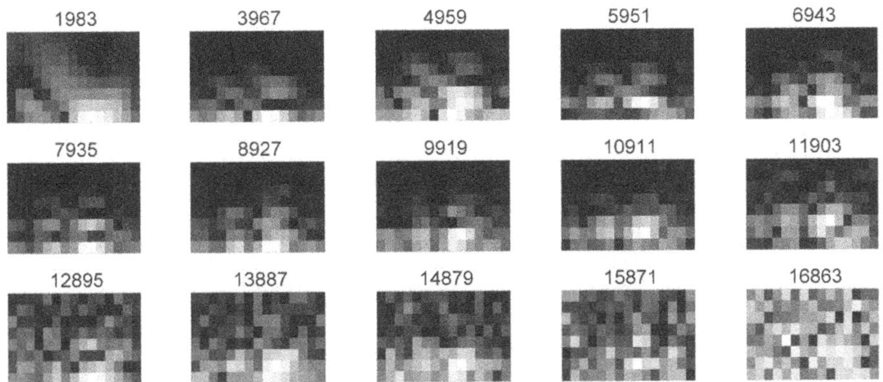


Abb. 5.32: Verschiedene Frequenzkomponenten des $y$-Empfangskanals der $xy$-Ebene in der achten $z$-Ebene

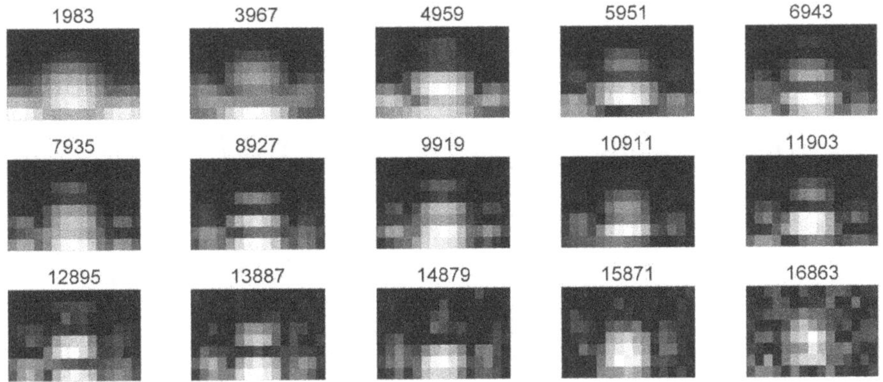


Abb. 5.33: Verschiedene Frequenzkomponenten des $z$-Empfangskanals der $xy$-Ebene in der achten $z$-Ebene

### 5.2.2.2 Phantommessungen

Abbildung 5.34 zeigt das erste Phantom, das mit dem in Kapitel 4 vorgestellten asymmetrischen Scanner vermessen wurde, und das zugehörige Rekonstruktionsergebnis.

Zu diesem Zeitpunkt wurde der FFP ausschließlich in $x$-Richtung bewegt, somit handelte es sich bei dieser Messung um einen eindimensionalen Scanner, der danach um zwei Dimensionen zu einem dreidimensionalen System erweitert wurde. Auch die zur Rekonstruktion des Phantoms verwendete Systemmatrix wurde als eindimensionaler Datensatz aufgenommen, bei der keine Überlappung der Probenpositionen stattfand. Auf der Abszisse ist die Anzahl der zur Rekonstruktion be-

rechneten Iterationen aufgetragen.
Es ist deutlich zu sehen, dass mit zunehmender Anzahl an Iterationen die Rekonstruktion eindeutiger wird. Neben den Positionen 4 und 22, an denen die Partikelproben liegen, ist an Position 26 ein starkes und an Position 18 ein leichtes Fehlsignal zu erkennen.

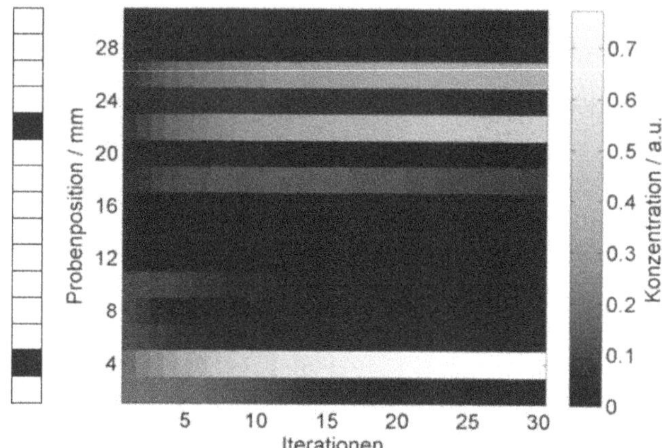


Abb. 5.34: Ein eindimensionales Phantom (links), welches aus zwei Punkten besteht und mit dem in dieser Arbeit vorgestellten asymmetrischen Scanner vermessen wurde, und das Rekonstruktionsrgebnis (rechts) (nach [44])

In Abbildung 5.35 sind die Rekonstruktionsergebnisse von einzelnen Punktphantomen zu sehen, die mit einer zweidimensionalen Anregung vermessen wurden.
Wie in Kapitel 5.1.2.2 beschrieben, unterscheidet sich die Position der Partikelproben, also des Phantoms, sowohl in Bezug auf ihre Lage in $x$- als auch in $y$-Richtung. In Abbildung 5.35 wurde eine einheitliche Grauskalierung gewählt, um die Unterschiede insbesondere in Hinsicht auf die Eindringtiefe deutlich herausstellen zu können. In den drei Abbildungen, die in einer Reihe angeordnet sind, verändert sich die Probenposition in Bezug zum Scanner nur in $y$-Richtung. Bei den Abbildungen, die sich in einer Spalte befinden, verändert sich die Probenposition in Bezug auf den Scanner ausschließlich in $x$-Richtung, wobei die Probe, von oben nach unten betrachtet, immer näher an den Scanner herangeführt wird.
Trotz auftretender Fehlsignale ist die Partikelprobe, insbesondere bei der mittleren Position in Bezug auf die $y$-Achse deutlich als intensitätsstärkster Punkt zu erkennen.

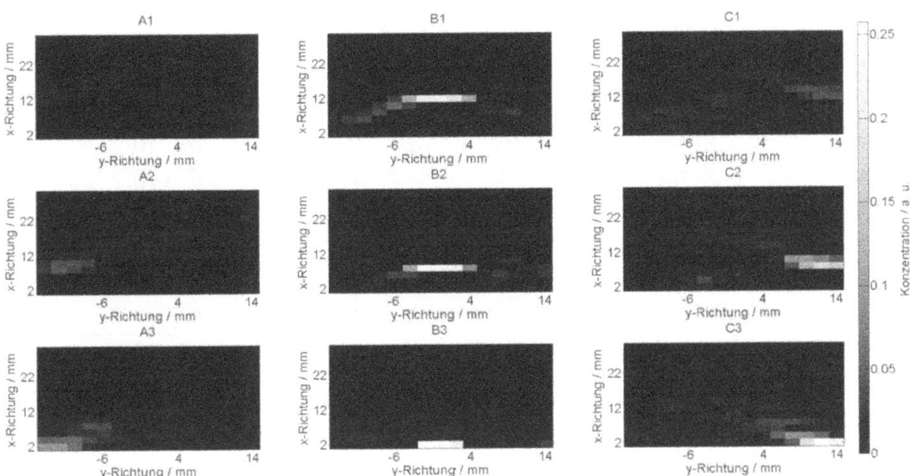


Abb. 5.35: Einzelne Punktproben an unterschiedlichen Positionen im FOV wurden mit dem asymmetrischen Scanner zur zweidimensionalen Bildgebung vermessen. In allen Abbildungen ist die Grauskalierung identisch (nach [54])

Die Abbildungen 5.36 bis 5.38 zeigen oberhalb die Lage der Partikelproben im FOV und unterhalb das dazugehörige Rekonstruktionsergebnis. Dabei sind in den Abbildungen 5.36 und 5.37 zusätzlich die Rekonstruktionsergebnisse abgebildet, bei denen ausschließlich visuell ausgewählte Frequenzkomponenten verwendet wurden (Abb. 5.36 und 5.37, mittlere Zeile), und Frequenzkomponenten deren SNRs oberhalb des in den Abbildungen 5.10 und 5.11 eingezeichneten Grenzwertes von 3 liegen (Abb. 5.36 und 5.37, untere Zeile). Alle Messungen wurden mit einer zweidimensionalen Anregung durchgeführt und somit auch mit einer zweidimensionalen Systemmatrix rekonstruiert, die ohne überlappende Probenpositionen aufgenommen wurde (Abb. 5.16, 5.17 und 5.20). Zur Rekonstruktion wurde der Regularisierungsparameter $\lambda$, wie in Kapitel 5.1.2 beschrieben, berechnet. In Tabelle 5.1 sind beispielhaft einige der berechneten Regularisierungsparameter angegeben.

Die einzelnen Partikelproben sind in den Abbildungen 5.36 und 5.37 durch die Intensitätsmaxima gut zu lokalisieren. Abhängig von der Methode, die zur Auswahl der zur Rekonstruktion verwendeten Frequenzkomponenten verwendet wurde, entstehen an unterschiedlichen Positionen im FOV Fehlinformationen. Insbesondere in $y$-Richtung verschmieren die Partikelsignale in der Länge von bis zu 10 mm.

Tabelle 5.1: Regularisierungsparameter $\lambda$ für die einzelnen Phantomrekonstruktionen (nach [45])

| | Regularisierungsparameter $\lambda$ |
|---|---|
| Phantom Abb. 5.36 linke Spalte untere Reihe | $3,64 \cdot 10^{-6}$ |
| Phantom Abb. 5.36 mittlere Spalte untere Reihe | $1,57 \cdot 10^{-6}$ |
| Phantom Abb. 5.36 rechte Spalte untere Reihe | $4,65 \cdot 10^{-6}$ |
| Phantom Abb. 5.37 linke Spalte untere Reihe | $3,82 \cdot 10^{-6}$ |
| Phantom Abb. 5.37 mittlere Spalte untere Reihe | $5,29 \cdot 10^{-6}$ |
| Phantom Abb. 5.37 rechte Spalte untere Reihe | $7,67 \cdot 10^{-6}$ |
| Phantom Abb. 5.38 links | $6,02 \cdot 10^{-6}$ |
| Phantom Abb. 5.38 mittig | $5,32 \cdot 10^{-6}$ |
| Phantom Abb. 5.38 rechts | $6,74 \cdot 10^{-6}$ |

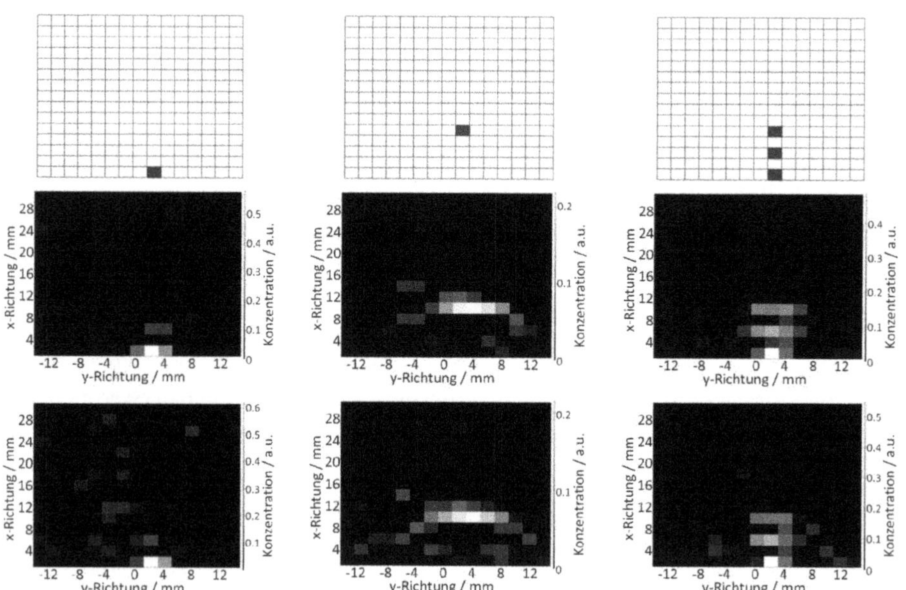


Abb. 5.36: Verschiedene Punktphantome (obere Zeile) und die zugehörigen Rekonstruktionsergebnisse mit visuell ausgewählten Frequenzkomponenten (mittlere Zeile) und mit Frequenzkomponenten, die mit Hilfe der SNR-Berechnung ausgewählt wurden (untere Zeile) (nach [45])

In Abbildung 5.37 sind die Rekonstruktionsergebnisse der Phantome abgebildet, die aus zwei in $y$-Richtung unterschiedlich weit voneinander entfernt liegenden Punkten bestehen. Es ist möglich, die Punktproben in den Rekonstruktionserbenissen zu lokalisieren und voneinander zu unterscheiden, obwohl es auch hier zu Verschmierungen in $y$-Richtung kommt. Auffällig ist bei der Rekonstruktion des ersten Phantoms (Abb. 5.37, links), dass die Partikelprobe auf der linken Seite eine geringere Signalintensität aufweist als die auf der rechten Seite.

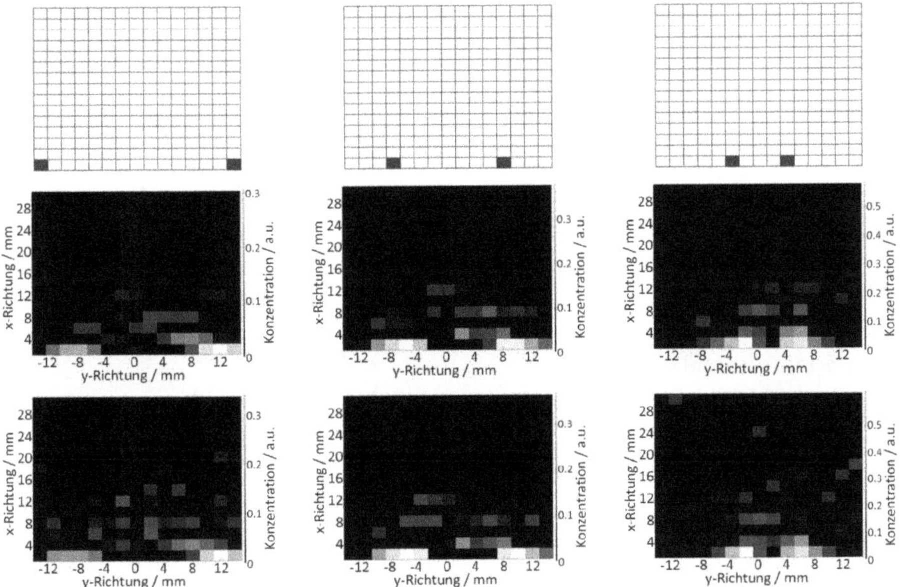


Abb. 5.37: Verschiedene Punktphantome (obere Zeile) und die zugehörigen Rekonstruktionsergebnisse mit visuell ausgewählten Frequenzkomponenten (mittlere Zeile) und mit Frequenzkomponenten, die mit Hilfe der SNR-Berechnung ausgewählt wurden (untere Zeile) (nach [45])

Abbildung 5.38 zeigt die Rekonstruktionsergebnisse von drei zweidimensionalen Phantomen. Die einzelnen Partikelproben sind lokalisierbar, auch wenn die Intensität mit zunehmendem Abstand zur Scanneroberfläche abnimmt und die Partikelsignale in $y$-Richtung verschmiert werden. Auffällig ist auch hier, dass die Punktproben, die in der linken Seite des FOVs liegen (Abb. 5.38, rechts), stark an Intensität verlieren.

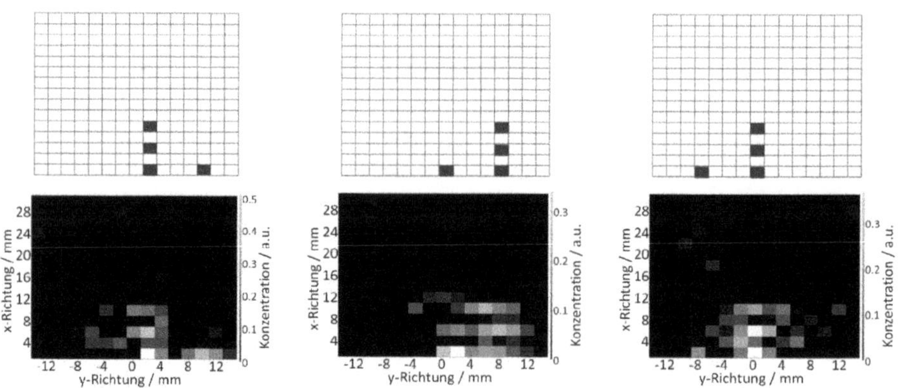


Abb. 5.38: Verschiedene Punktphantome (obere Zeile) und die zugehörigen Rekonstruktionsergebnisse mit Frequenzkomponenten, die mit Hilfe der SNR-Berechnung ausgewählt wurden (untere Zeile) (nach [45])

Abbildung 5.39 zeigt die Rekonstruktion zweidimensionaler Phantome, die mit einer Systemmatrix rekonstruiert wurden, bei der sich die Probenpositionen überlappen (Abb. 5.18, 5.19 und 5.21).
Bei diesen Ergebnissen ist die Verschmierung in $y$-Richtung so stark, dass eine genaue Lokalisation der Partikelproben schwer möglich ist.

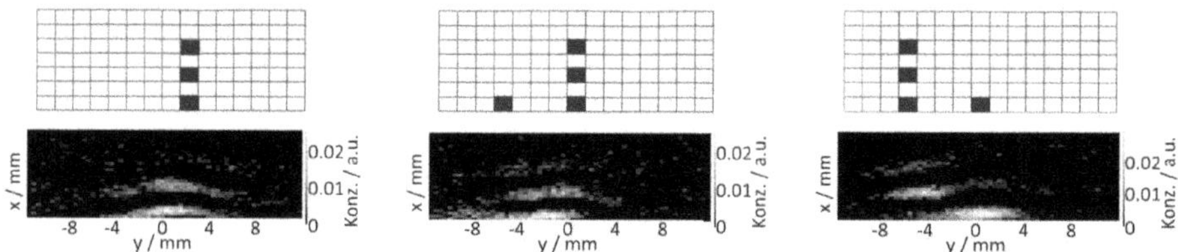


Abb. 5.39: Drei Phantome (obere Zeile) und die zugehörigen Rekonstruktionsergebnisse mit Frequenzkomponenten, die mit Hilfe der SNR-Berechnung ausgewählt wurden (untere Zeile). Die Größe des FOVs beträgt 15 x 30 mm$^2$. Zur Rekonstruktion wurde die Systemmatrix verwendet, die mit überlappender Probenposition vermessen wurde (nach [45]).

Die folgenden Abbildungen (Abb. 5.40 - 5.42) zeigen die Rekonstruktionsergebnisse eines Punktphantoms an drei unterschiedlichen Positionen im dreidimensionalen FOV (Abb. 5.2). Zur Rekonstruktion wurden ausschließlich die Frequenzkomponenten verwendet, deren SNR oberhalb des in die Abbildungen 5.12 bis 5.14 eingezeichneten Grenzwertes von 2,5 liegt.

In Abbildung 5.40 ist das Phantom deutlich in der achten $z$-Ebene zu erkennen. Jedoch ist auch auf den zwei Ebenen vorher und den zwei folgenden Ebenen das Phantom zu lokalisieren, auch wenn die Intensität der Grauwerte geringer ist.

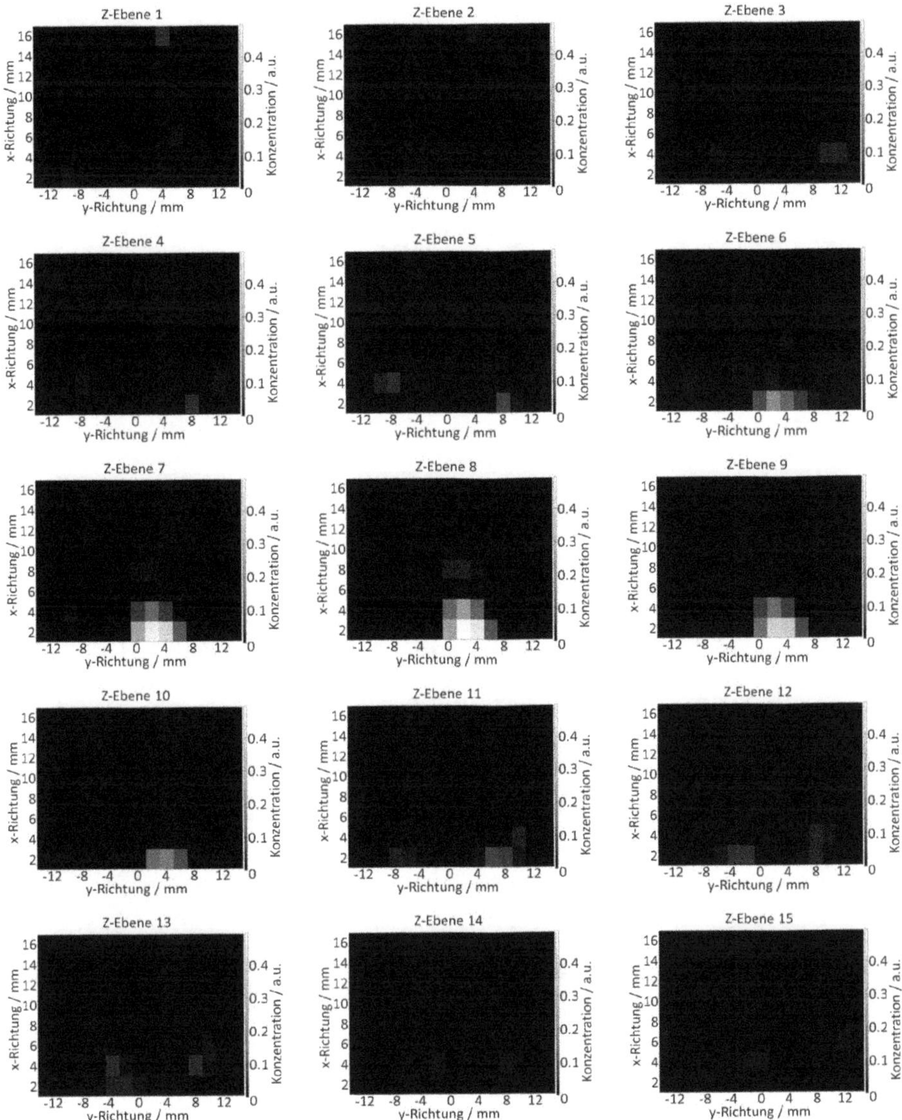


Abb. 5.40: Rekonstruktion des Phantoms aus Abbildung 5.2 (links) mit über die SNR-Berechnung ausgewählten Frequenzkomponenten

In Abbildung 5.41 liegt das Phantom links im FOV und ist gut in der achten $z$-Ebene zu erkennen. Auch hier sind in den benachbarten Ebenen Artefakte zu erkennen, die von dem Phantom verursacht wurden.

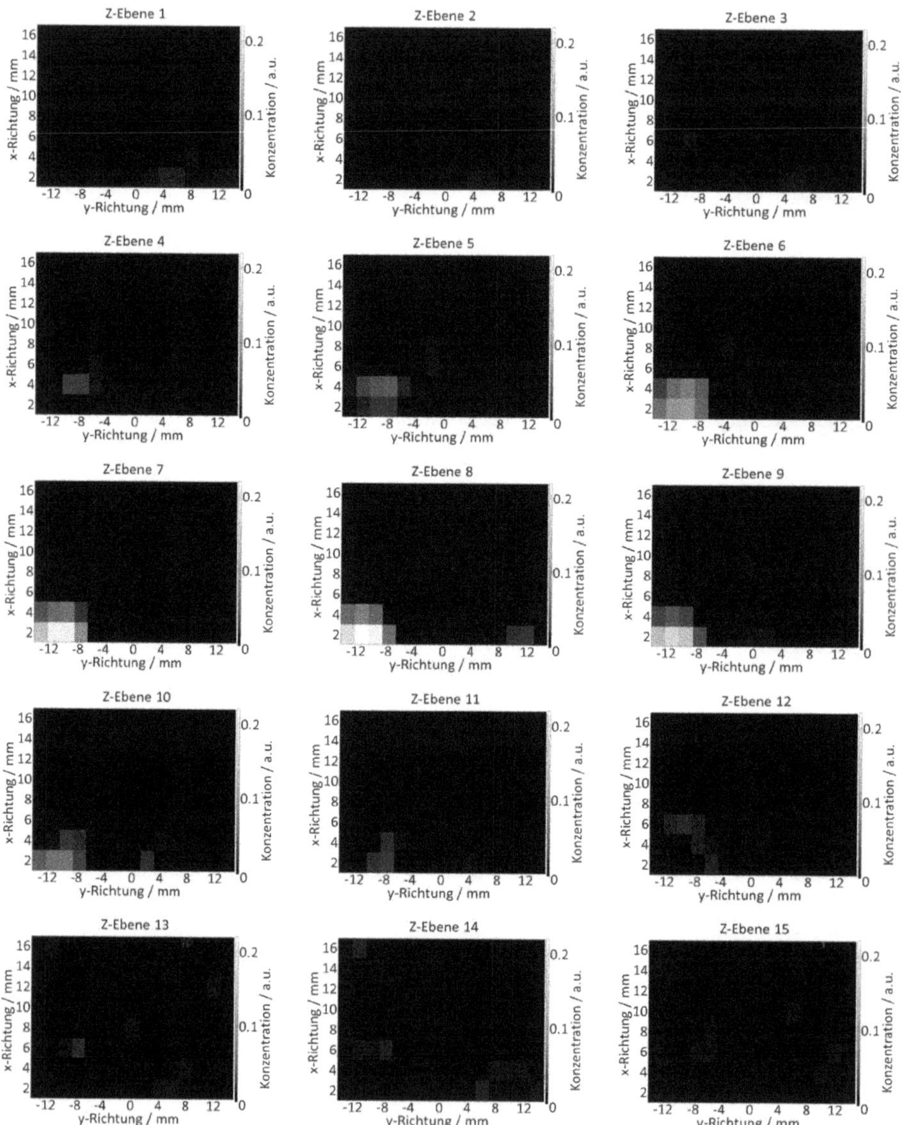


Abb. 5.41: Rekonstruktion des Phantoms aus Abbildung 5.2 (Mitte) mit über die SNR-Berechnung ausgewählten Frequenzkomponenten

Die Intensität der Grauwerte (Abb. 5.41) ist jedoch immer in der Ebene am stärksten, in der sich das Phantom befindet und nimmt mit Abstand zu dieser Ebene ab. In Abbildung 5.42 hebt sich das Phantom besonders deutlich in der 13. $z$-Ebene ab.

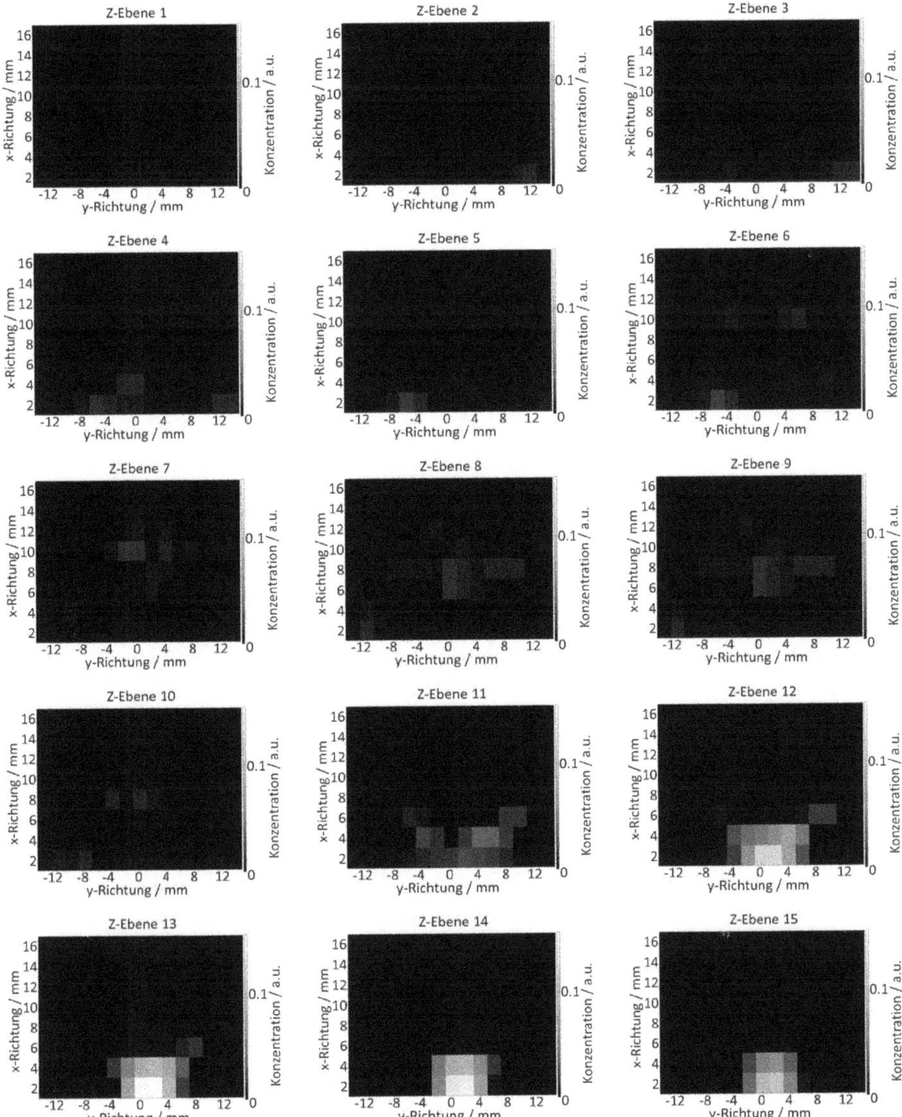


Abb. 5.42: Rekonstruktion des Phantoms aus Abbildung 5.2 (rechts) mit über die SNR-Berechnung ausgewählten Frequenzkomponenten

Auch in Abbildung 5.42 sind Einflüsse der Partikelprobe in den vorherigen Ebenen und den nachfolgenden gut sichtbar und Artefakte in der Nähe der Partikel vorhanden.

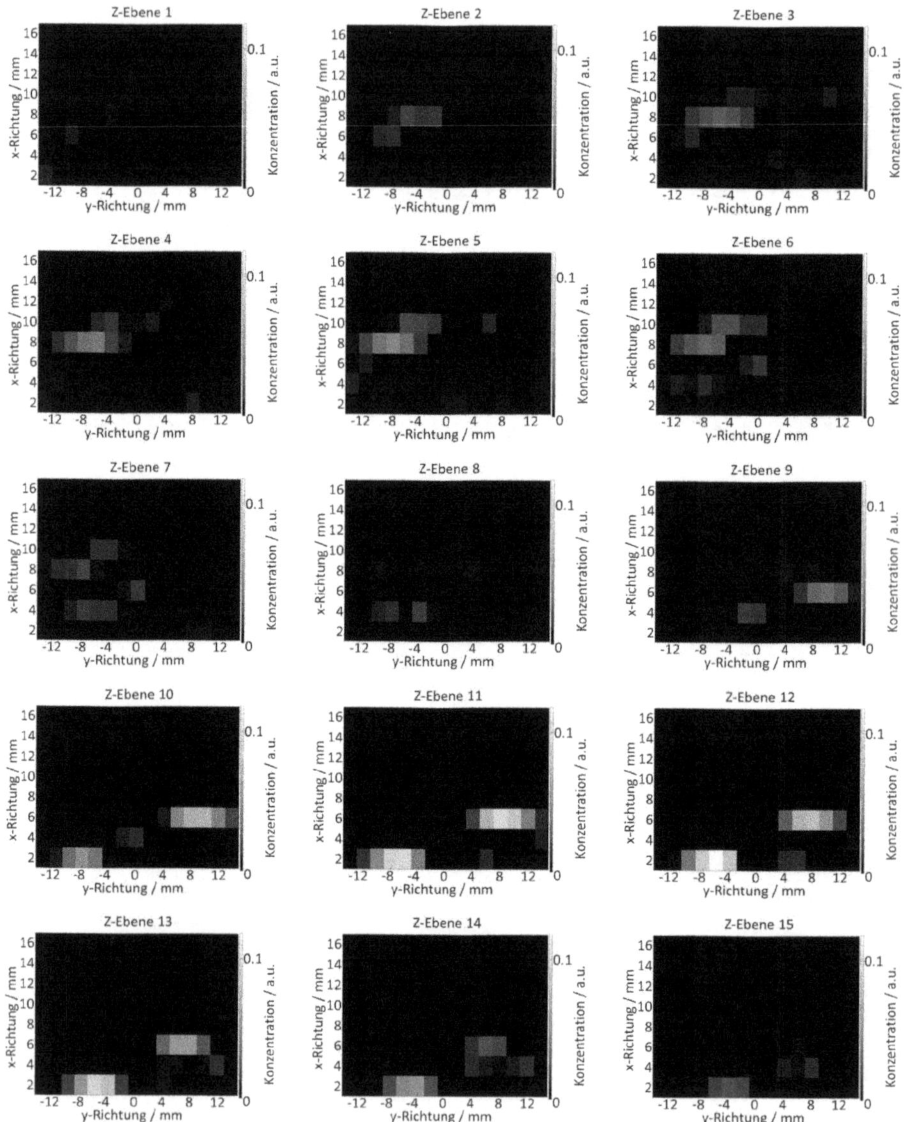


Abb. 5.43: Rekonstruktion des dreidimensionalen Phantoms aus Abbildung 5.3 mit über die SNR-Berechnung ausgewählten Frequenzkomponenten

Abbildung 5.43 zeigt das Rekonstruktionsergebnis der Rekonstruktion eines dreidimensionalen Phantoms (Abb. 5.3), das in einem dreidimensionalen FOV vermessen wurde. Insgesamt befinden sich drei Punkte in dem 16 x 30 x 30 mm$^3$ großen FOV, wobei zwei Punkte innerhalb einer $z$-Ebene liegen und zwei Punkte innerhalb einer $y$-Ebene. In Bezug auf die $x$-Ebenen befindet sich jeder Punkt in einer unterschiedlichen Ebene. Die Skalierung der abgebildeten Rekonstruktionsergebnisse ist einheitlich. In den ersten $z$-Ebenen und besonders deutlich in der fünften $z$-Ebene ist der Punkt mit maximalem Abstand zur Scanneroberfläche in der linken Hälfte im mittleren Bereich des FOVs zu erkennen. Im weiteren Bereich der $z$-Ebene verschwindet das von diesem Punkt ausgehende Signal und ab der achten $z$-Ebene ist es nicht mehr lokalisierbar. Dafür können die beiden anderen Punkte ab der zehnten $z$-Ebene, die auf einer $z$-Ebene in unterschiedlichem Abstand zur Scanneroberfläche und in unterschiedlichen $y$-Ebenen liegen, lokalisiert werden. Diese Punkte sind besonders deutlich in der elften und zwölften $z$-Ebene zu erkennen. Es ist auffällig, dass die Intensität der Grauwerte nicht bei allen Partikelproben gleich stark ist. In den $z$-Ebenen in den sich zwei mit Tracermaterial befüllte Zylinder befinden, ist die dargestellte Intensität der Grauwerte deutlich höher als in der $z$-Ebene, in der sich nur ein mit Tracermaterial befüllter Zylinder befindet.

### 5.2.3 Rekonstruktion im Zeitbereich

Abbildung 5.44 zeigt die FFP-Position (blau) im 30 mm großen FOV und die FFP-Geschwindigkeit (grün). Sowohl die FFP-Position, als auch die FFP-Geschwindigkeit wurden mit Hilfe von simulierten Feldern berechnet.
Der Verlauf der FFP-Geschwindigkeit gleicht einem verzerrten Sinus und der Verlauf der FFP-Positionen zeichnet sich durch die Existenz eines Maximums und eines Minimums aus. Die Krümmung des Kurventeils, welcher das Maximum beinhaltet, ist wesentlich kleiner als die des Kurventeils, der das Minimum beinhaltet.
Der maximale Abstand des FFPs von der Scanneroberfläche beträgt etwa 28 mm und der minimale Abstand etwa 3 mm. Bei der FFP-Geschwindigkeit ist auffällig, dass es sich nicht um einen reinen sinusförmigen Geschwindigkeitsverlauf handelt. Die Nulldurchgänge der Geschwindigkeit finden immer am Maximum beziehungsweise am Minimum der FFP-Position statt, da es sich hierbei um die Umkehrpunkte des FFPs bei einer eindimensionalen Bewegung handelt. Die maximale Geschwindigkeit erreicht der FFP immer in der Hälfte des FOVs.
Abbildung 5.45 zeigt das Simulationsergebnis eines komplett mit Partikeln befüllten FOVs. Es ist deutlich zu sehen, dass auch hier nach softwareseitgem Herausfiltern der Grundfrequenz eine Spannung induziert wird und ihr Absolutbetrag an vier Punkten gegen Null geht. Die ersten beiden der 4 Maximalwerte haben eine identische Amplitudengröße. Diese entspricht ungefähr dem Neunfachen der andern beiden lokalen Maximalwerten.

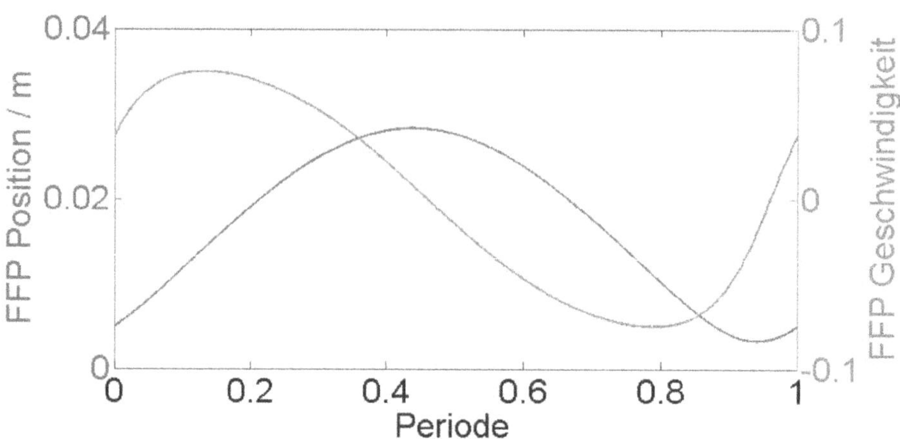


Abb. 5.44: Die FFP-Position im 30 mm großen FOV (blau) und die korrespondierende FFP-Geschwindigkeit (grün)

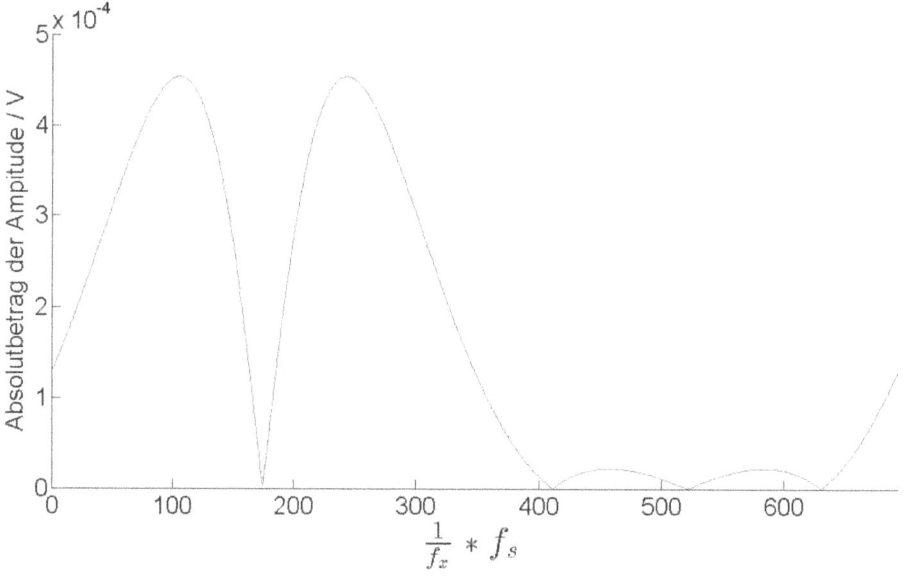


Abb. 5.45: Simulationsergebnis eines FOVs, welches komplett mit Partikeln befüllt ist.

In Abbildung 5.46 ist der Absolutbetrag unterschiedlicher Messungen im Zeitbereich aufgetragen. Zu diesem Zeitpunkt fand noch keine Korrektur der Daten mit Hilfe der Geschwindigkeit des FFPs statt. Es ist deutlich zu sehen, dass auch im eindimensionalen Fall bei einem komplett mit Partikeln bedeckten FOV eine Spannung in die Empfangsspule induziert wird (Abb. 5.46, grüne Kurve). Außerdem befinden sich die Nulldurchgänge der einzelnen Messungen an unterschiedlichen Positionen. Es sind allerdings für jede Messung vier Positionen vorhanden, an denen die Werte des Absolutbetrages nahe oder gleich Null sind. Der Verlauf der Messung, bei der das FOV komplett mit Partikeln befüllt ist (Abb. 5.46, grüne Kurve), gleicht dem Simulationsergebnis in Abbildung 5.45. Allerdings ist der Verlauf versetzt und der Unterschied zwischen den Amplitudenstärken der vier lokalen Maxima liegt nur noch bei 0,15 V. Bei den anderen Messungen unterscheiden sich die Maximalwerte kaum und auch die Regelmäßigkeit im Verlauf ist nicht mehr deutlich sichtbar. Was bleibt sind vier Minimalwerte und vier lokale Maximalwerte, mit einer um das Sechsfache kleineren Amplitude im Vergleich zu dem Verlauf der Kurve, die die Partikelverteilung anzeigt bei der das FOV mit Partikeln ausgefüllt ist (grün). Ein deutlicher Versatz der Positionen der vier Maximal- und Minimalwerte ist zwischen der Leermessung und den Partikelmessungen zu sehen.

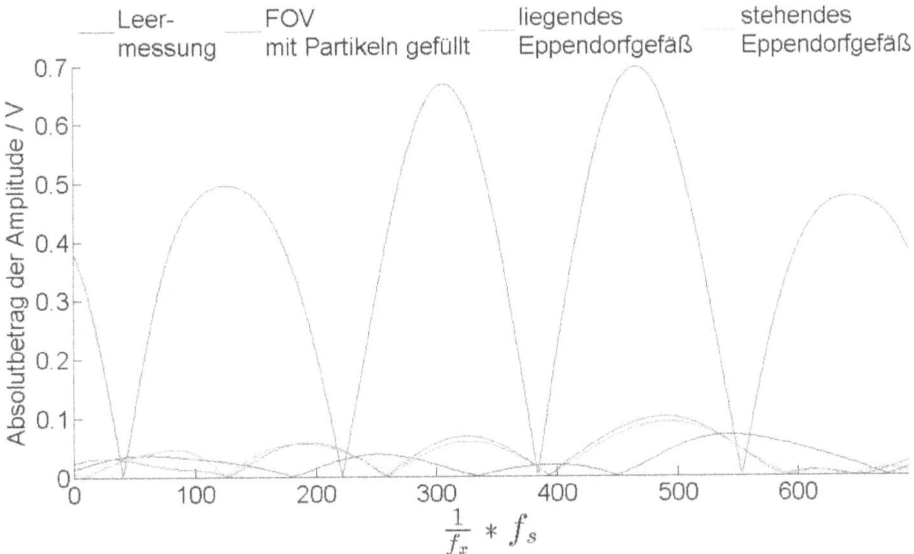


Abb. 5.46: Messung verschiedener Partikelverteilungen, Leermessung (blau), FOV komplett mit UL-D gefüllt (grün), liegendes Eppendorfgefäß mit etwa 50 µL UL-D (rot), stehendes Eppendorfgefäß mit etwa 50 µL UL-D (türkis)

Abbildung 5.47 zeigt das geschwindigkeitskompensierte Partikelsignal einer Probe mit der Größe von 2 x 2 x 2 $mm^3$, die mit Resovist® gefüllt ist, an sieben unterschiedlichen Positionen im eindimensionalen FOV.

Die steilen Abfälle und Anstiege bei $\frac{1}{f_x} \cdot f_s = 320$ und $\frac{1}{f_x} \cdot f_s = 665$ entstehen dadurch, dass hier die Geschwindigkeit des FFPs gegen Null geht und es somit zu einer Division durch sehr kleine Zahlen kommt. Die Funktion im Zähler konvergieren nicht gegen null, da der Rauschanteil im Zähler nicht verschwindet. Somit kann die Regel von L'Hospital nicht angewendet werden und es kann kein Grenzwert bestimmt werden. Die Kurven, bei denen der Abstand zur Empfangsspule zwischen 1 mm und 9 mm liegt, unterscheiden sich erheblich von den anderen Kurven. Die Position der Maxima und Minima ist im Bereich zwischen den beiden steilen Flanken vertauscht. Vor der ersten steilen Flanke weisen die Kurven, bei denen die Entfernung zur Scanneroberfläche größer ist und zwischen 17 mm und 25 mm liegt, einen gleichmäßigen Anstieg auf. Die anderen zeigen eine wellenförmige Struktur.

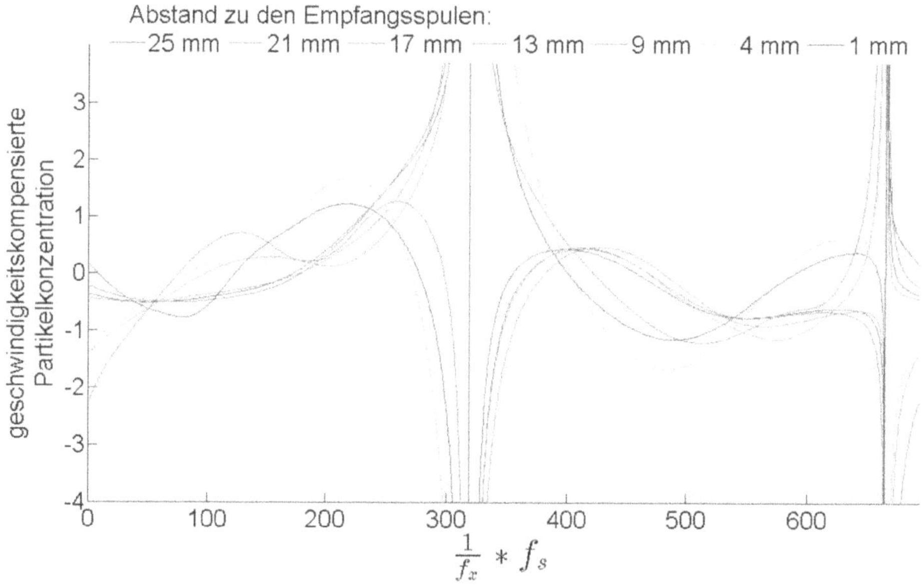


Abb. 5.47: Das geschwindigkeitskompensierte Partikelsignal von unterschiedlichen Probenpositionen. Der minimale Abstand zwischen Probe und Empfangsspule beträgt 1 mm (schwarz) und der maximale Abstand beträgt 25 mm (blau).

## 5.3 Diskussion und Schlussfolgerung

Im Folgenden werden die zuvor dargestellten Ergebnisse der kalibrationsbasierten Rekonstruktion im Frequenzbereich und der Rekonstruktion im Zeitbereich diskutiert.
Der Vorteil der kalibrationsbasierten Rekonstruktion ist, dass alle Eigenschaften des Systems über die vorherige Messung einer Systemmatrix mit in den Rekonstruktionsprozess einbezogen werden. Der Nachteil liegt in einer aufwendigen und zeitintensiven Kalibrationsmessung und einem großen Bedarf an Speicherplatz für die Systemmatrizen. Dieses ist insbesondere für große FOVs ein ernstzunehmendes Problem und macht eine Rekonstruktion in Echtzeit schwer möglich [110].
Im Gegensatz dazu muss für die Rekonstruktion im Zeitbereich weder eine Kalibrationsmessung durchgeführt noch müssen große Datenvolumen abgespeichert werden, wodurch eine Echtzeitrekonstruktion [23] möglich wird. Jedoch muss man ein möglichst gutes Modell sowohl für die vom Scanner erzeugten Magnetfelder als auch für das verwendete Tracermaterial und deren gegenseitige Beeinflussung haben. So ein Modell ist zur Zeit noch nicht vorhanden. Zusätzlich werden zum Beispiel durch den Aufbau des Scanners erzeugte Unregelmäßigkeiten im Magnetfeld nicht berücksichtigt und können zu Ungenauigkeiten in der Rekonstruktion führen [120].
In der vorliegenden Arbeit wird hauptsächlich auf die kalibrationsbasierte Rekonstruktion im Frequenzbereich eingegangen, da in diesem Bereich bereits Kompetenzen in Bezug auf die Bildgebung mit einem FFP bestehen [1, 2, 7, 18, 24, 111, 117, 121, 122, 123]. Insbesondere bringt die Kalibration durch das Messen der Systemmatrix einen erheblichen Vorteil bei dem asymmetrischen Spulenaufbau mit sich. Die Rekonstruktion im Zeitbereich wird im Rahmen der bis heute bekannten Möglichkeiten betrachtet und diskutiert.

### 5.3.1 Kalibrationsbasierte Rekonstruktion im Frequenzbereich

Um für die Rekonstruktion geeignete Frequenzkomponenten zu finden, gibt es verschiedene Möglichkeiten. Zum einen kann das SNR der einzelnen Messpositionen der Systemmatrix berechnet werden (Kap. 5.1.1 und 5.2.1), zum anderen kann man mit Hilfe eines Picard-Graphen (Kap. 5.2.2) die relevanten Singulärwerte finden und somit davon ausgehen, dass es sich hierbei um stabilere Matrizen handelt als bei denen mit kleineren Singulärwerten. Auch die visuelle Auswahl der zur Rekonstruktion verwendeten Frequenzkomponenten stellt eine Möglichkeit dar.
Nach der Berechnung des SNRs wird ein bestimmter Grenzwert eingeführt, der durch das SNR der einzelnen Frequenzkomponenten überschritten werden muss. Für die Rekonstruktion werden im Anschluss nur die Frequenzkomponenten verwendet, bei denen der Grenzwert überschritten wurde.
Besonders beim asymmetrischen Scanner, der ein stark inhomogenes Magnetfeld

mit zunehmender Distanz zum Spulenaufbau aufweist, kann über das SNR das Eindringvermögen bestimmt werden, denn ab einem Abstand von etwa 1,5 cm zu den Sendespulen nimmt das SNR so stark ab, dass eine Bildrekonstruktion nicht mehr möglich ist. Dieses ist in den Abbildungen 5.6 und 5.7, die das SNR an zwei weit voneinander entfernten Positionen zeigen, deutlich zu sehen. Auffällig ist auch, dass das SNR des $x$-Kanals im Allgemeinen über alle Frequenzkomponenten und alle FOV-Positionen kleiner als das SNR des $y$-Kanals ist (Abb. 5.4 und 5.5). Ein Grund hierfür könnte die Form der Empfangsspule sein. Das Sensitivitätsprofil der Empfangsspule für den $x$-Kanal weist eine Sensitivität von 275 $m^{-1}$ in einem Abstand von 1 mm zur Scanneroberfläche und von 175 $m^{-1}$ in einem Abstand von 15 mm zur Scanneroberfläche auf. Im Gegensatz dazu liegt die Sensitivität der Empfangsspule des $y$-Kanals bei 6000 $m^{-1}$ in einem Abstand von 1 mm und bei 2000 $m^{-1}$ in einem Abstand von 15 mm zur Scanneroberfläche (Kap. 4.1.4.3). Daraus lässt sich schließen, dass die Empfangsspule für den $y$-Kanal sensitiver ist.

Mit Hilfe des Picard-Graphen (Abb. 5.15) können große und kleine Singulärwerte bestimmt werden. Somit kann die Qualität der Matrix und ihre Stabilität begutachtet werden. Für die Rekonstruktion werden dann nur die Frequenzkomponenten verwendet, bei denen große Singulärwerte vorliegen. Zusätzlich kann auch mit diesem Prinzip herausgestellt werden, welche Eindringtiefe der asymmetrische Scanner erreichen kann. Es ist hierbei darauf zu achten, dass die Singulärwerte meistens direkt nach Größe sortiert werden, deshalb muss die Berechnung für die einzelnen Frequenzkomponenten erfolgen. Bis zum 75. Singulärwert kann von großen Singulärwerten gesprochen werden. Der 75. Singulärwert entspricht einer Eindringtiefe von etwa 1 cm.

Auch durch eine visuelle Inspektion der einzelnen Frequenzkomponenten ist es möglich, nützliche und nicht nützliche Frequenzkomponenten zu unterscheiden. Gute Frequenzkomponenten erkennt man daran, dass das Signal überwiegt, welches in der Nähe der Scanneroberfläche liegt. Das ist zum Beispiel bei der 96. Frequenzkomponente (Kap. 5.2.2.1) der Fall. Auch die Energieverteilung der Frequenzkomponenten (Abb. 5.2) zeigt, dass in der Nähe des Scanners und hier besonders in der Nähe der Symmetrieachse des Scanners die Energie am größten ist, was sich mit den Beobachtungen der Systemmatrizen deckt. Zur Rekonstruktion werden dann all die Frequenzkomponenten verwendet, die dieses oder ein ähnliches Muster aufweisen.

Unabhängig davon, welche Methode man für das Aussortieren der Frequenzkomponenten verwendet, eignen sich immer nur einige Frequenzkomponenten, die aber zum größten Teil unter den ersten 600 Frequenzkomponenten auftreten und auch immer im gleichen Frequenzbereich liegen. Für die zweidimensionale Rekonstruktion wurden zunächst ausschließlich die visuell für gut befundenen Frequenzkomponenten verwendet, da sie eine typische Struktur aufweisen. Die Ergebnisse sind in den Abbildungen 5.36 und 5.37 in der mittleren Zeile zu sehen. Im Anschluss wurde

das Aussortieren der Frequenzkomponenten mit Hilfe des berechneten SNRs vorgenommen. Dabei wurde der Grenzwert, den das SNR der jeweiligen Frequenzkomponente überschreiten muss, damit diese zur Rekonstruktion verwendet wird, manuell oberhalb des in den Abbildungen 5.10 und 5.11 für die zweidimensionale Bildgebung und in den Abbildungen 5.12 bis 5.14 für die dreidimensionale Bildgebung erkennbaren Rauschlevels gewählt. Die Ergebnisse dieses Verfahrens zur Auswahl geeigneter Frequenzkomponenten sind in den Abbildungen 5.36 und 5.37 zu sehen. Auf dieser Grundlage wurde dieses Verfahren auch zum Aussortieren ungeeigneter Frequenzkomponenten für die dreidimensionale Rekonstruktion verwendet, deren Ergebnisse in den Abbildungen 5.40 bis 5.42 dargestellt sind.
Es wurden Systemmatrizen auf drei unterschiedliche Arten vermessen (Abb. 5.20, 5.21 und 5.23). Sie unterscheiden sich entweder durch die gemessene Anzahl an Positionen im FOV oder durch die Größe der verwendeten Partikelprobe. Da alle Systemmatrizen auf eins normalisiert wurden und jeweils die gleiche Frequenzkomponente abgebildet ist, sieht man die gleichbleibende Struktur der Systemmatrizen. Jedoch ist das SNR der Systemmatrix, die mit der kleineren Partikelprobe aufgenommen wurde (Abb. 5.8 und 5.9), deutlich geringer im Vergleich zu dem SNR der Systemmatrix, die mit der größeren Partikelprobe vermessen wurde (Abb. 5.4 und 5.5). Aus diesem Grund wurde eine Systemmatrix mit sich überlappenden Probenpositionen (Abb. 5.21) aufgenommen. Der Vorteil bei sich überlappenden Proben bei einer Systemmatrixmessung liegt darin, dass man das FOV genauer diskretisieren kann, ohne die Partikelprobe so stark zu verkleinern, dass die Signale der Probe unterhalb des Rauschlevels liegen beziehungsweise das SNR sich verschlechtert. Diese Gefahr besteht insbesondere beim asymmetrischen Scanner, da hier mit größerem Abstand von der Scanneroberfläche die Anregungsfeldamplituden abnehmen und deshalb auch das SNR abnimmt. Somit wäre bei einem geringeren Probenvolumen zur Messung der Systemmatrix die Eindringtiefe und folglich auch das FOV stark eingeschränkt. Ein wesentlicher Nachteil bei der Messung einer feiner diskretisierten Systemmatrix liegt insbesondere bei mehrdimensionalen Messungen darin, dass die Messzeit einer Kalibrierungsmessung wesentlich länger ist und teilweise mehrere Tage dauern würde. Darum wurde im vorliegenden Fall auch das FOV in $x$-Richtung halbiert. Um einschätzen zu können, ob sich der zeitliche Aufwand lohnt, den diese Systemmatrixmessung mit sich bringt, wurden mehrere zweidimensionale Phantome mit der Systemmatrix, bei der das Probenvolumen die Voxel überlappt, rekonstruiert (Abb. 5.39). Es ist zu sehen, dass es bei den Rekonstruktionen zur Artefaktausbildung kommt, die sich durch Verschmierungen insbesondere in $y$-Richtung zeigen. Obwohl durch die sich überlappende Systemmatrix eine bessere Diskretisierung erreicht wurde, ist das Rekonstruktionsergebnis nicht verbessert worden. Zum jetzigen Zeitpunkt lohnt sich der hohe Zeitaufwand, der zur Messung einer feiner diskretisierten Systemmatrix investiert werden muss, in Bezug auf die

Rekonstruktionsergebnisse nicht.
Zunächst wurde ein eindimensionales Phantom, bei eindimensionaler Anregung vermessen und mit Hilfe einer Systemmatrix rekonstruiert. Dazu wurde der FFP nur in $x$-Richtung bewegt und auch nur über die Empfangsspule in $x$-Richtung das Signal aufgenommen. Es ist zu sehen, dass ab der fünften Iteration die beiden partikelbefüllten Bereiche deutlich zu erkennen sind. Jedoch ist oberhalb der zweiten Partikelprobe noch ein hellerer Streifen zu sehen, dieser war nicht zu erwarten. Bis zur 23. Iteration verbessern sich die Kontraste. Für alle anderen Rekonstruktionen wurden fünf Iterationen berechnet, da somit ein optimaler Kompromiss zwischen Rekonstruktionsergebnis und Rechenzeit erreicht werden kann.
Beim Vergleich von Abbildung 5.34 mit der mittleren Spalte von Abbildung 5.35 und Abbildung 5.36 fällt auf, dass die Rekonstruktionsergebnisse von einem eindimensionalen Phantom, das auf der Symmetrieachse des Scanners positioniert ist, besser bei einer zweidimensionalen als bei einer eindimensionalen Anregung sind. Das liegt daran, dass auch in den $y$-Empfangskanal Informationen der Partikel induziert werden und somit zusätzlich Informationen zur Verfügung stehen. Zum einen ist dies mit den unterschiedlichen Sensitivitätsprofilen der Empfangsspulen (Abb. 4.8 - 4.10) erklärbar, zum anderen auch damit, dass Signale die durch die Partikelanregung mit der Anregungsfrequenz des $x$-Kanals erzeugt werden in die Empfangsspule des $y$-Kanals einkoppeln und somit zur Bildgebung beitragen. Dieser mögliche Kopplungseffekt verschlechtert allerdings die räumliche Auflösung bei der Messung von zweidimensionalen Phantomen und sollte vermieden werden, soweit dieses im Aufbau des Spulensystems möglich ist.
Abbildung 5.35 zeigt deutlich die Abnahme der Intensität des Partikelsignals mit zunehmendem Abstand zum Scanner und auch, dass die Signale an den Rändern des FOVs abnehmen. Das liegt vermutlich am Rekonstruktionsalgorithmus, denn für die unterschiedlichen Abstände zur Scannerposition werden immer die gleichen Frequenzkomponenten zur Rekonstruktion verwendet. Dass die Signale der Partikelproben, die sich auf der linken Seite des FOVs befinden, geringere Intensitätswerte aufweisen, als die auf der rechten Seite, könnte daran liegen, dass diese Seite bei der Systemmatrixmessung am Ende vermessen wurde und somit sich die Kalibrationsprobe - zum Beispiel durch Verdunstung - verändert hat. Abbildung 5.36 lässt den Rückschluss zu, dass die Auflösung des Scanners in $x$-Richtung etwa 2 mm ist. Die Auflösung in $y$-Richtung beträgt etwa 6 mm und lässt sich aus Abbildung 5.37 ableiten. Die geringere Auflösung in $y$-Richtung lässt sich durch die Geometrie des Selektionsfeldes (Abb. 4.16) und die Gradientenstärke (Abb. 4.18) erklären. Die Magnetfelder in $y$-Richtung sind wesentlich kleiner und auch der Gradient in $y$-Richtung beträgt die Hälfte des Gradienten in $x$-Richtung. In Abbildung 5.38 kann die Struktur des Phantoms erkannt werden, da das Phantom unter Berücksichtigung der zuvor gewonnenen Erkenntnisse bezüglich der Auflösung in die einzelnen

Raumrichtungen aufgebaut wurde. Trotzdem kommt es insbesondere in $y$-Richtung zu starken Verschmierungsartefakten.
Durch unterschiedliche Phantommessungen in einem dreidimensionalen FOV konnte gezeigt werden, dass eine dreidimensionale Bildgebung mit dem asymmetrischen Scanner möglich ist. Zunächst wurde ein einzelnes Punktphantom an unterschiedlichen Stellen im FOV positioniert. Die Ergebnisse zeigen, dass die Auflösung in $z$-Richtung in etwa der Auflösung in $y$-Richtung entspricht, nämlich 6 mm. Das geht auch aus den vorherigen Erkenntnissen bezüglich der Gradientenstärken, des SNRs der unterschiedlichen Kanäle und der Sensitivitätsprofile der jeweiligen Empfangsspule hervor.
Anhand dieser Ergebnisse wurde ein Phantom mit mehreren Punkten im dreidimensionalen FOV vermessen und rekonstruiert. Auf Grund der verhältnismäßig schlechten Auflösung in $y$- und $z$-Richtung ist hier eine starke Verschmierung der Punktproben über mehrere Ebenen hinweg sichtbar. Die Unterscheidung der einzelnen Punkte in $x$-Richtung ist - wie zu erwarten - bei einer Auflösung von 2 mm gut möglich.
Bei allen Rekonstruktionsergebnissen - sowohl für den ein- als auch für den mehrdimensionalen Fall - ist auffällig, dass weiter vom Scanner entfernte Partikelproben im Vergleich zu den nah an der Scanneroberfläche positionierten Partikelproben deutlich dunkler dargestellt werden. Dieses ist ungewöhnlich für die Bildgebung im MPI-Bereich und insbesondere bei der kalibrationsbasierten Rekonstruktion in dieser Ausprägung nicht zu erwarten, da durch die vorherige Messung der Systemmatrix die Feldinhomogenitäten kalibriert sind. Vermutlich entsteht dieser Darstellungsfehler durch die Rekonstruktion, da das SNR abhängig von der Position der Partikelprobe im Raum ist und diese Abhängigkeit zur Zeit noch nicht in die Rekonstruktion mit einfließt. In Kapitel 5.2.1 sind die Unterschiede des SNRs, in Abhängigkeit der Probenpositionierung im Raum, deutlich zu sehen. In Folge dessen wird die Punktprobe, die einen größeren Abstand zur Scanneroberfläche aufweist, aber die gleiche Partikelkonzentration beinhaltet, dunkler dargestellt.
Dieses Problem könnte durch einen verbesserten Rekonstruktionsalgorithmus, der die Abhängigkeit des SNRs in Bezug auf die Probenposition im Raum beinhaltet, behoben werden. Zusätzlich könnte durch den Einsatz einer Spule, die dazu genutzt werden kann das FOV zu kalibrieren ohne das ein Partikelprobe verwendet werden muss, neue Erkenntnisse gewonnen werden. Unter Berücksichtigung dieser Erkenntnisse in der Rekonstruktion, könnte es gelingen eine quantitative Bildgebung mit Hilfe des asymmetrischen Scanners zu ermöglichen. Ein weiterer Grund könnten Signalunregelmäßigkeiten sein, die durch die I/O-Karten verursacht werden.

### 5.3.2 Rekonstruktion im Zeitbereich

Die gemessenen Daten beziehen sich auf eine eindimensionale Anregung, um den Aufwand durch Vermeidung einer Komplexitätssteigerung möglichst gering zu halten. Außerdem wurde noch keine auf Messdaten beruhende x-Space Rekonstruktion durchgeführt, bei der sich der FFP auf einer zweidimensionalen Lissajous-Trajektorie bewegt. Im eindimensionalen Fall bewegt sich der FFP auf der Symmetrieachse des Scanners. Innerhalb einer Periode durchläuft der FFP zweimal das komplette FOV.
Im simulierten Fall liegt der Startpunkt des FFPs etwa 15 mm von dem simulierten Spulenaufbau entfernt. Zunächst bewegt sich der FFP in Richtung des Scanners bis zu einem Abstand von etwa 3 mm zu den Sendespulen und somit genau bis zu den Empfangsspulen. Dort erreicht er seinen unteren Umkehrpunkt und läuft etwa 25 mm in die entgegengesetzte Richtung. Somit liegt der zweite Umkehrpunkt bei einem Abstand von etwa 28 mm zu den Sendespulen. Von dieser Position aus läuft der FFP zurück zur Ausgangsposition, an der dann der FFP-Verlauf periodisch fortgesetzt wird.
Um den Verlauf des FFPs in der Realität bestimmen zu können wurde zuerst eine Simulation durchgeführt, bei der von idealen Bedingung ausgegangen wurde. Anschließend wurden die Simulationsergebnisse mit den gemessenen Ergebnissen verglichen. Der Unterschied zwischen Simulation und Realität kommt durch einen Phasenversatz zustande. Der Phasenversatz entsteht durch nicht-lineare Bauteil und man kann ihn nicht genau genug berechnen um diesen in die Simulation mit einzubeziehen. Durch den Vergleich der Simulations- und Messergebnisse kann der Rückschluss gezogen werden, dass in der Realität der FFP im oberen Viertel des FOVs beginnt, er läuft zunächst vom Scanner weg bis zum oberen Umkehrpunkt, läuft anschließend zum unteren Umkehrpunkt und zurück zur Ausgangsposition, von der der Ablauf erneut startet.
Die Simulation (Abb. 5.45) wurde durchgeführt, um die Ergebnisse der Messungen (Abb. 5.46) zu überprüfen. Zu diesem Zeitpunkt wurde das, durch die Übertragungsfunktion des Empfangskanals korrigierte Zeitsignal betrachtet, bei dem die Anregungsfrequenz herausgefiltert wurde.
Für ideale Felder geht man davon aus, dass außer der Grundfrequenz keine höheren Harmonischen erzeugt werden, wenn dass komplette FOV mit Partikeln ausgefüllt ist, da sich die Signale auf Grund ihrer gegensätzlichen Phasen gegenseitig auslöschen würden. Wie durch die hier vorgestellten Ergebnissen zu sehen ist, entspricht diese Annahme nicht der Realität. Die Vermutung liegt nahe, dass dieses durch die stark inhomogenen Felder begründet werden kann, weil dadurch die Gradientenstärke an den unterschiedlichen Positionen im Raum stark unterschiedlich ist und sich die Phasen somit an jeder Raumposition unterscheiden.
Die unterschiedliche Phase zwischen dem simulierten und dem gemessenen Signal

kommt durch die Übertragungsfunktion (Abb. 4.7) der kompletten Empfangskette und durch die Position des FFPs am Startzeitpunkt der FFP-Verschiebung zustande, die wiederum durch die nicht-linearen Bauteile verursacht wird.
Trotz allem sieht man einen identischen Verlauf des Signals. Das Signal geht an vier Positionen gegen null. Zwei dieser Positionen können durch den Umkehrpunkt des FFPs, welcher innerhalb einer Periode zweimal das FOV durchläuft, erklärt werden, da hier die Geschwindigkeit auf null (Abb. 5.44) abfällt und es somit zu keiner Magnetisierungsänderung der SPIONs kommt. Die beiden anderen Nullpunkte lassen sich dadurch erklären, dass hier die Geschwindigkeit an den einzelnen Zeitschritten nur minimal voneinander abweicht und im Vergleich zu der Geschwindigkeit zu anderen Zeitpunkten relativ hoch ist. Es ist davon auszugehen, dass die Partikelprobe größer als der FFP ist. Da sich die FFP-Geschwindigkeit in diesem Bereich nur minimal verändert ist keine Veränderung im Partikelsignal zu erwarten.
Um die Geschwindigkeitskomponenten des FFPs mit einzubeziehen, wurden die Messungen von einer 2 x 2 x 2 $mm^3$ großen Partikelprobe an unterschiedlichen Positionen im FOV durch die Geschwindigkeit des FFPs dividiert (Abb. 5.47). Die beiden steilen Anstiege und Abfälle sind der Division nahe null zuzuschreiben, somit befinden sich genau an diesen beiden Punkten die Umkehrpunkte des FFPs. Wenn man die Abbildungen 5.46 und 5.47 im Zusammenhang betrachtet, erkennt man, dass sich die Umkehrpunkte in Abbildung 5.46 an der ersten und an der dritten Nullstelle befinden. Daraus kann man schließen, dass der Bereich in der Nähe von 310 $\frac{1}{f_x} fs$ nah an der Scanneroberfläche und der zweite Umkehrpunkt weit von der Scanneroberfläche entfernt liegt. Zwischen den einzelnen Messungen ist ein Unterschied zu erkennen, doch nicht so deutlich und signifikant, dass Rückschlüsse zur Probenposition möglich sind.
Um die modellbasierte Rekonstruktion im Zeitbereich mit Daten vom asymmetrischen Scanner zuverlässig durchführen zu können, muss das vorhandene Modell erweitert und die Annahmen (Kap. 5.1.3) überprüft werden. Die momentan getroffenen Annahmen bezüglich der Magnetfelder lassen sich nicht unmittelbar auf den Fall der asymmetrischen Spulentopologie und die damit einhergehenden stark inhomogenen Magnetfelder übertragen. Somit müssen sie überarbeitet und erweitert werden.
Ein weiteres Problem besteht in der limitierten Eindringtiefe des asymmetrischen Scanners, denn genau in dem Bereich, in dem der Scanner ein gutes SNR und eine gute Sensitivität hat, also nah am Spulenaufbau, geht die Geschwindigkeit des FFPs gegen null und bei der Division des Zeitsignals durch die Geschwindigkeit erstehen in diesem Bereich starke Abfälle beziehungsweise Anstiege.

# 6 Realisierung eines Probandentisches zur Messung von biologischem Material

## Inhaltsverzeichnis



Die in diesem Kapitel vorgestellten Ergebnisse wurden im Rahmen einer von der Autorin betreuten Bachelorarbeit [124] gewonnen.
Um die Anzahl der in Zukunft nötigen Tierversuche möglichst gering zu halten, wurden für diese Arbeit ausschließlich erste Vorversuche mit Hilfe von biologischem Material durchgeführt. Der Scanneraufbau wurde in Hinsicht auf die Untersuchung von Mäusen kritisch betrachtet, und es wurden zusätzlich notwendige Hilfsmittel aufgebaut.
Da durch die Kühlung, die notwendig ist um insbesondere die Sendespulen für das Selektionsfeld mit den notwendigen Strömen betreiben zu können, die Temperatur

der kompletten Spulenkonstruktion nur etwa 15 °C beträgt, ist es nötig, lebendes Material warm zu halten. Insbesondere für narkotisierte Mäuse bedeutet bereits eine minimale Körpertemperaturveränderung von bis zu 3 °C Lebensgefahr [125]. Aufgrund der asymmetrischen Spulentopologie und dem damit verbundenen stark inhomogenen Magnetfeld ist für die Bildgebung mit Hilfe dieses Scanners von Bedeutung, dass das zu scannende Objekt möglichst nah an den Sende- und Empfangsspulen positioniert werden kann. Diese Voraussetzung ist nicht mehr gewährleistet, sobald die Maus auf einem typischen beheizbaren Probandentisch platziert würde. Zusätzlich würden durch einen elektronisch beheizten Probandentisch unerwünschte Störsignale erzeugt. Somit ist es nötig, einen speziell für diesen Scanner entwickelten Probandentisch zu verwenden.
Um die Maus warm zu halten, kann der Probandentisch entweder durch das Durchfließen von warmem Wasser erwärmt werden oder die Maus kann von oben mit Hilfe einer Wärmelampe warmgehalten werden.

## 6.1 Methoden und Materialien

Im folgenden Kapitel wird zunächst der Versuchsaufbau beschrieben, der zur Überprüfung dienen soll, ob eine Wärmelampe einen störenden Einfluss auf die Bildgebung mit dem asymmetrischen Scanner hat.
Im Anschluss werden die zur Erstellung des Probandentisches notwendigen Schritte beschrieben und der Messaufbau erläutert, der zur Überprüfung der Simulationsergebnisse dient.
Im zweiten Teil dieses Kapitels wird auf die Methode zur Vermessung von biologischem Material mit Hilfe des asymmetrischen Scanners und dem zuvor entwickelten Probandentisch eingegangen.

### 6.1.1 Möglichkeiten zur Temperaturerhaltung des Messobjektes

Zunächst wurden Messungen mit einer Wärmebildkamera (testo 875, Lenzkirch, Deutschland) durchgeführt, um zu überprüfen, ob mit Hilfe der Wärmelampe (SIL 60, Sanitas, Uttenweiler, Deutschland) die für die Maus notwendige Temperatur erreicht werden kann und ob durch die Wärmelampe Störsignale in dem System erzeugt werden, die die Bildgebung verschlechtern. Neben Leermessungen mit und ohne eingeschalteter Wärmelampe wurden im Zusammenhang mit dem entwickelten Probandentisch Phantommessungen mit ein- und mit ausgeschalteter Wärmelampe gemessen und anschließend rekonstruiert. Bei allen Phantommessungen wurde das Phantom so positioniert, dass der Abstand zwischen den Empfangsspulen und dem Phantom so groß ist, dass der Probandentisch dazwischen platziert werden könnte. Anschließend wurde mit Hilfe der Konstruktionssoftware SolidWorks® (Dassault

Systems, Frankreich) ein Probandentisch entworfen, der mit Hilfe einer ineinander liegenden Warmwasserleitung ausgestattet wurde, um die Maus während der Messung auf dem Scanner positionieren und warmhalten zu können. Mit Hilfe der Simulationssoftware Comsol Multiphysics® (Comsol AB, Schweden) konnte die mit SolidWorks® erstellte Geometrie in Bezug auf die Fließeigenschaften des Wassers und die Wärmeverteilung im Leitungssystem simuliert werden.
Um die nötigen Simulationsparameter festzulegen, muss mit Hilfe der Reynolds-Zahl $Re$ die Strömungsart bestimmt werden. Zur Berechnung von $Re$ müssen die Dichte des Fluids $\rho$, der Rohrdurchmesser $D$, die Strömungsgeschwindigkeit $v$ und die dynamische Viskosität $\mu$ bekannt sein. Im vorliegenden Fall gilt bei 20 °C $\rho_{\text{Wasser}} = 1\ \frac{\text{g}}{\text{cm}^3}$ [126], $D = 1,5$ mm, $v = 1\ \frac{\text{m}}{\text{s}}$ und $\mu_{\text{Wasser}_{20\,°\text{C}}} = 1 \cdot 10^{-3}$ Pa · s [127]. Daraus ergibt sich:

$$Re = \frac{\rho D v}{\mu} = \frac{1000\ \frac{\text{kg}}{\text{m}^3} \cdot 0,0015\ \text{m} \cdot 1\ \frac{\text{m}}{\text{s}}}{1 \cdot 10^{-3}\ \frac{\text{kg}}{\text{ms}}} = 1500. \tag{6.1}$$

Somit gibt $Re$ das Verhältnis zwischen Trägheitskraft und Zähigkeitskraft [128] beziehungsweise zwischen Trägheitseinfluss und Reibungseinfluss [129] an. Ob es sich um eine laminare oder eine turbulente Strömung handelt, kann durch das Bestimmen von $Re$ festgelegt werden. Bei Rohrströmungen gilt die kritische Reynolds-Zahl von $Re_{\text{krit}} \approx 2300$. In [129] wird als Kriterium für eine laminare Strömung $Re < Re_{\text{krit}}$ und für eine turbulente Strömung $Re > Re_{\text{krit}}$ angegeben. Es handelt es sich also im vorliegenden Fall um eine laminare Strömung.
Nach der erfolgreichen Simulation wurde der Probandentisch mit Hilfe des 3D-Druckers (ProJet® 3510 HD Plus, 3D Systems, SC, USA) aus einem Photopolymer (VisiJet® X Plastic Material, 3D Systems, SC, USA) gedruckt und anschließend getestet.
Um herauszufinden, ob der Probandentisch die gewünschte Wärmeverteilung erzeugt, wurden die Versuche mit Hilfe einer Wärmebildkamera evaluiert. Wichtig ist, dass keine lokalen Temperaturmaxima oder -minima entstehen, die dazu führen könnten, dass das Gewebe der Maus geschädigt wird, sondern eine gleichmäßig verteilte Temperaturerhöhung mit Hilfe des Probandentisches erreicht werden kann. Die besondere Herausforderung dieses Probandentisches besteht darin, ihn möglichst dünn zu halten, so dass das zu untersuchende Objekt möglichst nah an den Spulenaufbau herangebracht werden kann. Des Weiteren soll in Zukunft die Maus möglichst flach auf dem Scanner positioniert werden, um die Eindringtiefe möglichst gut auszunutzen. Aus diesem Grund ist ein röhrenförmiger Aufbau des Probandentisches unpraktikabel. Aufgrund der auf dem Scanner befestigten Empfangsspulenhalterung und den am Probandentisch benötigten Schlauchanschlussstutzen mit Gewinde wird der Probandentisch in einer Größe von 100 mm x 90 mm realisiert. An den Anschlussstellen wird der ansonsten 2 mm dicke Probandentisch, der von Kanälen mit einem Durchmesser von 1,5 mm schlangenförmig durchzogen wird, auf

7 mm verdickt, hier befinden sich, zusätzlich zum Ein- und Auslass des Heizwassers, Bohrungen, mit deren Hilfe der Probandentisch mit dem Positionierungsroboter verbunden werden kann.
Die von warmen Wasser durchflossenen Kanäle haben insgesamt eine Länge von etwa 1 m und setzen sich aus 24 geraden und 23 gekrümmten Teilstücken zusammen. Abbildung 6.1 zeigt den Versuchsaufbau, mit dem kontrolliert wird, ob mit Hilfe des von warmem Wasser durchflossenen Probandentisches die zur Messung von narkotisierten Mäuse notwendige Temperatur von etwa 40 °C erreicht werden kann.

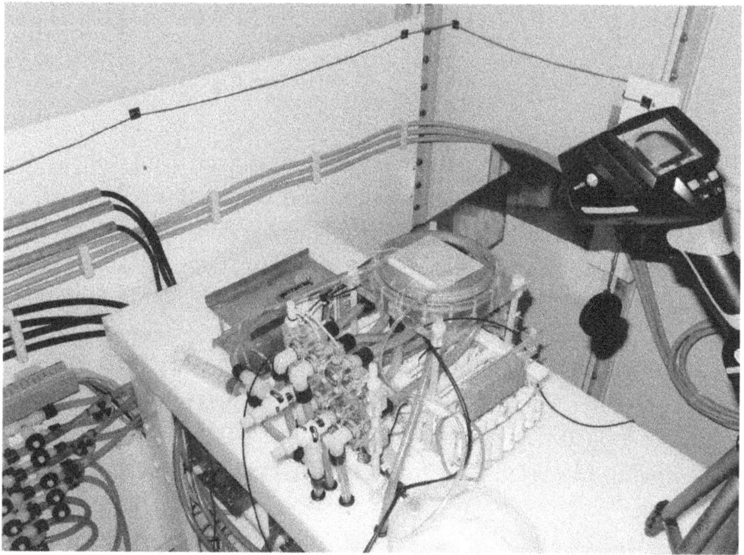

Abb. 6.1: Versuchsaufbau zur Kontrolle, ob mit Hilfe des Probandentisches die zur Messung einer narkotisierten Maus notwendige Temperatur auf dem asymmetrischen Scanner erreicht werden kann [124].

Um zu evaluieren, ob der Probandentisch einen negativen Einfluss auf das Rekonstruktionsergebnis hat, wurde ein Phantom mit und ohne Probandentisch vermessen und rekonstruiert. Bei den Messungen wurde darauf geachtet, dass der Abstand zwischen dem Phantom und den Empfangsspulen konstant bleibt. Zur Rekonstruktion dieses Phantoms wurde eine weitere Systemmatrix aufgenommen, um zu garantieren, dass bei den folgenden Phantommessungen und der Messung der Systemmatrix Resovist® aus der gleichen Charge verwendet wurde. Für die Systemmatrix wurden 8 x 15 Punkte in einem 16 x 30 $mm^2$ großen FOV vermessen.

### 6.1.2 Messung von biologischem Material

Um den Probandentisch und die Möglichkeit der Bildgebung eines biologischen Materials mit Hilfe des asymmetrischen MPI-Scanners zu evaluieren, wurden Hähnchenschenkel verwendet. Hähnchenschenkel wurden gewählt, da diese auch zu Beginn des vom BMBF-geförderten Projektes *Magnetic-Particle-Imaging für die Wächterlymphknoten-Biopsie beim Mammakarzinom* von einem der Projektpartner, der Klinik für Frauenheilkunde und Geburtshilfe des Universitätsklinikums Schleswig-Holsteins Campus Lübeck, untersucht wurden, da die Gewebestrukturen denen einer Maus ähneln. An einer Stelle wurde direkt unter die Haut, in die oberste Fleischschicht des Hähnchenschenkels, 10 µl Resovist® injiziert, welches anschließend, durch leichten Fingerdruck und kreisenden Fingerbewegungen an der Injektionsstelle, im Gewebe verteilt wurde. Anschließend wurde der Hähnchenschenkel auf den zuvor konstruierten Probandentisch gelegt und über dem Spulenaufbau positioniert. In Abbildung 6.2 links ist zunächst der Hähnchenschenkel zu sehen, in den Resovist® injiziert wurde. Die rechte Abbildung zeigt die Positionierung des Hähnchenschenkels mit dem Probandentisch auf dem Scanner.

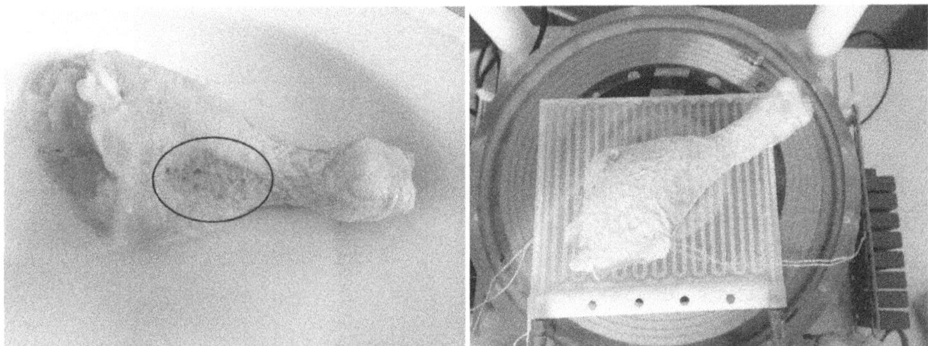

Abb. 6.2: Die linke Seite zeigt den Hähnchenschenkel in den Resovist® injiziert wurde (braune Stelle). Auf der rechten Seite ist die Position des Hähnchenschenkles während der MPI-Messung zu sehen.

Zunächst wurde mit Hilfe des Scanners ein zweidimensionales FOV vermessen und anschließend rekonstruiert. Dann wurde der Hähnchenschenkel auf etwa 37 °C erwärmt und mit Hilfe der Wärmebildkamera oberflächlich kontrolliert, ob sich die Temperatur des Hähnchenschenkels durch den von warmem Wasser durchflossenen Probandentisch erhalten lässt.

## 6.2 Ergebnisse

In diesem Kapitel werden die aus den zuvor beschriebenen Methoden gewonnenen Ergebnisse dargestellt.

### 6.2.1 Möglichkeiten zur Temperaturerhaltung des Messobjektes

In Abbildung 6.3 sind die Differenzen der Spannungswerte des $x$-Kanals zwischen zwei Leermessungen (rot) und einer Messung mit eingeschalteter Wärmelampe und einer Leermessung (türkis) abgebildet.

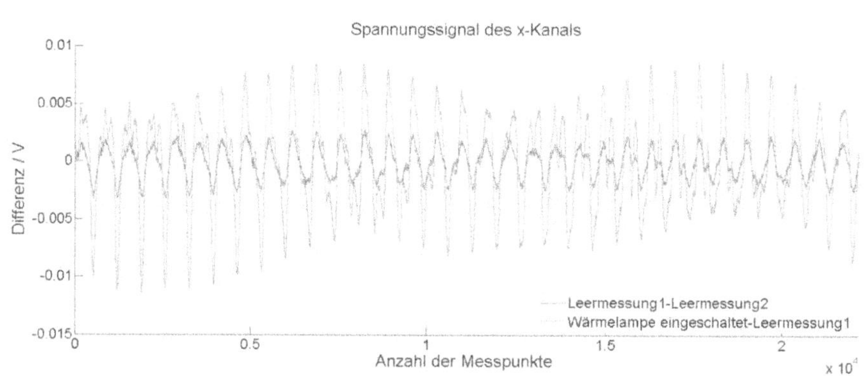


Abb. 6.3: Die Differenz des Spannungssignals des $x$-Kanals zweier Leermessungen (rot) und einer Messung mit eingeschalteter Wärmelampe und einer Leermessung (türkis)

Abbildung 6.4 zeigt die Differenzen der Spannungswerte des $y$-Kanals zwischen zwei Leermessungen (blau) und einer Messung mit eingeschalteter Wärmelampe und einer Leermessung (grün).
Es ist ein deutlicher Unterschied in den Differenzen zu sehen. Die Differenz von zwei Leermessungen ist deutlich kleiner als die von einer Leermessung mit eingeschalteter Wärmelampe und einer Leermessung in Abwesenheit der Wärmelampe.

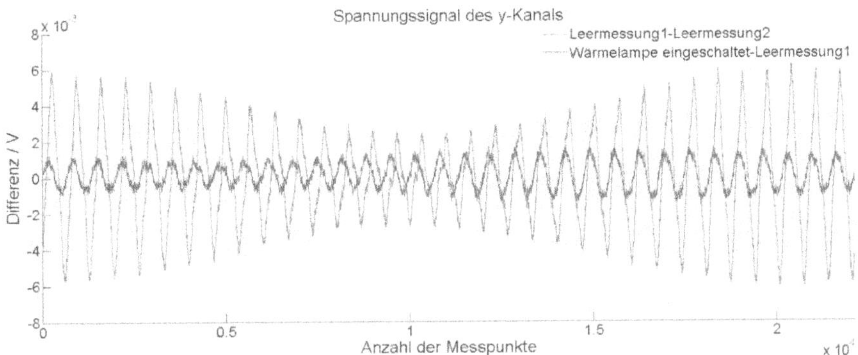


Abb. 6.4: Die Differenz des Spannungssignals des $y$-Kanals zweier Leermessungen (blau) und einer Messung mit eingeschalteter Wärmelampe und einer Leermessung (grün)

In den Abbildungen 6.5 und 6.6 sind die Rekonstruktionsergebnisse eines Dreipunktphantoms (Abb. 5.36, rechts) zu sehen. Das Phantom wurde auf dem aufgebauten Probandentisch positioniert. Bei der Messung, die das rekonstruierte Bild auf der rechten Seite der Abbildungen ergibt, wurde eine Wärmelampe eingeschaltet.

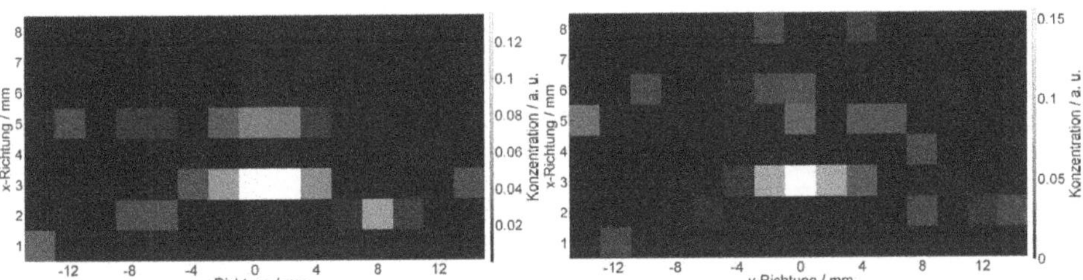


Abb. 6.5: Rekonstruktionen eines Dreipunktphantoms (Abb. 5.36, rechts) bei Benutzung aller Frequenzkomponenten zwischen 60 und 600: links ohne Wärmelampe, rechts mit eingeschalteter Wärmelampe

Abbildung 6.5 und 6.6 unterscheiden sich in der Anzahl der für die Rekonstruktion verwendeten Frequenzkomponenten. Für die Rekonstruktion, die in Abbildung 6.5 dargestellt ist, wurden alle Frequenzkomponenten zwischen 60 und 600 verwendet. Für die Rekonstruktion der Phantome in Abbildung 6.6 wurden lediglich die Frequenzkomponenten verwendet, die zuvor über die Festlegung eines SNR-Grenzwertes bestimmt wurden (Kap. 5). Wie bereits in Kapitel 5 gezeigt und diskutiert wurde, ist auch hier eine starke Verschmierung des Partikelsignals in $y$-Richtung und eine

Intensitätsabnahme mit zunehmendem Abstand zur Scanneroberfläche zu beobachten.

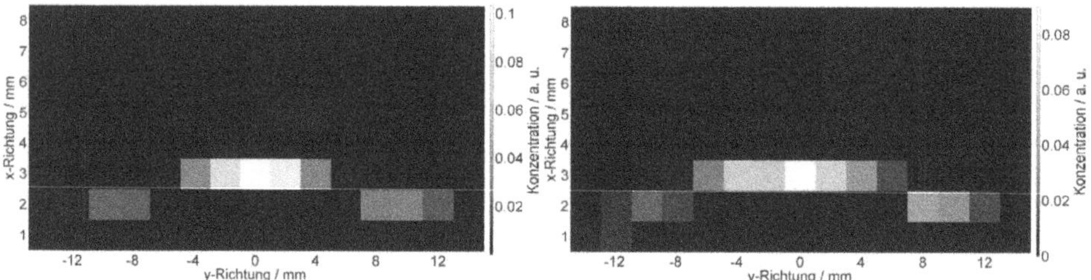


Abb. 6.6: Rekonstruktionen eines Dreipunktphantoms (Abb. 5.36, rechts) bei Benutzung der Frequenzkomponenten, die oberhalb eines SNR-Grenzwertes liegen: links ohne Wärmelampe, rechts mit eingeschalteter Wärmelampe

In den Abbildung 6.5 rechts und 6.6 kann ausschließlich der unterste Punkt des Dreipunktphantoms genau lokalisiert werden. Wobei das Rekonstruktionsergebnis auf der linken Seite von Abbildung 6.5 zwei Punkte des Dreipunktphantoms zeigt. Der zweite Punkt hat einen Abstand von etwa 9 mm zu den Empfangsspulen.

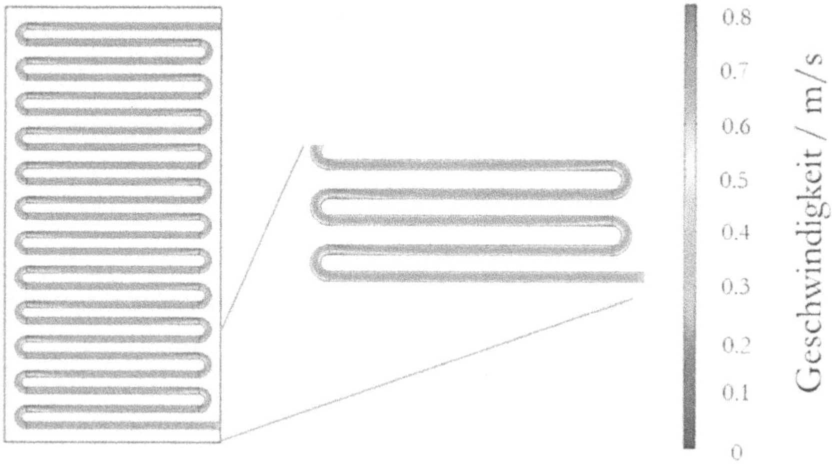


Abb. 6.7: Die Geschwindigkeitsverteilung im Rohr des Probandentisches

In Abbildung 6.7 ist die Geschwindigkeitsverteilung des mit 0,5668 m/s einströmenden Wassers anhand einer Comsol-Multiphysics®-Simulation zu sehen. Die Ein-

strömgeschwindigkeit entspricht einer Flussrate von 1 ml/s. Um die Verteilung genauer erkennen zu können, wurde ein Ausschnitt vergrößert dargestellt. Im Bereich der Rohrkrümmungen ist die Geschwindigkeit am inneren Rand geringer als am äußeren. Im Mittel ist die Geschwindigkeit an jeder Position des Rohrquerschnittes gleich.
Abbildung 6.8 zeigt auf der linken Seite den stationären Fall der Temperaturverteilung, bei einer Einflusstemperatur von 44 °C. Die Temperatur nimmt über die Strecke des Probandentisches um etwa 0,2 °C ab.

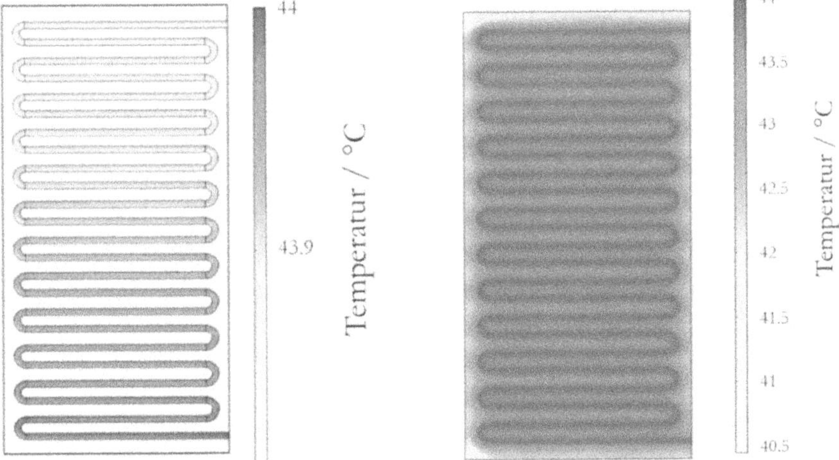


Abb. 6.8: Die Temperaturverteilung des warmen Wassers innerhalb der Rohrleitungen (links) und auf der Oberfläche des Probandentisches (rechts)

Auf der rechten Seite der Abbildung 6.8 ist die Temperatur des Probandentisches bei einer einströmenden Temperatur von 44 °C zu sehen. Die maximale Temperaturdifferenz zwischen den Rohrleitungen und der Umgebungstemperatur beträgt 3,5 °C.
Auf der linken Seite von Abbildung 6.9 ist das Wärmebild der Scanneroberfläche, auf welcher der Probandentisch positioniert ist, zu sehen. Zu diesem Zeitpunkt war die Ölkühlung des Scanners bereits eingeschaltet, jedoch wurde der Probandentisch noch nicht von warmem Wasser durchflossen. Die rechte Seite der Abbildung 6.9 zeigt die Temperaturverteilung innerhalb der Fläche, die auf der linken Seite der Abbildung 6.9 mit einem Kreis gekennzeichnet wurde. Auf der Abzisse ist die Temperatur in °C aufgetragen und die Ordinate gibt in % das Vorkommen der jeweiligen

Temperatur an, der Maximalwert dieser Skala würde bei 100 % liegen. Zusätzlich wurden Angaben über die minimale Temperatur ($T_{\text{min}} = 18$ °C), die maximale Temperatur ($T_{\text{max}} = 19,6$ °C) und den Mittelwert ($T_{\text{mean}} = 18,7$ °C) gemacht.

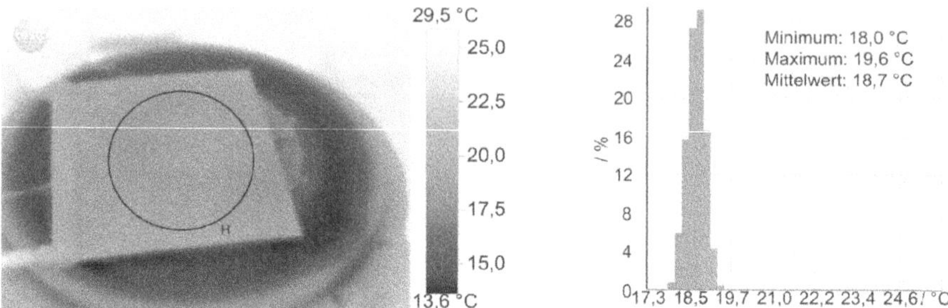


Abb. 6.9: Die linke Seite zeigt die Aufnahme einer Wärmebildkamera in der Ausgangssituation. Auf der rechten Seite ist das Histogramm der Temperaturverteilung innerhalb des auf der linken Seite eingezeichneten Kreises zu sehen.

In Abbildung 6.10 sind zwei zu unterschiedlichen Zeitpunkten aufgenommene Bilder der Wärmebildkamera abgebildet. Es ist deutlich zu sehen, wie sich das etwa 40 °C warme Wasser langsam in den Rohrleitungen des Probandentisches verteilt.

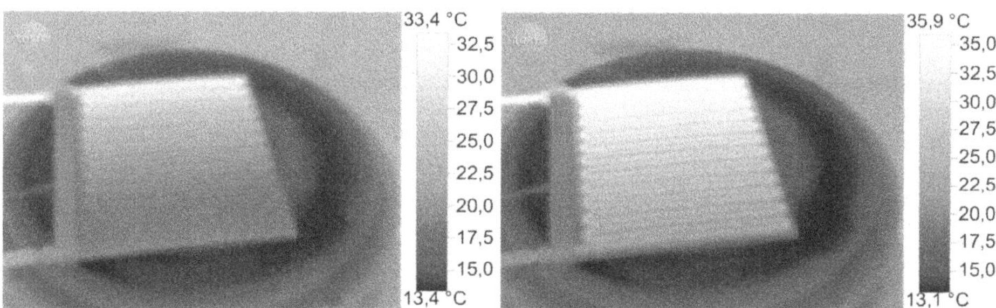


Abb. 6.10: Der auf dem Scanner positionierte Probandentisch wird mit 40 °C warmen Wasser durchflossen.

Abbildung 6.11 zeigt auf der linken Seite das mit der Wärmebildkamera aufgenommene Bild der Scanneroberfläche und dem Probandentisch, der von 40 °C warmen Wasser durchflossen wurde. Auf der rechten Seite ist die zugehörige Temperaturverteilung zu sehen. Die auf der Abszisse und Ordinate aufgetragenen Einheiten entsprechen denen in Abbildung 6.9. Hier betragen $T_{\text{min}} = 36,7$ °C, $T_{\text{max}} = 39,9$ °C und $T_{\text{mean}} = 38,5$ °C.

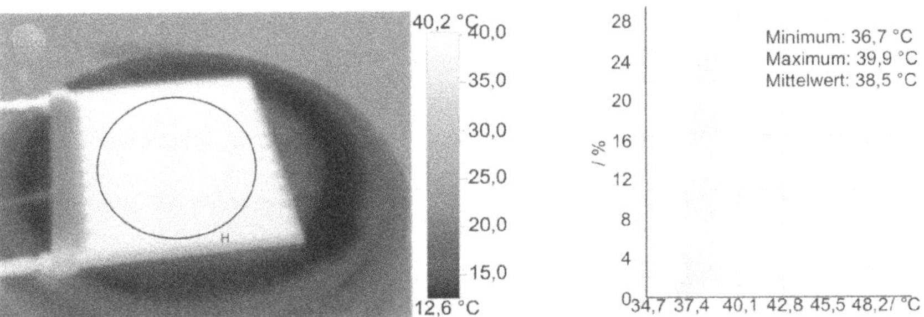


Abb. 6.11: Die linke Seite zeigt die Aufnahme einer Wärmebildkamera, bei der der gesamte Probandentisch mit etwa 40 °C warmen Wasser durchflossen wird. Auf der rechten Seite ist das Histogramm der Temperaturverteilung innerhalb des auf der linken Seite eingezeichneten Kreises zu sehen.

Abbildung 6.12 zeigt das Rekonstruktionsergebnis des Dreipunktphantoms aus Abbildung 5.36 (rechts) in einem 16 x 30 mm$^2$ großen FOV.

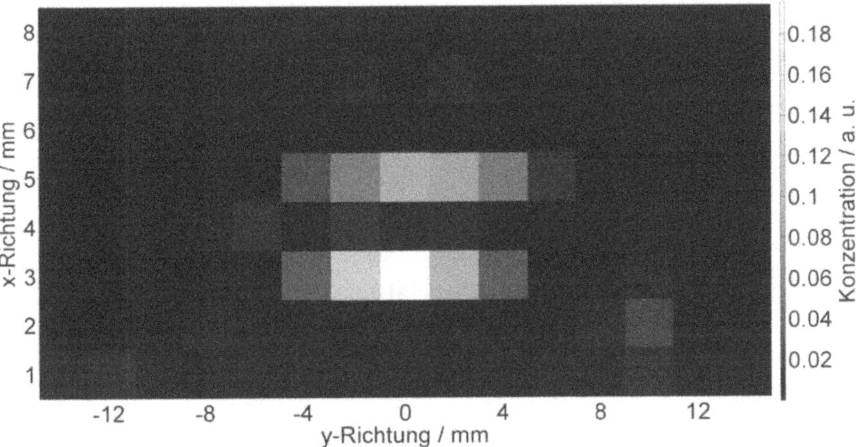


Abb. 6.12: Rekonstruktionsergebnis des Dreipunktphantoms aus Abbildung 5.36 (rechts) mit einem Abstand zum Scanner, der der Dicke des Probandentisches entspricht

Der Abstand zwischen dem Dreipunktphantom und der Oberfläche des Scanners wurde so gewählt, dass der Probandentisch noch zwischen Scanner und Phantom positioniert werden kann. Das entspricht in etwa einem Abstand von insgesamt 3 mm zwischen Empfangsspulen und der ersten Resovistmarkierung.

In Abbildung 6.13 ist die Rekonstruktion des Dreipunktphantoms aus Abbildung 5.36 (rechts) in einem 16 x 30 $mm^2$ großen FOV zu sehen, welches in diesem Fall auf dem von warmem Wasser durchflossenen Probandentisch positioniert wurde.

In beiden Abbildungen sind zwei der drei Punkte lokalisierbar, allerdings treten auch wie in den vorherigen Rekonstruktionsergebnissen Verschmierungen in $y$-Richtung auf.

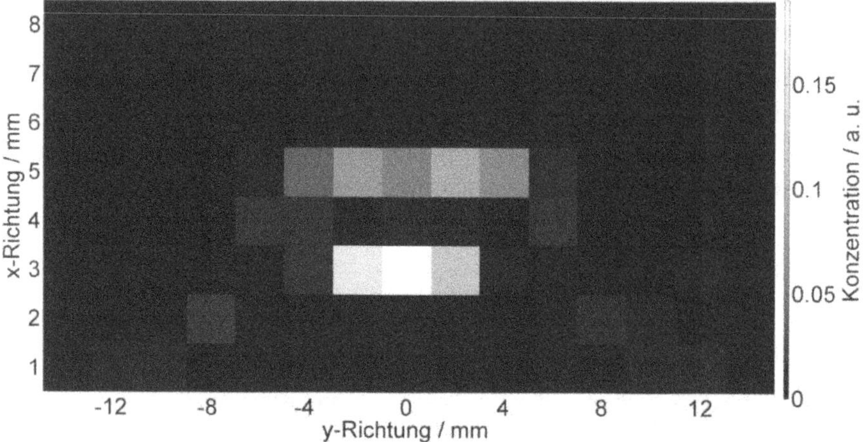


Abb. 6.13: Rekonstruktionsergebnis des Dreipunktphantoms aus Abbildung 5.36 (rechts), welches auf dem Probandentisch positioniert wurde

### 6.2.2 Messung von biologischem Material

Abbildung 6.14 zeigt im unteren Teil das Rekonstruktionsergebnis des Hähnchenschenkels, in welchem in die oberste Fleischschicht Resovist® injiziert wurde (obere Abbildung).

Es ist deutlich der im Fleisch liegende Injektionsort des Tracermaterials zu erkennen. Zusätzlich gibt es Signale mit schwächerer Intensität in direkter Nähe zu den Empfangsspulen. In Abbildung 6.15 ist die Verteilung des Tracermaterials im Gewebe zu sehen, die durch eine Massage des Gewebes erreicht wird. Die Konzentration an der Einstichstelle ist im Vergleich zu den anderen Bereichen deutlich erhöht, aber wesentlich geringer als in Abbildung 6.14. Zusätzlich ist ein größerer Bereich mit höheren Konzentrationen im Vergleich zum Hintergrund zu sehen.

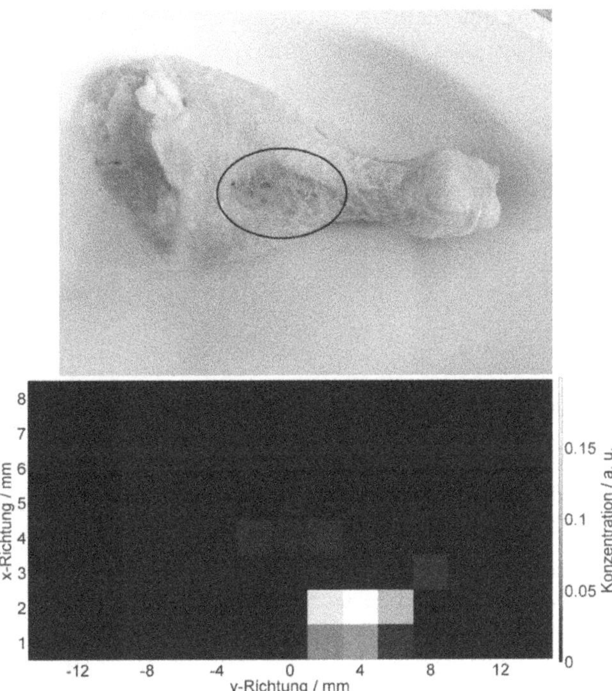


Abb. 6.14: Rekonstruktionsergebnis(unten) des mit Resovist® injizierten Hähnchenschenkels (oben)

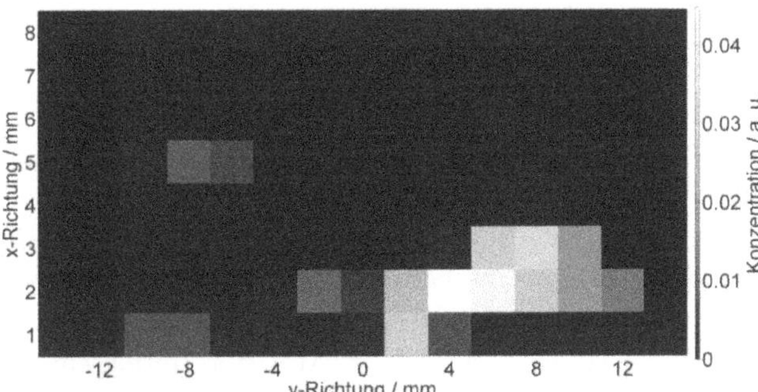


Abb. 6.15: Rekonstruktionsergebnis des mit Resovist® injizierten und ins Gewebe massierte Hähnchenschenkels

In Abbildung 6.16 ist die Wärmebildkamera-Aufnahme des Scanners mit dem von warmem Wasser durchflossenen Probandentisch und dem darauf positionierten, zuvor erwärmten Hähnchenschenkel zu sehen. Auf der rechten Seite ist die dazugehörige Temperaturverteilung innerhalb der auf der linken Seite eingezeichneten Fläche in einem Diagramm aufgetragen. Hierbei beträgt $T_{\text{min}} = 28,4$ °C, $T_{\text{max}} = 39,9$ °C und $T_{\text{mean}} = 38,5$ °C.

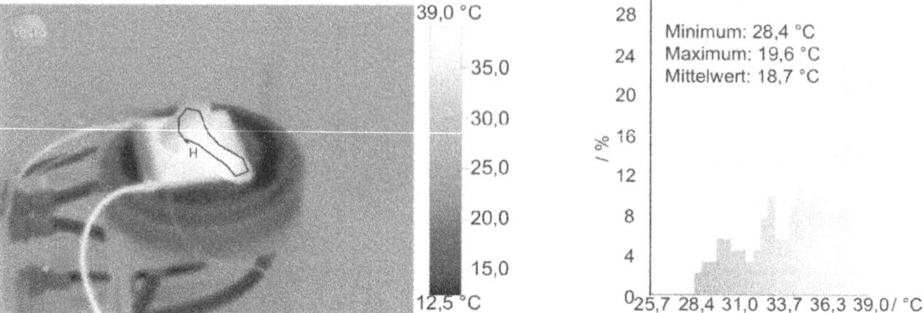


Abb. 6.16: Die linke Seite zeigt die Aufnahme einer Wärmebildkamera, bei der der gesamte Probandentisch mit etwa 40 °C warmen Wasser durchflossen wird. Außerdem ist der zuvor auf etwa 37 °C erwärmten Hähnchenschenkel zu sehen. Auf der rechten Seite ist das Histogramm der Temperaturverteilung innerhalb des auf der linken Seite eingezeichneten Bereiches zu sehen.

## 6.3 Diskussion und Schlussfolgerung

In diesem Kapitel wurde ein Probandentisch entwickelt, mit dem es in Zukunft möglich sein wird, eine Maus auf dem Scanner zu positionieren und warm zu halten, so dass die narkotisierte Maus keinen Schaden nimmt.
Zunächst wurde versucht, eine Wärmelampe zur Warmhaltung des Tieres einzusetzen. Im Bezug auf die notwendige Temperatur wäre diese Lösung hinreichend, jedoch erhöht die Wärmelampe, wie in den Abbildung 6.3, 6.4 und 6.5 zu sehen ist, die Störungen im System. Allerdings sieht man bei den Rekonstruktionsergebnissen der Phantommessungen mit eingeschalteter Wärmelampe und ohne Wärmelampe nur einen Unterschied, wenn man zur Rekonstruktion alle Frequenzkomponenten nimmt, die zwischen der 60. und 600. liegen (Abb. 6.5). In diesem Fall können zwei Punkte des Phantoms rekonstruiert werden, wenn die Wärmelampe bei der Messung nicht anwesend ist. Wenn zur Rekonstruktion nur die Frequnzkomponenten verwendet werden, die über einem definierten SNR Grenzwert liegenden, ist kein Unterschied zu erkennen, wenn die Wärmelampe eingeschaltet ist (Abb. 6.6). Daraus lässt sich schließen, dass die Lampe das Signal im Ganzen und insbesondere in dem Frequenzbereich, in dem bereits Störungen vorhanden sind, verschlechtert.
Da die Lampe selber mit 50 Hz betrieben wird, ist es auszuschließen, dass die Störungen direkt von der Wärmelampe verursacht werden. Es ist davon auszugehen,

dass die Störungen, die sich auf der Netzleitung befinden, durch den vorherigen Störfilter nicht ausreichend eliminiert werden können und durch das Kabel der Lampe an Einfluss auf den Scanner gewinnen. Auch durch zukünftige Verbesserungen am System könnten sonstige Störungen stark minimiert werden, sodass eine Wärmelampe sich negativ auf die Rekonstruktionsergebnisse auswirken würde.
Aus diesem Grund wurde ein Probandentisch gebaut, der mit warmem Wasser durchflossen wird, wodurch der Proband warm gehalten werden kann. Da es beim asymmetrischen Scanner auf Grund der stark inhomogenen Magnetfelder sehr wichtig ist, dass das zu messende Objekt möglichst nah an die Spulengeometrie herangebracht wird, wurde ein flacher Probandentisch aufgebaut, sodass man die Möglichkeit bekommt eine narkotisierte Maus auf diesem zu fixieren.
Der Geschwindigkeitsverlauf (Abb. 6.7) zeigt, dass sich keine erhebliche Geschwindigkeitsverzögerung durch die Geometrie ergibt und somit keine punktuellen Wärmequellen auftreten. Die Simulationen der Temperaturverteilung im und über dem Probandentisch (Abb. 6.8) decken sich mit den gemessenen Daten.
In den Abbildungen 6.9 bis 6.11 ist zu sehen, dass durch einen einfachen Durchfluss von warmem Wasser der Probandentisch auf eine Temperatur gebracht werden kann, die sich gleichmäßig verteilt und ausreicht, um eine narkotisierte Maus warm zu halten. Das ist besonders in Abbildung 6.16 gut zu sehen.
Die Phantommessungen zeigen, dass der Probandentisch keinen Einfluss auf die Messungen hat und man trotz der Dicke von 2 mm, was bedeutet, dass das Phantom etwa 5 mm von den Sendespulen entfernt ist, noch gut zwei der drei Punkte, die jeweils 2 mm auseinander liegen voneinander unterscheiden kann. Die Eindringtiefe in den Probanden beträgt bei Verwendung des Probandentisches etwa 8 mm und ist zur Detektion der mit SPIONs markierten Lymphknoten einer Maus, die etwa 5 mm unterhalb der Haut liegen, gut einsetzbar.
Das zeigt auch die Messung, bei der das Tracermaterial unter die Haut, in die oberste Fleischschicht eines Hähnchenschenkels injiziert wurde (Abb. 6.14). Hier ist im rekonstruierten Bild deutlich zu erkennen, an welcher Stelle sich das Tracermaterial angesammelt hat, und dass es sich, wie in Abbildung 6.2 durch die Braunfärbung zu sehen, auch in eine Richtung direkt unter der Haut ausgebreitet hat. Durch eine sinkenden Konzentrationswert nach Massage der Injektionsstelle des Gewebes und einer breiteren Verteilung des Tracermaterials (Abb. 6.15) ist davon auszugehen, dass sich das Tracermaterial im Gewebe verteilt hat und auch in tiefer liegende Gewebeschichten eingedrungen ist.

# 7 Simulation eines verkleinerten asymmetrischen MPI-Scanners

## Inhaltsverzeichnis



Der in den vorherigen Kapiteln vorgestellte asymmetrischen MPI-Scanner ist ein fest installiertes System, dessen maximaler Durchmesser 140 mm beträgt. Für die klinische Anwendung ist es wünschenswert, dieses System so stark zu verkleinern, dass es handlich und beweglich wird und von den Proportionen besser an die menschliche Achselhöhle angepasst ist. Dann müsste die Patientin zur Lokalisation des Wächterlymphknotens (Kap. 1.1.3) nicht auf dem Scanner platziert werden und für die Untersuchung eine gegebenenfalls unangenehme Position einnehmen, sondern der Scanner kann an die Patientin herangeführt werden.
Um dies zu realisieren, wird ein maximaler Durchmesser des Systems von 100 mm vorausgesetzt. Um das Gerät handlicher zu gestalten, werden Permanentmagnete eingesetzt, wodurch weitestgehend auf ein kompliziertes Kühlungskonzept verzichtet werden kann. Selbstverständlich bringt so ein System andere Einschränkungen mit sich, die sich insbesondere auf die Größe des FOVs auswirken.
Bei dem vorliegenden Kapitel handelt es sich um eine erste Simulationsstudie, die nicht unmittelbar in die Realität übertragbar ist, da ein neues Kühlungskonzept not-

wendig wird. Somit müssen weitere Berechnungen durchgeführt werden um das hier vorgestellte Konzept umsetzen zu können. Diese Berechnungen müssen die Leistung der Spulen, ein dadurch eventuell nötiges Kühlungskonzept und die Abschirmung der magnetischer Felder berücksichtigen.

## 7.1 Methoden

Die Simulationsstudie wurde mit der am Institut für Medizintechnik der Universität zu Lübeck entwickelten Simulationssoftware *ScannerConf* durchgeführt. Diese Software ermöglicht verschiedene Geometrien von Permanentmagneten und Spulen zusammenzufügen und ihnen unterschiedliche Eigenschaften zuzuordnen. Anschließend werden die durch Superposition erzeugten Magnetfelder berechnet und dargestellt. Zusätzlich besteht die Möglichkeit, sich den FFP anzeigen zu lassen und den Verlauf der Kurve, auf der sich der FFP bewegt, also die Trajektorie, anzuzeigen.
Das Selektionsfeld wird durch zwei kreisförmige Permanentmagnete erzeugt. Durch deren ineinander liegende Anordnung, die der Spulenanordnung des aufgebauten Systems (Kap. 4) gleicht, wird auch auf beiden Seiten der Permanentmagnetanordnung jeweils ein FFP erzeugt. In dieser Simulationsstudie sollen beide FFPs berücksichtigt werden, wodurch zwei unterschiedliche Trajektorien und FOV-Größen mit einem Scanneraufbau realisiert werden können. Dadurch lässt sich möglicherweise die Limitierung des FOVs ausgleichen, welche mit der Verkleinerung des Scanneraufbaus einhergeht.
Die Anregungsfelder werden durch Spulen erzeugt, die einen Wechselstrom tragen. Dabei wird auf die Erkenntnisse des aufgebauten Systems (Kap. 4) zurückgegriffen und neben ähnlichen, auf das neue Konzept angepasste Geometrien, auch die gleichen Anregungsfrequenzen für die ein- und zweidimensionale Anregung verwendet. Somit bewegt sich der FFP auch entlang einer Lissajous-Trajektorie (Kap. 3.5) und die bereits aufgebaute Sende- und Empfangskette (Kap. 4) könnte bei einer möglichen Realisierung übernommen werden.
Tabelle 7.1 fasst die wichtigsten Spezifikation des Simulationsaufbaus zusammen.
Bei der Auswahl der Permanentmagnete wurde berücksichtigt, dass deren Remanenzflussdichte $B_r$ und somit der Oberflächenstrom $I_o$ in einer Größenordnung von kommerziell erwerbbaren Permanentmagneten liegt. $B_r$ gibt die Flussdichte an, wenn kein äußeres Feld wirkt und ist in der Hysteresekurve an dem Punkt abzulesen, an dem $H = 0$ gilt. Für den Oberflächenstrom $I_o$, der mit Hilfe von $B_r$ und der magnetischen Feldkonstanten $\mu_0 = 4\pi \cdot 10^{-7}\,\frac{N}{A^2}$ berechnet werden kann, gilt

$$I_o = \frac{B_r}{\mu_0}. \tag{7.1}$$

$I_o$ kommt zustande, da Permanentmagnete durch homogen verteilte Dipolmomente modelliert werden können. Durch diese Verteilung wird der Volumenstrom zugunsten des Oberflächenstroms ausgelöscht.

Tabelle 7.1: Die Geometrieeigenschaften und die Spezifikationen der Spulen und der Permanentmagnete des verkleinerten asymmetrischen Scanners

| | äußerer Permanentmagnet | innerer Permanentmagnet | Spule zur FFP-Bewegung in $x$-Richtung | Spule zur FFP-Bewegung in $y$-Richtung |
|---|---|---|---|---|
| Form | kreisförmig | kreisförmig | kreisförmig | doppel-D-förmig |
| Außenradius | 50 mm | 40 mm | 25 mm | 50 mm |
| Innenradius | 44 mm | 25,5 mm | 5,5 mm | 37 mm |
| Höhe | 15,5 mm | 15,5 mm | 15,5 mm | 4,5 mm |
| Oberflächenstrom | 310,35 MA/m | 103,85 MA/m | — | — |
| Windungszahl | — | — | 36 | 8 |
| AC | — | — | 83 A | 160 A |
| Leistungsverluste | — | — | 51,72 W | 93,44 W |
| Frequenz | — | — | 2,5 MHz/99 | 2,5 MHz/96 |

Bei der Darstellung der Magnetfeldverläufe und der Trajektorien wurde auf die aus Kapitel 4 und 5 bekannten FOV-Größen zurückgegriffen. Das FOV wurde so positioniert, dass es direkt auf der Scanneroberfläche aufliegt, ohne dass es zu Überschneidungen zwischen den scanneraufbauenden Elementen und dem FOV kommt. In Tabelle 7.2 sind die wichtigsten Simulationsparameter angegeben. Das Koordinatensystem ist identisch mit dem aus Abbildung 4.13.
Neben den Simulationen bezüglich der magnetischen Flussdichte, dem Verlauf des FFPs und des Gradienten wurde auch das bereits zur ersten Abschätzung des asymmetrischen Scanners verwendete Phantom (Abb. 4.19) in beiden FOVs positioniert und der Bildgebungsprozess simuliert. Dazu wurden die identischen FOV-Einstellungen, wie zur Simulation der magnetischen Flussdichte (Tab. 7.2), verwendet. Jedoch wurde die Auflösung des Feldes auf 15 x 15 Punkte heruntergesetzt. Zur Rekonstruktion wurden 50 Iterationen der algebraischen Rekonstruktionstechnik (Kap. 5.1.2) berechnet. Der Regularisierungsparameter [111] (Kap. 5.1.2) wird auf $\lambda = 1.17289 \cdot 10^{-18}$ gesetzt.

Tabelle 7.2: Simulationseinstellungen zur Simulation der Scannergeometrie aus Tabelle 7.1

| | FOV auf Seite der D-Spulen | FOV auf Seite der Kreisspule |
|---|---|---|
| Größe in m ($x$-, $y$-, $z$-Richtung) | (0,03, 0,03, 0) | (0,03, 0,03, 0) |
| Auflösungspunkte ($x$-, $y$-, $z$-Richtung) | (300, 300, 1) | (300, 300, 1) |
| Mittelpunkt des FOV in m ($x$-, $y$-, $z$-Richtung) | (0,02775, 0, 0) | (-0,02275, 0, 0) |
| Simulationspunkte nach denen gelöst wurde | 1000 | 1000 |

## 7.2 Ergebnisse

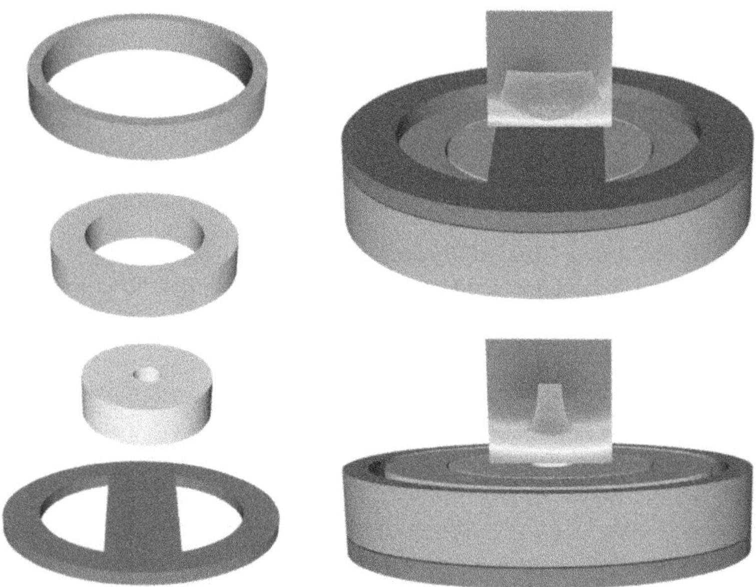

Abb. 7.1: Auf der linken Seite sind die einzelnen Geometrien des Simulationsaufbaus als Explosionszeichnung dargestellt. Auf der rechten Seite ist der Simulationsaufbau im Ganzen zu sehen und die Trajektorien, entlang derer sich der FFP auf den jeweiligen Seiten des Simulationsaufbaus bewegt.

Abbildung 7.1 zeigt links die einzelnen Elemente, aus denen der Simulationsaufbau besteht. Die Größen und andere Spezifikationen können der Tabelle 7.1 entnommen werden. Der Ring mit dem größten Durchmesser (Abb. 7.1, rot) ist der äußere Permanentmagnet, der Ring mit dem kleineren Durchmesser (Abb. 7.1, grün) der innere Permanentmagnet, der Ring mit dem kleinsten Durchmesser (Abb. 7.1, gelb) ist die Anregungsspule für die $x$-Richtung. Die Anregungsspule für die $y$-Richtung ist blau dargestellt. Der komplette Simulationsaufbau ist auf der rechten Seite zu sehen. Dabei zeigen die obere und die untere Abbildung den gleichen Simulationsaufbau von unterschiedlichen Seiten, die erzeugten Magnetfelder und den Verlauf des FFPs ist oberhalb der feldgenerierenden Komponenten eingezeichnet.

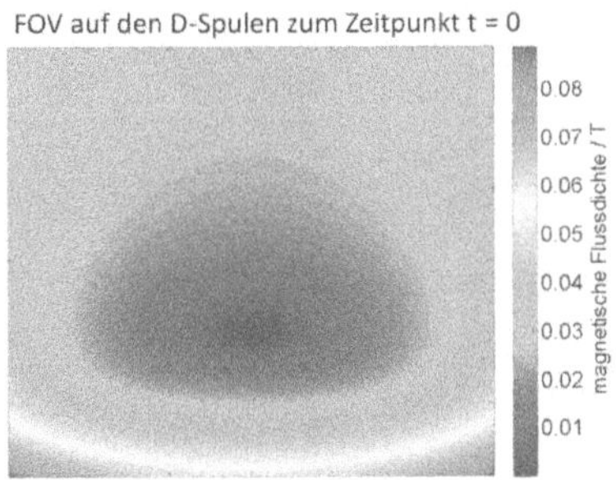


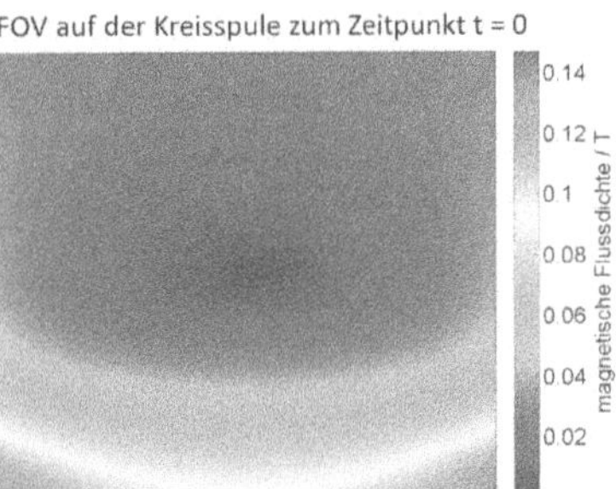


Abb. 7.2: Die magnetische Flussdichte des Selektionsfeldes zum Zeitpunkt t = 0 der FOVs auf beiden Seiten der Scanneroberfläche

Abbildung 7.2 zeigt den Absolutbetrag der magnetischen Flussdichte im 30 x 30 $mm^2$ großen FOV. Auf der linken Seite ist das FOV direkt oberhalb der D-Spulen zu sehen und auf der rechten Seite das FOV oberhalb der Kreisspule. Es ist auffällig, dass sich links der FFP deutlicher hervorhebt und auch der Betrag der magnetischen Flussdichte im allgemeinen deutlich kleiner ist. Beide Simulationen wurden zum Zeitpunkt t = 0 durchgeführt, was bedeutet, dass noch keine Einflüsse der Wechselfelder, die mit Hilfe der Spulen generiert werden, zu sehen sind, sondern ausschließlich das Selektionsfeld abgebildet ist.
Der Verlauf der FFPs auf beiden Seiten des Simulationsaufbaus ist in Abbildung 7.3 und 7.4 zu sehen. Abbildung 7.3 zeigt die Trajektorie auf der Seite der D-Spulen. Abbildung 7.4 zeigt die Trajektorie auf der Seite der Kreisspule. Die beiden Trajektorien unterscheiden sich deutlich in ihrer Form.

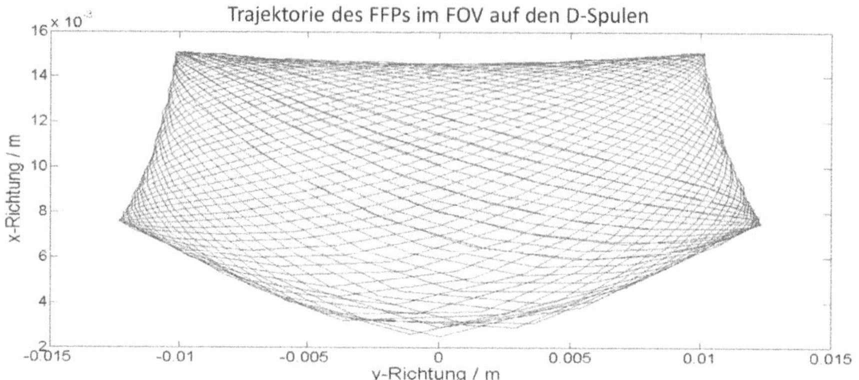


Abb. 7.3: Der Trajektorienverlauf, auf dem der FFP bewegt wird, auf der Scanneroberfläche der D-Spulen.

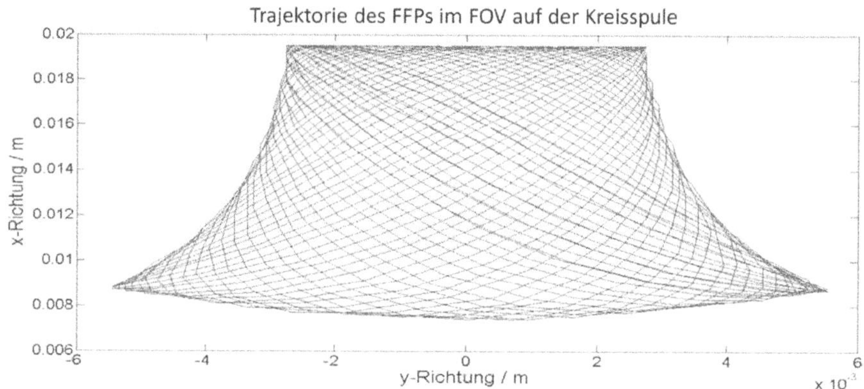


Abb. 7.4: Der Trajektorienverlauf, auf dem der FFP bewegt wird, auf der Scanneroberfläche der Kreisspule.

Der Abstand zwischen den D-Spulen und dem untersten Punkt der Trajektorie beträgt 2,6 mm. Der maximale Abstand in $x$-Richtung zum Mittelpunkt der Oberfläche des Simulationsaufbaus beträgt 14,6 mm. In einer Entfernung von 7,6 mm zur Oberfläche erreicht die Trajektorie ihre maximale Ausbreitung von 24,5 mm in $y$-Richtung.

Der geringste Abstand zwischen der Kreisspulenoberfläche und der Trajektorie oberhalb der Kreisspulen beträgt 7,5 mm, der maximale Abstand zur Oberfläche beträgt 19,4 mm und die maximale Ausdehnung der Trajektorie in $y$-Richtung beträgt 11,1 mm bei einem Abstand von 8,7 mm zur Oberfläche.

Selbstverständlich ist auch bei dieser Anordnung der Gradient im FFP erheblich von der Position des FFPs auf der Trajektorie abhängig. Zum Zeitpunkt t = 0 beträgt der Betrag des Gradienten auf beiden Seiten der Simulationsanordnung etwa 5 T/m. In $x$-Richtung beträgt der Gradient zum Zeitpunkt t = 0 im FOV oberhalb der D-Spulen -4,09 T/m, in $y$- und $z$-Richtung 2,04 T/m. Im FOV auf der anderen Seite der Simulationsanordnung drehen sich nur die Vorzeichen der Gradientenstärke um.

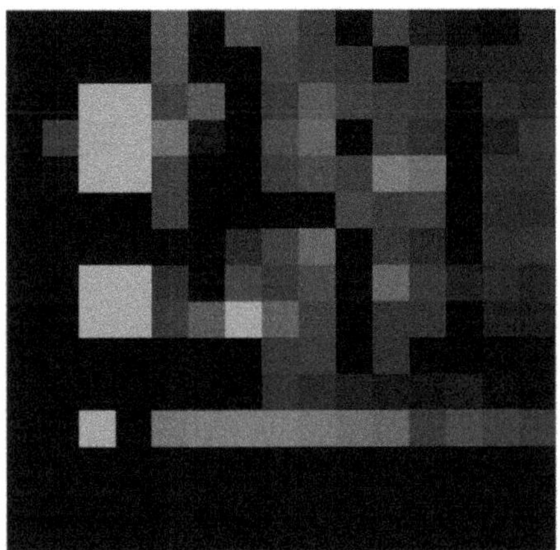

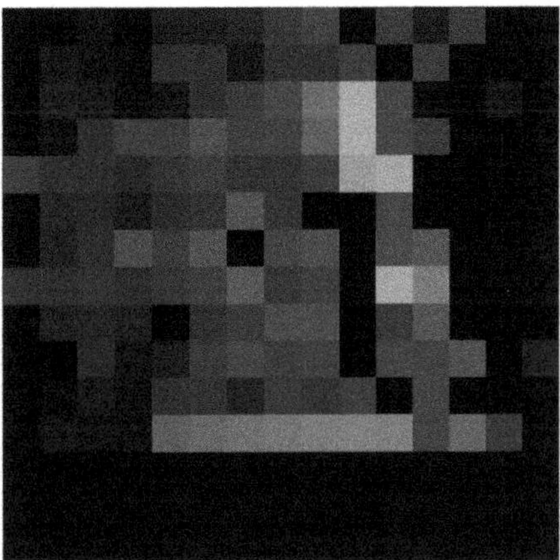

Abb. 7.5: Auf eins normalisierte Rekonstruktionsergebnisse des Phantoms aus Abbildung 4.19, welches auf beiden Scannerseiten positioniert wurde. Die linke Abbildung zeigt das Rekonstruktionsergebnis des Phantoms, das oberhalb der D-Spulen platziert wurde. Die rechte Abbildung zeigt das Rekonstruktionsergebnis des Phantoms, das oberhalb der Kreisspule platziert wurde. Der Scanner befindet sich auf der linken Seite des jeweiligen Phantoms.

In Abbildung 7.5 ist auf der linken Seite die Rekonstruktion des Phantoms (Abb. 4.19) zu sehen, welches im FOV oberhalb der D-Spulen positioniert ist. Auf der rechten Seite sieht man die Rekonstruktion des gleichen Phantoms, nur dass es hier auf der anderen Seite des Simulationsaufbaus positioniert wurde. Die Werte beider Rekonstruktionsergebnisse wurden auf eins normalisiert.
Links in Abbildung 7.5 sind die ersten drei untereinander, dicht an der Scanneroberfläche positionierten Quadrate gut zu erkennen, wobei beim obersten Quadrat nur die erste Hälfte zu sehen ist. Mit zunehmendem Abstand zur Scanneroberfläche ist nur noch der Abstand zwischen der mittleren und der untersten Reihe zu erkennen. Das Rekonstruktionsergebnis auf der rechten Seite der Abbildung zeigt keine eindeutigen Strukturen, jedoch ist die Signalintensität bei einem großen Abstand zur Scanneroberfläche größer.

## 7.3 Diskussion und Schlussfolgerung

In diesem Kapitel wurde eine erste Simulationsstudie zum Aufbau eines handlichen MPI-Scanners zur Lokalisierung von oberflächennahen Gewebestrukturen, unter anderem des Wächterlymphknotens (Kap. 1.1.3), durchgeführt. Der Vorteil im Vergleich zum aktuell aufgebauten System soll in einer höheren Flexibilität des bildgebenden Systems liegen und somit die Anwendung für Anwender und Patienten optimieren.
Zunächst liegt das Ziel darin, den Scanner von beiden Seiten anwendbar zu machen und auf ein Kühlungssystem zu Gunsten einer Vereinfachung des Aufbaus verzichten zu können. Um dieses zu erreichen, können zwei ineinander liegende Permanentmagnete, die dem Aufbau einen maximalen Durchmesser von 100 mm vorgeben (Tab. 7.1), das Selektionsfeld und somit den zur Bildgebung notwendigen FFP erzeugen. Die Bewegung des FFPs wird weiterhin von mit Wechselstrom durchflossenen Spulen ermöglicht, deren Anschlüsse das System zur Seite hin verlassen müssten, um beide Seiten des Scanners zur Bildgebung verwenden zu können. Die Trajektorien des FFP-Verlaufes auf den jeweiligen Seiten des Aufbaus unterscheiden sich in Bezug auf die Eindringtiefe ($x$-Richtung) und die Ausbreitung in $y$-Richtung (Abb. 7.4 und 7.3).
Schon die Selektionsfelder (Abb. 7.2) zeigen auf beiden Scannerseiten deutliche Unterschiede, insbesondere fallen die unterschiedlichen FFP-Positionen und die unterschiedlichen Absolutbeträge der magnetischen Flussdichte im Selektionsfeld auf.
Diese Erscheinungen sind durch die unterschiedlichen Entfernungen zwischen Permanentmagneten und FOV erklärbar. Mit dem FOV oberhalb der D-Spulen kann nur eine sehr geringe Eindringtiefe erreicht werden, dafür ist die maximale Ausdehnung in $y$-Richtung etwa 25 mm groß. Das andere FOV erreicht einen maximalen Abstand von etwa 19 mm zur Oberfläche der Permanentmagneten, hat aber im Vergleich zum andern FOV eine deutlich geringere Ausdehnung in $y$-Richtung.
Diese Zusammenhänge sind auch deutlich in den mit den simulierten Daten rekonstruierten Bildern (Abb. 7.5) zu sehen. Wenn man das Simulationsphantom (Abb. 4.19) oberhalb der D-Spulen platziert, sind die Strukturen in der Nähe des Spulenaufbaus gut zu rekonstruieren, jedoch nimmt dieses bereits ab einer Eindringtiefe von etwa 7 mm deutlich ab (Abb. 7.5, links). Zwar kann man insbesondere die untersten Punktproben noch lokalisieren, aber nicht mehr voneinander unterscheiden.
Positioniert man dasselbe Simulationsphantom auf der anderen Seite des Simulationsaufbaus, ist deutlich zu erkennen, dass insbesondere in der Nähe des Simulationsaufbaus die Strukturen des Simulationsphantoms nicht abgebildet werden können, jedoch kann man ab einer Entfernung von etwa 15 mm zur Oberfläche des Simulationsaufbaus einzelne Punkte der Strukturen erkennen (Abb. 7.5, rechts). Auch wenn weder die äußeren Konturen noch die Abstände zwischen den Strukturen erkenn-

bar werden, sind in diesem Abstand deutlichere Strukturen zu erkennen als in der Nähe des Simulationsaufbaus. Auch beim Vergleich des Rekonstruktionsergebnisses des Simulationsphantoms auf der anderen Seite der Simulationsanordnung sind die Strukturen mit einem größeren Abstand zum Spulenaufbau auf dieser Seite des Simulationsaufbaus etwas deutlicher zu erkennen.
Beim Aufbau des Systems muss unbedingt an eine Schirmung der Permanentmagnete gedacht werden. Ansonsten ist es möglich, dass diese eine Spannung induzieren und die so erzeugten Harmonischen jene der Partikelproben deutlich überlagern. Als Schirmung kommen zum Beispiel Kupfergehäuse für die Magneten in Frage. Die Auswirkung der Schirmung sollte unbedingt vor dem Aufbau des Systems simuliert werden.
Trotzdem gelingt es mit dieser Simulationsstudie, die Möglichkeit aufzuzeigen, einen verkleinerten und somit beweglicheren asymmetrischen Scanner aufzubauen.
Für den hier simulierten Aufbau müssten zunächst keine neue Sende- oder Empfangskette konzipiert werden, allerdings sollten vor der Realisierung beide Pfade nochmals auf ihre Wirkung hin überprüft werden. Eine weitere Schwierigkeit, die beim Aufbau eines solchen beweglichen Systems entsteht, liegt in der Impedanzanpassung. Diese Anpassung mit Hilfe von zur Spule seriell und parallel geschalteten Kondensatoren ist notwendig, um die Blindleistung im System möglichst gering zu halten. Allerdings ist die Impedanzanpassung extrem anfällig. Schon durch leichte Bewegungen der zuführenden Kabelstränge oder Veränderung der Position der einzelnen Leitungen zueinander kann es zur Verstimmung kommen, welche eine höhere Ausgangsleistung des Verstärkers erfordern könnte. Zusätzlich muss die Verlustleistung der Spulen berücksichtigt werden. Auch für diesen Aufbau ist es empfehlenswert, nur dann die Wechselströme einzuschalten, wenn sie für die Messung benötigt werden, um unnötige Wärmeentwicklung und eine Gefährdung der Anwender zu vermeiden.

# 8 Zusammenfassung

## Inhaltsverzeichnis



Zur Verbesserung der bisherigen medizinischen Verfahren, die zur Lokalisation des Wächterlymphknotens beim Mammakarzinom angewendet werden, wurde ein asymmetrischer, mehrdimensionaler MPI-Scanner entwickelt. Zusätzlich könnten durch dieses neue Bildgebungskonzeptes die Kosten für die Untersuchung und die Lagerung des Tracermaterials minimiert, die Anwendung für den Arzt vereinfacht und die Untersuchung für die Patientin angenehmer werden.
Die konventionellen MPI-Scanner beruhen alle auf einem symmetrischen Aufbau, bei dem das zu untersuchende Objekt in der Mitte des Aufbaus platziert werden muss. Da bei der Lokalisation des Wächterlymphknotens beim Mammakarzinom bereits im Voraus die mögliche Position des Lymphknotens auf den Bereich der entsprechenden Achselhöhle beschränkt werden kann, reicht ein kleines FOV aus. Aus dieser Idee heraus wurde eine asymmetrische Spulentopologie, die für eine dynamische, mehrdimensionale Bildgebung verwendet werden kann, im Rahmen dieser Arbeit entwickelt und auf ihre Funktionsfähigkeit überprüft.
Unter Berücksichtigung bereits bekannter Verfahren (Kap. 1.1.3) und dem eindimensionalen asymmetrischen Scanner [7] (Kap. 3.4), wurde in der vorliegenden Arbeit die Entwicklung eines mehrdimensionalen asymmetrischen Scanners erläutert. Der Aufbau des Scanners und der notwendigen Infrastruktur bilden zusammen mit dem

Teil der Signalverarbeitung, die zur Bildrekonstruktion benötigt wird, den Hauptteil der vorliegenden Arbeit.

Die zum Verständnis des Hauptteils der Arbeit notwendigen Grundlagen wurden dem Leser in den Kapiteln 2 und 3 erläutert. In diesem Rahmen wurde ein Überblick über die physikalischen Grundlagen gegeben, die zum Verständnis des MPI-Prozesses notwendig sind. Anschließend wurden die für den MPI-Prozess wichtigen Zusammenhänge erklärt. Dabei wurde auch auf das für die Bildgebung mit MPI erforderliche Tracermaterial eingegangen. Da die überwiegenden Messungen in dieser Arbeit mit Resovist®, einem aus dem MRT-Bereich bekannten und zur Zeit häufig im MPI-Prozess verwendeten Tracermaterial, durchgeführt wurden, wird auf die Erläuterung einzelner Synthetisierungsschritte zur Herstellung des Tracers verzichtet. Auch die Partikeltheorie wurde nicht weiter vertieft, da zur Rekonstruktion hauptsächlich die kalibrationsbasierte Rekonstruktionsmethode im Frequenzbereich verwendet wird. Bei dieser werden, durch die vorherigen Kalibrationsmessung einer Systemmatrix, viele Eigenschaften der Partikel in dem stark inhomogenen Feld berücksichtigt.

Der Hauptteil der Arbeit setzt sich aus zwei Kapiteln zusammen, die die Realisierung eines asymmetrischen Scanners zur dreidimensionalen Bildgebung darlegen. Dazu unterteilt sich das erste der beiden Kapitel, das sich hauptsächlich mit dem Aufbau des asymmetrischen Scanners beschäftigt, in die Teilbereiche der Signalgenerierung und -aufnahme sowie der Sende- und Empfangskette. Zusätzlich wurden einige beim Aufbau des asymmetrischen Scanners zu beachtende Kopplungseffekte erläutert und Lösungen präsentiert, um unerwünschte Kopplungseffekte weitestgehend zu vermeiden. Erste Ergebnisse, für die das vom Spulenaufbau generierte Selektionsfeld vermessen und mit Simulationen verglichen und verknüpft wurde, werden in diesem Kapitel präsentiert.

In dem darauffolgenden Kapitel steht die Signalverarbeitung der mit dem aufgebauten System gemessenen Signale im Vordergrund. Neben den Rekonstruktionsergebnissen von ein-, zwei- und dreidimensionalen Datensätzen, die mit Hilfe der kalibrationsbasierten Rekonstruktion im Frequenzbereich erreicht wurden, wird ein kurzer Einblick in die Verwendung der modellbasierten Rekonstruktionsmethode im Zeitbereich gegeben, erste Ergebnisse dieser Methode werden präsentiert und kritische Punkte diskutiert.

Dem Hauptteil schließt sich ein Kapitel an, in dem das Augenmerk auf die Praktikabilität des Scanners in Bezug auf mögliche Tiermodelle gerichtet wird. Tiermodelle sollen dazu dienen, die bereits mit Hilfe von anderen Messverfahren ermittelten Ergebnisse [34] bezüglich der Partikelverteilung im Gewebe, welche wiederum Rückschlüsse auf die Möglichkeit der Lokalisierung des Wächterlymphknotens zulassen, zu evaluieren und zu ergänzen. Um mit Hilfe des asymmetrischen Scanners die mit SPIONs behandelten Mäuse vermessen zu können, wurden erste Vorarbeiten und Vorversuche im Rahmen dieser Arbeit geleistet. Zum einen wurde ein Probandentisch aufgebaut, der neben der Positionierung der Maus auf dem Scanner auch gleichzeitig für die optimale Umgebungstemperatur einer narkotisierten Maus sorgt. Zum anderen wurden SPIONs in ex vivo biologisches Material injiziert und nachgewiesen, dass diese mit dem asymmetrischen Scanner lokalisiert werden können.

Das letzte Kapitel ist ein Ausblick und beschäftigt sich mit der Möglichkeit einer Verkleinerung des asymmetrischen Scanners. Eine Verkleinerung ist hinsichtlich der Anwendung des Gerätes sinnvoll. Dadurch entsteht die Möglichkeit, den asymmetrischen Spulenaufbau zu bewegen und, wie in Abbildung 1.2 gezeigt, gut an die Form einer Achselhöhle anzupassen. So wird ein möglicher Einsatz im klinischen Alltag denkbar. Für dieses Zukunftsszenario wurde eine Simulationsstudie zur Verkleinerung des Aufbaus durchgeführt. Dabei wurden insbesondere zwei Punkte berücksichtigt: zum einen die Verkleinerung des Spulenaufbaus in Hinblick auf die notwendige Kühlung, zum anderen Möglichkeiten zur Vermeidung, dass das FOV und die Eindringtiefe durch die Minimierung verschlechtert werden. Durch den Einsatz von Permanentmagneten, die das Selektionsfeld erzeugen, können sowohl die Kühlung, als auch der felderzeugende Teil des Scanners verkleinert werden, ohne dass bedeutsame Verluste in Bezug auf die mögliche Eindringtiefe und somit auf die Größe des FOVs toleriert werden müssen. Ausgenutzt wurde bei der Simulationsstudie, dass der Aufbau auf beiden Seiten je einen FFP erzeugt. Somit könnte man, wenn man beide Scannerseiten frei zugänglich hält, auf beiden Seiten ein verwendbares FOV erzeugen. Durch die Position der doppel-D-förmigen Spulenpaare unterscheiden sich die Trajektorien auf den unterschiedlichen Seiten und können ihrer Form entsprechend für unterschiedliche Anwendungsfälle verwendet werden. Ob sich der hier simulierte Aufbau wirklich realisieren lässt, ist stark von der Notwendigkeit einer Schirmung der Permanentmagnete und der Möglichkeit einer guten Impedanzanpassung bei sich bewegenden, leitenden Verbindungen abhängig.

## 8.1 Fazit

Die in dieser Arbeit präsentierten Ergebnisse konnten durch den Aufbau des zur Zeit weltweit einzigen asymmetrische MPI-Scanners, mit dem eine dynamische, mehrdimensionale Bildgebung möglich ist, gewonnen werden. Die Rekonstruktionsergebnisse erster zwei- und dreidimensionaler Phantome, die mit Hilfe des asymmetrischen MPI-Scanners vermessen wurden, wurden in dieser Arbeit präsentiert.

Des Weiteren wurde ein für zukünftige Tierversuche benötigter Probandentisch realisiert, durch den eine für eine narkotisierte Maus optimale Temperatur erreicht werden kann. Zudem ließen sich erste in biologisches Gewebe injizierte Tracer lokalisieren.

Zusätzlich wurden in einer ersten Simulationsstudie ein verkleinerter Aufbau und der zugehörige Bildgebungsprozess simuliert. Hierbei wurde zunächst auf die eventuell notwendige Schirmung der einzelnen magnetfeldgenerierenden Elemente verzichtet. Es konnte gezeigt werden, dass auch ein verkleinerter Aufbau durch die Nutzung der auf beiden Seiten des Aufbaus generierten FFPs durchaus die zur Lokalisation des Wächterlymphknotens in der Achselhöhle notwendige FOV-Größe erreichen kann.
Der in dieser Arbeit vorgestellte Aufbau und seine Evaluierung in Bezug auf eine mehrdimensionale Bildgebung ermöglichen auch in Zukunft die Anwendung von MPI, ohne dass die Größe des Messobjektes limitiert ist. Lediglich das Eindringvermögen, welches zur Zeit bei etwa 15 mm liegt, und die FOV-Größe von 30 x 30 x 30 $mm^3$ müssen berücksichtigt werden. Die momentan erreichbare Auflösung liegt in $x$-Richtung bei etwa 2 mm, in $y$- und $z$-Richtung bei etwa 6 mm. Durch diese Arbeit wurde ein wichtiger Schritt im Bezug auf die Anwendung von MPI bei der Lokalisation des Wächterlymphknotens beim Mammakarzinom gemacht.

## 8.2 Ausblick

Das in der vorliegenden Arbeit konstruierte MPI-Gerät kann in Zukunft weiter für MPI-Messungen verwendet werden. Der asymmetrische Scanneraufbau eignet sich insbesondere zur Vermessung von Phantomen oder anderen Messobjekten, die auf Grund ihrer Größe in den geschlossenen Systemen nicht platziert werden können.
In Bezug auf den Einsatz von MPI zur Lokalisation des Wächterlymphknotens beim Mammakarzinom wäre der nächste Schritt, einen Tierversuchsantrag zu stellen. Im Tiermodell könnten die bereits durch verschiedene Messungen erreichten Ergebnisse bezüglich der Verteilung der SPIONs im Gewebe mit Hilfe des asymmetrischen Scanners validiert werden.
Auch weitere Überlegungen in Hinsicht auf den verkleinerten Scanner können lohnenswert sein, da hiermit der Scanner noch näher an den Patienten herangebracht werden kann. Diese Machbarkeitsstudien sollten sich in erster Linie mit der nötigen Schirmung der einzelnen feldgenerierenden Elemente und im Anschluss mit der Möglichkeit einer guten Impedanzanpassung trotz nicht fest definierter Leitungslage beschäftigen.
Neben weiteren Messungen können noch erhebliche Verbesserungen der Bildqualität des vorliegenden Systems in Bezug auf Auflösung, Sensitivität und Eindringtiefe - also der FOV-Größe - erreicht werden. Durch verbesserte Rekonstruktionsalgorithmen, zum Beispiel durch das Einbeziehen von weiteren a priori Informationen, wie der Struktur des Phantoms und der FOV-Größe und eine verbesserte Bestimmung des Regularisierungsparameters, und neuen Methoden zur Beurteilung von

zur Rekonstruktion geeigneten Frequenzkomponenten, die zum Beispiel berücksichtigt, dass das SNR von der Position der Partikelprobe im Raum abhängig ist, kann die Bildqualität verbessert werden.
Auch Veränderungen des Systemaufbaus könnten ein besseres SNR bewirken. Eine Abschirmung aus Kupfer würde vor Störeinflüssen schützen, die zum Beispiel vom Positionierungsroboter, der mit in der Schirmkabine steht, oder durch Störungen auf den Netzleitungen innerhalb der Schirmkabine verursacht werden. Auch eine Optimierung der rauscharmen Verstärker im Empfangspfad könnte das SNR verbessern.
Weitere Störsignale können durch eine Verbesserung der Durchführungsfilter sowohl für den Positionierungsroboter als auch für die Gleichstrom-Quellen verringert werden. Eine bessere Schirmung der Sendefilter, zum Beispiel durch geschlossene Kupfergehäuse, könnte die Signalqualität positiv beeinflussen.
Durch eine bessere Abstimmung des momentanen Kühlsystems mit den Eigenschaften der Hauskühlung, zum Beispiel durch die geschickte Wahl der Sollwerte, kann die Abhängigkeit der Kühlleistung, die von anderen Verbrauchern benötigt wird, minimiert werden. Dadurch könnten eventuell höhere Gleichstrom-Amplituden verwendet und damit die Eindringtiefe verbessert werden.
Des Weiteren wäre eine Reaktivierung der Überwachungseinheit [107] wünschenswert. Dieses kann durch Integration der Überwachungseinheit in die aktuellen I/O-Karten (Kap. 4) geschehen, die zur Signalgenerierung und -aufnahme, sowie für die Auswertung der Signale der Rückführungsschleife verwendet werden. Dadurch müsste die langwierige Systemmatrixmessung nicht dauerhaft von einer Person überwacht werden.
In der vorliegenden Arbeit wurde eine Vielzahl von relevanten Ergebnissen präsentiert, doch es gibt noch zahlreiche ungeklärte Effekte und Ansätze für zukünftige Forschungen in diesem Bereich. Zur Zeit ist noch nicht geklärt, warum einzelne Messungen ohne Partikel im FOV zum Teil stark voneinander abweichen, wie stark der Einfluss des verwendeten rauscharmen Verstärkers ist und ob durch eine Optimierung der Empfangsspulen Kopplungseffekte weiter minimiert werden könnten. Es würde sich lohnen den Ansatz einer Kompensationseinheit [130] im Empfangspfad zu überprüfen. Auch der Ansatz für die Rekonstruktion mit Hilfe einer hybriden Systemmatrix scheint vielversprechend [26].

# Literaturverzeichnis


[1] B. Gleich und J. Weizenecker. Tomographic imaging using the nonlinear response of magnetic particles. *Nature*, 435(7046):1214–1217, 2005. DOI: 10.1038/nature03808.

[2] J. Weizenecker, B. Gleich, J. Rahmer, H. Dahnke, und J. Borgert. Three-dimensional real-time in vivo magetic particle imaging. *Physics in Medicine and Biology*, 54:L1–L10, 2009. DOI: 10.1088/0031-9155/54/5/L01.

[3] J. Rahmer, B. Gleich, J. Weizenecker, und J. Borgert. 3D real-time magnetic particle imaging of cerebral blood flow in living mice. In *Proceedings of the International Society for Magnetic Resonance in Medicine*, Band 18, Seite 714, 2010.

[4] J. Rahmer, B. Gleich, C. Bontus, I. Schmale, J. Schmidt, J. Kanzenbach, O. Woywode, J. Weizenecker, und J. Borgert. Rapid 3D in vivo magnetic particle imaging with a large field of view. In *Proceedings of the International Society for Magnetic Resonance in Medicine*, Band 19, Seite 3285, 2011.

[5] T. M. Buzug, G. Bringout, M. Erbe, K. Gräfe, M. Graeser, M. Grüttner, A. Halkola, T. F. Sattel, W. Tenner, H. Wojtczyk, J. Hägele, F. M. Vogt, J. Barkhausen, und K. Lüdtke-Buzug. Magnetic particle imaging: Introduction to imaging and hardware realization. *Zeitschrift für Medizinische Physik*, 22(4):323–334, 2012. DOI: 10.1016/j.zemedi.2012.07.004.

[6] T. M. Buzug, S. Biederer, T. Knopp, T. F. Sattel, und K. Lüdtke-Buzug. Magnetic particle imaging – challenges and promises of a new modality. In *World Congress on Medical Physics and Biomedical Engineering, September 7 - 12, 2009, Munich, Germany*, Band 25/IV, Seiten 1471–1474, 2009. DOI: 10.1007/978-3-642-03882-2_390.

[7] T. F. Sattel, T. Knopp, S. Biederer, B. Gleich, J. Weizenecker, J. Borgert, und T. M. Buzug. Single-sided device for magnetic particle imaging. *Journal of Physics D: Applied Physics*, 42(2):1–5, 2009. DOI: 10.1088/0022-3727/42/2/022001.

[8] B. Gleich, J. Weizenecker, H. Timminger, C. Bontus, I. Schmale, J. Rahmer, J. Schmidt, J. Kanzenbach, und J. Borgert. Fast MPI demonstrator with enlarged field of view. In *Proceedings of the International Society for Magnetic Resonance in Medicine*, Band 18, Seite 218, 2010.

[9] T. Wawrzik, F. Ludwig, und M. Schilling. Magnetic particle imaging: Exploring particle mobility. In *Magnetic Particle Imaging A Novel SPIO Nanoparticle Imaging Technique*, Band 1, Seiten 21–25. Springer Proceedings in Physics 140, 2012. DOI: 10.1007/978-3-642-24133-8_4.

[10] P. Klauer, M. A. Rückert, P. Vogel, W. H. Kullmann, P. M. Jakob, und V. C. Behr. Magnetic particle imaging: Linear gradient array for imaging with a traveling wave. In *Proceedings of the International Society for Magnetic Resonance in Medicine*, Band 19, Seite 3783, 2011.

[11] P. Vogel, M. A. Rückert, P. Klauer, W. H. Kullmann, P. M. Jakob, und V. C. Behr. 2D magnetic particle imaging with a traveling wave. In *European Society for Magentic Resonance in Medicine and Biology*, Seite 62, 2011.

[12] P. Vogel, M. A. Rückert, P. Klauer, W. H. Kullmann, P. M. Jakob, und V. C. Behr. 3D magnetic particle imaging with a traveling wave. In *Proceedings of the International Society for Magnetic Resonance in Medicine*, Band 20, Seite 2742, 2012.

[13] P. Vogel, M. A. Rüeckert, P. Klauer, W. H. Kullmann, P. M. Jakob, und V. C. Behr. Traveling wave magnetic particle imaging. *IEEE Transactions on Medical Imaging*, 33(2):400–407, 2014. DOI: 10.1109/TMI.2013.2285472.

[14] P. Goodwill, G. Scott, P. Stang, G. C. Lee, D. Morris, und S. Conolly. Direct imaging of SPIOs in mice using magnetic particle imaging: instrument construction and 3D imaging. In *Proceedings of the International Society for Magnetic Resonance in Medicine*, Band 17, Seite 596, 2009.

[15] P. Goodwill und S. Conolly. Experimental demonstration of X-space magnetic particle imaging. In *Proceedings SPIE*, Band 7965, Seiten 79650U–79650U-6, 2010. DOI: 10.1117/12.878659.

[16] P. Goodwill, L. Croft, J. Konkle, K. Lu, E. Saritas, B. Zheng, und S. M. Conolly. Third generation X-space MPI mouse and rat scanner. In *Magnetic Particle Imaging A Novel SPIO Nanoparticle Imaging Technique*, Band 1, Seiten 261–265. Springer Proceedings in Physics 140, 2012. DOI: 10.1007/978-3-642-24133-8_42.

[17] P. W. Goodwill, J.J. Konkle, B. Zheng, E. U. Saritas, und S. M. Conolly. Projection X-space magnetic particle imaging. *IEEE Transactions on Medical Imaging*, 31(5):1076–1085, 2012. DOI: 10.1007/978-3-642-24133-8_42.

[18] J. Franke, U. Heinen, A. Weber, N. Baxan, U. Molkentin, S. Hermann, W. Ruhm, und M. Heidenreich. Initial results of the first commercial preclinical MPI scanner. In *Proceedings of the 4th International Workshop on Magnetic Particle Imaging (IWMPI)*, Seite 86, 2014.

[19] N. Panagiotopoulos, R. Duschka, M. Ahlborg, G. Bringout, C. Debbeler, M. Graeser, C. Kaethner, K. Lüdtke-Buzug, H. Medimagh, J. Stelzner, T. M. Buzug, J. Barkhausen, F. M. Vogt, und J. Haegele. Magnetic particle ima-

ging – current developments and future directions. *International Journal of Nanomedicine*, 10:3097–3114, 2015. DOI: 10.2147/IJN.S70488.

[20] J. Weizenecker, B. Gleich, und J. Borgert. Magetic particle imaging using a field free line. *Journal of Physics D: Applied Physics*, 41:3pp, 2008. DOI: 10.1088/0022-3727/41/10/105009.

[21] J. Konkle, P. Goodwill, O. Carrasco-Zevallos, und S. Conolly. Experimental 3D X-space magnetic particle imaging using projection reconstruction. In *Magnetic Particle Imaging A Novel SPIO Nanoparticle Imaging Technique*, Seiten 243–247. Springer Proceedings in Physics 140, 2012. DOI: 10.1007/978-3-642-24133-8_39.

[22] K. Bente, M. Weber, M. Graeser, T. F. Sattel, M. Erbe, und T. M. Buzug. Electronic field free line rotation and relaxation deconvolution in magnetic particle imaging. *IEEE Transaction on Medical Imaging*, 34(2):644–651, 2015. DOI: 10.1109/TMI.2014.2364891.

[23] M. Weber und K. Bente. Persönliches Gespräch und Präsentation auf dem International Workshop on Magnetic Particle Imaging (IWMPI) in Istanbul, 2015.

[24] J. Rahmer, J. Weizenecker, B. Gleich, und J. Borgert. Signal encoding in magnetic particle imaging: properties of the system function. *BMC Medical Imaging*, 9(4), 2009. DOI: 10.1186/1471-2342-9-4.

[25] T. Knopp, T. F. Sattel, S. Biederer, J. Rahmer, J. Weizenecker, B. Gleich, J. Borgert, und T. M. Buzug. Model-based reconstruction for magnetic particle imaging. *IEEE Transactions on Medical Imaging*, 29:12–18, 2010. DOI: 10.1109/TMI.2009.2021612.

[26] M. Grüttner, M. Graeser, S. Biederer, T. F. Sattel, H. Wojtczyk, W. Tenner, T. Knopp, B. Gleich, J. Borgert, und T. M. Buzug. 1D-image reconstruction for magnetic particle imaging using a hybrid system function. In *Proceedings of the IEEE Nuclear Science Symposium and Medical Imaging Conference*, Seiten 2545–2548, 2011. DOI: 10.1109/NSSMIC.2011.6152687.

[27] T. Wawrzik, C. Kuhlmann, F. Ludwig, und M. Schilling. Scanner setup and reconstruction for three-dimensional magnetic particle imaging. In *Proceedings SPIE*, Band 8672, Seiten 86721B–1–8, 2013. DOI: 10.1117/12.2006392.

[28] S. Biederer, T. Knopp, T. F. Sattel, K. Lüdtke-Buzug, B. Gleich, J. Weizenecker, J. Borgert, und T. M. Buzug. Magnetization response spectroscopy of superparamagnetic nanoparticles for magnetic particle imaging. *Journal of Physics D: Applied Physics*, 42(20):7pp, 2009. DOI: 10.1088/0022-3727/42/20/205007.

[29] A. Halkola, T. M. Buzug, J. Rahmer, B. Gleich, und C. Bontus. System calibration unit for magnetic particle imaging: Focus field based system function. In *Magnetic Particle Imaging A Novel SPIO Nanoparticle Imaging Techni-*

*que*, Band 1, Seiten 27–31. Springer Proceedings in Physics 140, 2012. DOI: 10.1007/978-3-642-24133-8_5.

[30] A. Halkola, J. Rahmer, B. Gleich, J. Borgert, und T. M. Buzug. System calibration unit for magnetic particle imaging: System matrix. In *2013 International Workshop on Magnetic Particle Imaging (IWMPI)*. IEEE Xplore, 2013. DOI: 10.1109/IWMPI.2013.6528344.

[31] P.W. Goodwill und S. M. Conolly. The X-space formulation of the magnetic particle imaging process: 1-D signal, resolution, bandwidth, SNR, SAR, and magnetostimulation. *IEEE Transactions on Medical Imaging*, 29(11):1851–1859, 2010. DOI: 10.1109/TMI.2010.2052284.

[32] A. Jemal, R. Siegel, E. Ward, Y. Hao, J. Xu, T. Murray, und M. J. Thun. Cancer statistics, 2008. *CA Cancer J Clin*, 58(2):71–96, 2008. DOI: 10.3322/CA.2007.0010.

[33] T. Kuehn, A. Bembenek, T. Decker, D. L. Munz, M. L. Sautter-Bihl, M. Untch, und D. Wallwiener. A concept for the clinical implementation of sentinel lymph node biopsy in patients with breast carcinoma with special regard to quality assurance. *Cancer*, 103(3):451–461, 2005.

[34] D. Finas, K. Baumann, L. Sydow, K. Heinrich, A. Rody, K. Gräfe, T. M. Buzug, und K. Lüdtke-Buzug. SPIO detection and distribution in biological tissue – a murine MPI-SNLB breast cancer model. *IEEE Transactions on Magnetics*, 51(2), 2015. DOI: 10.1109/TMAG.2014.2358272.

[35] A. Bembenek. *Das Wächterlymphknoten-Konzept-Entwicklung und klinisch-wissenschaftliches Potential beim Mamma- und kolorektalen Karzinom.* Habilitationsschrift aus der Klinik für Chirurgie und Chirurgische Onkologie, Charité Universitätsmedizin Berlin, Campus Buch, 2007.

[36] M. Visscher, J. J. Pouw, J. van Baarlen, J. M. Klaase, und B. ten Haken. Quantitative analysis of superparamagnetic contrast agent in sentinel lymph nodes using ex vivo vibrating sample magnetometry. *IEEE Transactions on Biomedical Imaging*, 60(9):2594–2602, 2013. DOI: 10.1109/TBME.2013.2261893.

[37] J. Haegele, J. Rahmer, B. Gleich, J. Borgert, H. Wojtczyk, N. Panagiotopoulos, T. M. Buzug, J. Barkhausen, und F. M. Vogt. Magetic particle imaging: Visualization of instruments for cardiovascular intervention. *Radiology*, 265(3):933–938, 2012. DOI: 10.1148/radiol.12120424.

[38] K. Lüdtke-Buzug und C. Debbeler. Development of SPION-coatings for visualization of surgical instruments in magnetic particle imaging. In *10th International Conference on the Scientific and Clinical Applications of Magnetic Carriers - Dresden, Germany*, Seite 68, 2014.

[39] I. Kuschnerus und K. Lüdtke-Buzug. Development and characertization of superparamagentic coatings for new applications in MPI. *Current Directions in Biomedical Engineering*, 1(1):1–4, 2015. DOI: 10.1515/cdbme-2015-0001.

[40] A. Lindemann, K. Lüdtke-Buzug, B. Fräderich, K. Gräfe, R. Pries, und B. Wollenberg. Biological impact of superparamagnetic iron oxide nanoparticles for magnetic particle imaging of head and neck cancer cells. *International Journal of Nanomedicine*, 9(1):5025–5040, 2014. DOI: 10.2147/IJN.S63873.

[41] N. Nothnagel, J. Rahmer, B. Gleich, A. Halkola, J. Borgert, und T. M. Buzug. Steering of magnetic devices with a magnetic particle imaging system. In *2013 International Workshop on Magnetic Particle Imaging (IWMPI)*. IEEE Xplore, 2013. DOI: 10.1109/IWMPI.2013.6528358.

[42] R. K. Gilchrist, R. Medal, W. D. Shorey, R. C. Hanselman, J. C. Parrott, und C. B. Taylor. Selective inductive heating of lymph nodes. *Annals of Surgery*, 146:596–606, 1957.

[43] K. Murase, M. Aoki, N. Banura, K. Nishimoto, A. Mimura, T. Kuboyabu, und I. Yabata. Usefulness of magnetic particle imaging for predicting the therapeutic effect of magnetic hyperthermia. *Open Journal of Medical Imaging*, 5:85–99, 2015. DOI: 10.4236/ojmi.2015.52013.

[44] K. Gräfe, G. Bringout, M. Graeser, T. F. Sattel, und T. M. Buzug. System matrix recording and phantom measurements with a single-sided magnetic particle imaging device. *IEEE Transactions on Magnetics*, 51(2), 2015. DOI: 10.1109/TMAG.2014.2330371.

[45] K. Gräfe, A. von Gladiß, G. Bringout, M. Ahlborg, und T. M. Buzug. 2D images recorded with a single-sided magnetic particle imaging scanner. *IEEE Transactions on Medical Imaging*, 2016. DOI: 10.1109/TMI.2015.2507187.

[46] K. Gräfe, T. F. Sattel, K. Lüdtke-Buzug, D. Finas, J. Borgert, und T. M. Buzug. Magnetic particle imaging for sentinel lymph node biopsy in breast cancer. In *Magnetic Particle Imaging A Novel SPIO Nanoparticle Imaging Technique*, Band 1, Seiten 237–241. Springer Proceedings in Physics 140, 2012. DOI: 10.1007/978-3-642-24133-8_38.

[47] K. Gräfe, T. F. Sattel, K. Lüdtke-Buzug, D. Finas, J. Borgert, und T. M. Buzug. An application scenario for single-sided magnetic particle imaging. In *Biomedical Engineering / Biomedizinische Technik*, Band 57, Suppl. 1, 2012. DOI: 10.1515/bmt-2012-4343.

[48] K. Gräfe, M. Grüttner, T. F. Sattel, M. Graeser, und T. M. Buzug. Single-sided magnetic particle imaging: Magnetic field and gradient. In *Proceedings SPIE*, Band 8672, Seiten 867219–1–867219–6, 2013. DOI: 10.1117/12.2001610.

[49] K. Gräfe, M. Grüttner, T. F. Sattel, C. Kaethner, und T. M. Buzug. Phantom simulation based on measured gradient fields of a single-sided MPI scanner. In *2013 International Workshop on Magnetic Particle Imaging (IWMPI)*. IEEE Xplore, 2013. DOI: 10.1109/IWMPI.2013.6528352.

[50] K. Gräfe, M. Weber, T. F. Sattel, und T. M. Buzug. Precision of an MPI scanner construction: registration of measured and simulated magnetic fields.

In *Biomedical Engineering / Biomedizinische Technik*, Band 58, 2013. DOI: 10.1515/bmt-2013-4258.

[51] K. Gräfe, J. Mrongowius, und T. M. Buzug. Simulation of a single-sided magnetic particle imaging device with comsol. In *Comsol Conference*, 2013. https://www.comsol.co.in/paper/simulation-of-a-single-sided-magnetic-particle-imaging-device-with-comsol-multip-15450, 07.01.2016.

[52] K. Gräfe, G. Bringout, M. Graeser, T. F. Sattel, und T. M. Buzug. System matrix recording and phantom measurements with a single-sided magnetic particle imaging device. In *4th International Workshop on Magnetic Particle Imaging (IWMPI 2014) Book of Abstracts*, Seite 92, 2014.

[53] K. Gräfe, G. Bringout, M. Graeser, T. F. Sattel, und T. M. Buzug. Single-sided magnetic particle imaging scanner: System matrix measurement. In *Biomedical Engineering / Biomedizinische Technik*, Band 59, Suppl. 1, Seiten 638–642, 2014. DOI: 10.1515/bmt-2014-4277.

[54] K. Gräfe, A. von Gladiß, G. Bringout, M. Ahlborg, und T. M. Buzug. 2D imaging with a single-sided MPI device. In *2015 International Workshop on Magnetic Particle Imaging (IWMPI)*. IEEE Xplore, 2015. DOI: 10.1109/IWMPI.2015.7107024.

[55] H. Wojtczyk, G. Bringout, W. Tenner, M. Graeser, M. Grüttner, T. F. Sattel, K. Gräfe, und T. M. Buzug. Toward the optimization of D-shaped coils for the use in an open magnetic particle imaging scanner. *IEEE Transactions on Magnetics*, 50(7):1–16, 2014. DOI: 10.1109/TMAG.2014.2303113.

[56] K. Baumann, J. Stegemann-Frehse, A. Rody, K. Gräfe, K. Lüdtke-Buzug, T. M. Buzug, und D. Finas. Weiterentwicklung des SNLB-Konzept unter Verwendung von SPIOs beim Mammakarzinom – Prozessierung der Nanopartikel im Organismus. *Senologie - Zeitschrift für Mammadiagnostik und -therapie*, 11:A13, 2014. DOI: 10.1055/s-0034-1375372.

[57] C. Kaethner, M. Ahlborg, K. Gräfe, G. Bringout, T. F. Sattel, und T. M. Buzug. Asymmetric scanner design for interventional scenarios in magnetic particle imaging. *IEEE Transactions on Magnetics*, 34(2):381–387, 2015. DOI: 10.1109/TMI.2014.2357077.

[58] H. Medimagh, P. Weissert, G. Bringout, K. Bente, M. Weber, K. Gräfe, A. Cordes, und T. M. Buzug. Artifacts in field free line magnetic particle imaging in the presence of inhomogeneous and nonlinear magnetic fields. *Current Directions in Biomedical Engineering*, 1:245–248, 2015.

[59] D. Finas, K. Baumann, K. Heinrich, B. Ruhland, L. Sydow, K. Gräfe, T. F. Sattel, K. Lüdtke-Buzug, und T. M. Buzug. Distribution of superparamagnetic nanoparticles in lymphatic tissue for sentinel lymph node detection in breast cancer by magnetic particle imaging. In *Magnetic Particle Imaging A Novel SPIO Nanoparticle Imaging Technique*, Band 1, Seiten 187–191. Sprin-

ger Proceedings in Physics 140, 2012. DOI: 10.1007/978-3-642-24133-8_30.

[60] D. Finas, K. Baumann, L. Sydow, K. Heinrich, K. Gräfe, T. M. Buzug, und K. Lüdtke-Buzug. Detection and distribution of superparamagnetic nanoparticles in lymphatic tissue in a breast cancer model for magnetic particle imaging. In *Biomedical Engineering / Biomedizinische Technik*, Band 57, 2012. DOI: 10.1515/bmt-2012-4158.

[61] D. Finas, K. Baumann, L. Sydow, K. Heinrich, K. Gräfe, A. Rody, K. Lüdtke-Buzug, und T. M. Buzug. Superparamagnetic nanoparticles in lymphatic tissue - detection and distribution in a breast cancer model for magnetic particle imaging. In *2013 International Workshop on Magnetic Particle Imaging (IWMPI)*. IEEE Xplore, 2013. DOI: 10.1109/IWMPI.2013.6528390.

[62] D. Finas, K. Baumann, L. Sydow, K. Heinrich, K. Gräfe, K. Lüdtke-Buzug, und T. M. Buzug. Lymphatic tissue and superparamagetic nanoparticles - magnetic particle imaging for detection and distribution in a breast cancer model. In *Biomedical Engineering / Biomedizinische Technik*, Band 58, Suppl. 1, 2013. DOI: 10.1515/bmt-2013-4262.

[63] C. Kaethner, K. Gräfe, M. Grüttner, und T. M. Buzug. Approximated elliptical coils in magnetic particle imaging. In *2013 International Workshop on Magnetic Particle Imaging (IWMPI)*. IEEE Xplore, 2013. DOI: 10.1109/IWMPI.2013.6528343.

[64] J. Mrongowius, K. Gräfe, und T. M. Buzug. Simulation study of a single-sided magnetic particle imaging device. In *Biomedical Engineering/Biomedizinische Technik*, Band 58, 2013. DOI: 10.1515/bmt-2013-4285.

[65] K. Bente, G. Bringout, C. Debbeler, K. Gräfe, M. Gräser, M. Grüttner, C. Kaethner, W. Tenner, M. Weber, H. Wojtczyk, T. M. Buzug, und K. Lüdtke-Buzug. Magnetic Particle Imaging - eine Einführung in die Instrumentierung und Bildrekonstruktion. In *Proceedings der 44. Jahrestagung der Deutschen Gesellschaft für Medizinische Physik*, Seiten 95–100, 2013.

[66] H. Wojtczyk, G. Bringout, W. Tenner, M. Graeser, M. Grüttner, T. F. Sattel, K. Gräfe, J. Haegele, R. L. Duschka, N. Panagiotopoulos, F. M. Vogt, J. Barkhausen, und T. M. Buzug. Comparison of open scanner designs for interventional magnetic particle imaging. In *Biomedical Engineering / Biomedizinische Technik*, Band 58, 2013. DOI: 10.1515/bmt-2013-4279.

[67] D. Finas, K. Baumann, L. Sydow, K. Heinreich, A. Rody, K. Gräfe, T. M. Buzug, und K. Lüdtke-Buzug. SPIO detection and distribution in biological tissue – a murine MPI-SNLB breast cancer model. In *4th International Workshop on Magnetic Particle Imaging (IWMPI 2014) Book of Abstracts*, Seite 166, 2014.

[68] D. Finas, K. Baumann, J. Stegemann-Frehse, K. Gräfe, A. Rody, T. M. Buzug, und K. Lüdtke-Buzug. Processing of nanoparticles in organism - further

development of the breast cancer SNLB-concept using SPIOs and MPI. In *Biomedical Engineering/Biomedizinische Technik*, Band 59, Suppl. 1, Seite 314, 2014. DOI: 10.1515/bmt-2014-5003.

[69] C. Kaethner, M. Ahlborg, K. Gräfe, G. Bringout, T. F. Sattel, und T. M. Buzug. On the way to a patient table integrated scanner system in magnetic particle imaging. In *Proceedings SPIE*, Band 9038, Seiten 903816–1–903816–6, 2014. DOI: 10.1117/12.2042765.

[70] C. Kaethner, K. Gräfe, M. Ahlborg, G. Bringout, T. F. Sattel, und T. M. Buzug. Asymmetric scanner design for unlimited patient access in magnetic particle imaging. In *4th International Workshop on Magnetic Particle Imaging (IWMPI 2014) Book of Abstracts*, Seite 84, 2014.

[71] G. Bringout, K. Gräfe, und T. M. Buzug. Performance and safety evaluation of a human sized FFL imager concept. In *2015 International Workshop on Magnetic Particle Imaging*, Seiten 37–37. IEEE Xplore, 2015. DOI: 10.1109/IWMPI.2015.7107022.

[72] A. v. Gladiß, K. Gräfe, M. Ahlborg, und T.M. Buzug. Undersampling the system matrix of a single sided MPI-scanner. In *2015 International Workshop on Magnetic Particle Imaging (IWMPI)*. IEEE Xplore, 2015. DOI: 10.1109/IWMPI.2015.7107021.

[73] M. Graeser, M. Ahlborg, A. Behrends, K. Bente, G. Bringout, C. Debbeler, A. von Gladiß, K. Gräfe, C. Kaethner, S. Kaufmann, K. Lüdtke-Buzug, H. Medimagh, J. Stelzner, M. Weber, und T. M. Buzug. A device for measuring the trajectorey dependent magnetic particle performance for MPI. In *2015 International Workshop on Magnetic Particle Imaging (IWMPI)*. IEEE Xplore, 2015. DOI: 10.1109/IWMPI.2015.7107078S.

[74] D. Finas, J. Stegemann-Frehse, B. Sauer, G. Hüttmann, K. Gräfe, A. Rody, T. M. Buzug, und K. Lüdtke-Buzug. SPIO processing in macrophages for MPI - the breast cancer MPI-SNLB-concept. In *Biomedical Engineering/Biomedizinische Technik*, Band 60, Suppl. 1, Seite S228, 2015. DOI: 10.1515/bmt-2015-5010.

[75] H. Medimagh, P. Weissert, G. Bringout, K. Bente, M. Weber, K. Gräfe, A. Cordes, und T. M. Buzug. Artifacts in field free line magnetic particle imaging. In *2015 International Workshop on Magnetic Particle Imaging (IWMPI)*. IEEE Xplore, 2015. DOI: 10.1109/IWMPI.2015.7107043.

[76] H. Medimagh, P. Weissert, G. Bringout, K. Bente, M. Weber, K. Gräfe, A. Cordes, und T. M. Buzug. Artifacts in field free line magnetic particle imaging in the presence of inhomogeneous and nonlinear magnetic fields. In *Biomedical Engineering / Biomedizinische Technik*, Band 56, Suppl. 1, 2015. DOI: 10.1515/bmt-2015-5009.

[77] I. Wolff. *Grundlagen der Elektrotechnik Band 1 Das elektrische und das magnetische Feld.* Vertragsbuchhandlung Dr. Wolff GmbH, Aachen, 2003.

[78] P. Leuchtmann. *Einführung in die elektromagnetische Feldtheorie.* Pearson Studium, München, 2005.

[79] J. D. Jackson. *Klassische Elektrodynamik.* Walter de Gruyter, Berlin, 1982.

[80] G. Lehner. *Elektromagnetische Feldtheorie für Ingenieure und Physiker.* Springer-Verlag, Berlin/Heidelberg, 2010.

[81] T. Knopp und T. M. Buzug. *Magnetic Particle Imaging: An Introduction to Imaging Principles and Scanner Instrumentation.* Springer-Verlag, Berlin/Heidelberg, 2012.

[82] E. H. Hall. On a new action of the magnet on electric currents. *American Journal of Mathematics*, 2:287–292, 1879.

[83] H. Lindner. *Physik für Ingenieure.* Vieweg, Wiesbaden, 1991.

[84] K. Küpfmüller, W. Mathis, und A. Reibiger. *Theoretische Elektrotechnik eine Einführung.* Springer Vieweg, Berlin/Heidelberg, 2013.

[85] K. Lüdtke-Buzug. Magnetische Nanopartikel. Von der Synthese zur klinischen Anwendung. *Chemie Unserer Zeit*, 46:32–39, 2012. DOI: 10.1002/ciuz.201200558.

[86] P. Reimer und T. Balzer. Ferucarbotran (Resovist): a new clinically approved RES-specific contrast agent for contrast-enhanced MRI of the liver: properties, clinical development, and applications. *European Radiology*, 13(6):1266–1276, 2003.

[87] H. Kratz, D. Eberbeck, S. Wagner, M. Taupitz, und J. Schnorr. Synthetic routes to magnetic nanoparticles for MPI. *Biomedizinische Technik/Biomedical Engineering*, 58(6):509–515, 2013. DOI: 10.1515/bmt-2012-0057.

[88] K. Lüdtke-Buzug, J. Haegele, S. Biederer, T. F. Sattel, M. Erbe, R. L. Duschka, J. Barkhausen, und F. M. Vogt. Comparison of commercial iron oxide-based MRI contrast agents with synthesized high-performance MPI tracers. *Biomedical Engineering/Biomedizinische Technik*, 58(6):527–533, 2013. DOI: 10.1515/bmt-2012-0059.

[89] A. P. Khandhar, R. M. Ferguson, H. Arami, und K. M. Krishnan. Monodisperse magnetite nanoparticle tracers for in vivo magnetic particle imaging. *Biomaterials*, 34(15):3837–3845, 2013. DOI: 10.1016/j.biomaterials.2013.01.087.

[90] R. M. Ferguson, A. P. Khandhar, S. J. Kemp, H. Arami, E. U. Saritas, L. R. Croft, J. Konkle, P. W. Goodwill, A. Halkola, J. Rahmer, J. Borgert, S. M. Conolly, und K. M. Krishnan. Magnetic particle imaging with tailored iron oxide nanoparticle tracers. *IEEE Transactions on Medical Imaging*, 2014. DOI: 10.1109/TMI.2014.2375065.

[91] S. Biederer. *Magnet-Partikel-Spektrometer - Entwicklung eines Spektrometers zur Analyse superparamagnetischer Eisenovid-Nanopartikel für Magnetic-*

*Particle-Imaging.* Vieweg+Teubner Verlag, Springer Fachmedien, Wiesbaden, 2012.

[92] J. Weizenecker, B. Gleich, J. Rahmer, und J. Borgert. Micro-magnetic simulation study on the magnetic particle imaging performance of anisotropic mono-domain particles. *Physics in Medicine and Biology*, 57(22):7317–7327, 2012. DOI: 10.1088/0031-9155/57/22/7317.

[93] L. R. Croft, P. W. Goodwill, und S. M. Conolly. Relaxation in X-space magnetic particle imaging. *IEEE Transactions on Medical Imaging*, 31(12):2335–2342, 2012. DOI: 10.1109/TMI.2012.2217979.

[94] M. Graeser, K. Bente, und T. M. Buzug. Dynamic single-domain particle model for magnetite particles with combined crystalline and shape anisotropy. *Journal of Physics D: Applied Physics*, 48(27):275001, 2015. DOI: 10.1088/0022-3727/48/27/275001.

[95] S. Chikazumi. *Physics of Ferromagnetism.* International Series of Monographs on Physics 94, Oxford Science Publications, New York, 1997.

[96] T. F. Sattel, M. Erbe, S. Biederer, T. Knopp, D. Finas, K. Diedrich, K. Lüdtke-Buzug, J. Borgert, und T. M. Buzug. Single-sided magnetic particle imaging device for the sentinel lymph node biopsy scenario. In *Proceedings SPIE*, Band 8317, Seiten 83170S–83170S–7, 2012. DOI: 10.1117/12.912733.

[97] T. Knopp, S. Biederer, T. F. Sattel, J. Weizenecker, B. Gleich, J. Borgert, und T. M. Buzug. Trajectory analysis for magnetic particle imaging. *Physics in Medicine and Biology*, 54:385–397, 2009. DOI: 10.1088/0031-9155/54/2/014.

[98] J. Weizenecker, J. Borgert, und B. Gleich. A simulation study on the resolution and sensitivity of magnetic particle imaging. *Physics in Medicine and Biology*, 52(21):6363–74, 2007. DOI: 10.1088/0031-9155/52/21/001.

[99] J. Rahmer, J. Borgert, B. Gleich, I. Schmale, C. Bontus, J. Gressmann, und C. Vollertsen. Strategies for fast MPI within the limits determined by nerve stimulation. In *4th International Workshop on Magnetic Particle Imaging (IWMPI 2014) Book of Abstracts*, Seite 16, 2014.

[100] T. F. Sattel, T. Knopp, S. Biederer, und T. M. Buzug. Open coil arrangement for interventional magnetic particle imaging. In *Proceedings of the International Society for Magnetic Resonance in Medicine*, Band 18, Seite 945, 2010.

[101] T. Knopp. *Effiziente Rekonstruktion und alternative Spulentopologien für Magnetic-Particle-Imaging.* Vieweg+Teubner Verlag, Springer Fachmedien Wiesbaden GmbH, Wiesbaden, 2011.

[102] A. J. Schwab und W. Kürner. *Elektromagnetische Verträglichkeit.* Springer, Berlin/Heidelberg, 2003.

[103] B. Gleich, J. Weizenecker, und J. Borgert. Experimental results on fast 2D-encoded magnetic particle imaging. *Physics in Medicine and Biology*, 53(6):N81–N84, 2008. DOI: 10.1088/0031-9155/53/6/N01.

[104] Bajog Electronic GmbH. *Datenblatt GB.E2.100A.AB.26.x.08*, A/03.11.08 edition, März 2013.

[105] F. Moeller und P. Vaske. *Elektrische Maschinen und Umformer. Teil 1 Aufbau, Wirkungsweise und Betriebsverhalten.* P. G. Teubner, Stuttgart, 1970.

[106] J. Jin. *Electromagnetic Analysis and Design in Magnetic Resonance Imaging.* Walter de Gruyter, Berlin, 1982.

[107] S. Kaufmann, S. Biederer, T. F. Sattel, T. Knopp, und T. M. Buzug. A surveillance unit for magnetic particle imaging. In *Proceedings of the First Internationnal Workshop on Magnetic Particle Imaging Magnetic Nanoparticles Particle Science, Imaging Technology, and Clinical Applications, World Scientific*, Band 1, Seiten 169–174, 2010.

[108] J. Modersitzki. *Numerical Methods for Image Registration.* Oxford University Press, Oxford, 2004.

[109] U. Hoffmann und H. Hofmann. *Einführung in die Optimierung mit Anwendungsbeispielen aus dem Chemie-Ingenieur-Wesen.* Verlag Chemie, Weinheim, 1971.

[110] J. Lampe, C. Bassoy, J. Rahmer, J. Weizenecker, H. Voss, B. Gleich, und J. Borgert. Fast reconstruction in magnetic particle imaging. *Physics in Medicine and Biology*, 57(4):1113–1134, 2012. DOI: 10.1088/0031-9155/57/4/1113.

[111] T. Knopp, J. Rahmer, T. F. Sattel, S. Biederer, J. Weizenecker, B. Gleich, J. Borgert, und T. M. Buzug. Weighted iterative reconstruction for magnetic particle imaging. *Physics in Medicine and Biology*, 55:1577–1589, 2010. DOI: 10.1088/0031-9155/55/6/003.

[112] A. N. Tikhonov. Solution of incorrectly formulated problems and regularization method. *Doklady Akademii Nauk SSSR*, 151(3):501–504, 1963.

[113] H. W. Engl, M. Hanke, und G. Neubauer. *Regularization of Inverse Problems.* Kluwer Academic Publishers, Dordrecht, 1996.

[114] P. C. Hansen. *Rank-Deficient and Discrete Ill-Posed Problems.* Society for Industrial and Applied Mathematics, Phiadelphia, 1998.

[115] T. M. Buzug. *Einführung in die Computertomographie Mathematisch-physikalische Grundlagen der Bildrekonstruktion.* Springer-Verlag, Berlin/Heidelberg, 2004.

[116] S. Kaczmarz. Angenäherte Auflösung von Systemen linearer Gleichungen. *Bulletin International de l'Académie Polonaise des Sciences et des Lettres*, (A35):355–357, 1937.

[117] J. Rahmer, J. Weizenecker, B. Gleich, und J. Borgert. Analysis of a 3-D system function measured for magnetic particle imaging. *IEEE Transactions on Medical Imaging*, 31(6):1289–1299, 2012. DOI: 10.1109/TMI.2012.2188639.

[118] P. W. Goodwill, K. Lu, B. Zheng, und S. M. Conolly. An X-space magnetic particle imaging scanner. *Review of Scientific Instruments*, 83:033708–1–

033708–9, 2012. DOI: 10.1063/1.3694534.

[119] K. Lu, P. W. Goodwill, E. U. Saritas, B. Zheng, und S. M. Conolly. Linearity and shift invariance for quantitative magnetic particle imaging. *IEEE Transactions on Medical Imaging*, 32(9):1565–1575, 2013. DOI: 10.1109/TMI.2013.2257177.

[120] M. Grüttner, T. Knopp, J. Franke, M. Heidenreich, J. Rahmer, A. Halkola, C. Kaethner, J. Borgert, und T. M. Buzug. On the formulation of the image reconstruction problem in magnetic particle imaging. *Biomedizinische Technik/Biomedical Engineering*, 58(6):583–591, 2013. DOI: 10.1515/bmt-2012-0063.

[121] T. Knopp und A. Weber. Sparse reconstruction of the magnetic particle imaging system matrix. *IEEE Transactions on Medical Imaging*, 32(8):1473–1480, 2013. DOI: 10.1109/TMI.2013.2258029.

[122] A. Weber, J. Weizenecker, U. Heinen, M. Heidenreich, und T. M. Buzug. Reconstruction enhancement by denoising the magnetic particle imaging system matrix using frequency domain filter. *IEEE Transactions on Magnetics*, 51(2), 2015. DOI: 10.1109/TMAG.2014.2332612.

[123] A. Weber und T. Knopp. Symmetries of the 2D magnetic particle imaging system matrix. *Physics in Medicine and Biology*, 60:4033–4044, 2015. DOI: 10.1088/0031-9155/60/10/4033.

[124] M. Happe. *Realisierung eines Probandentisches zur Messung biologischer Materialien mit einem Single-Sided Magnetic Particle Imaging Scanner unter Temperaturerhalt.* Bachelorarbeit, Institut für Medizintechnick, Universität zu Lübeck, 2015.

[125] Y. Kosanke. *Einfluss verschiedener Anästhesiemethoden auf die Rektal- und Oberflächentemperatur von C57Bl/6–Mäusen.* Dissertation, Zentrum für Präklinische Forschung des Klinikums rechts der Isar, Technische Universität München, 2012.

[126] R. Erbrecht, M. Felsch, H. König, W. Kricke, K. Martin, W. Pfeil, R. Winter, und W. Wörstenfeld. *Das große Tafelwerk interaktiv: Ein Tabellen- und Formelwerk für den mathematisch-naturwissenschaftlichen Unterricht in den Sekundarstufen I und II.* Cornelsen, Berlin, 2008.

[127] D. C. Giancoli. *Physik: Lehr- und Übungsbuch.* Pearson, München, 2010.

[128] H. Oertel. *Prandtl - Führer durch die Strömungslehre Grundlagen und Phänomene.* Springer Fachmedien, Wiesbaden, 2012.

[129] H. Niedrig und M. Sternberg. *Das Ingenieurwissen: Physik.* Springer-Verlag, Berlin/Heidelberg, 2012.

[130] M. Graeser, T. Knopp, M. Grüttner, T. F. Sattel, G. Bringout, W. Tenner, H. Wojtczyk, und T. M. Buzug. Cancellation techniques for MPI. In *2013 International Workshop on Magnetic Particle Imaging (IWMPI).* IEEE Xplore,

2013. DOI: 10.1109/IWMPI.2013.6528331.

Infinite Science
Publishing

www.ingramcontent.com/pod-product-compliance
Ingram Content Group UK Ltd.
Pitfield, Milton Keynes, MK11 3LW, UK
UKHW061656190726
13853UKWH00008B/2240